凤凰文库
PHOENIX LIBRARY

U0845375

凤凰出版传媒集团
PHOENIX PUBLISHING & MEDIA GROUP

凤凰文库·智库系列

项目总监　徐　海

项目执行　卞清波

创新力场

江苏创新生态系统的提升之道

丁荣余　等 著

江苏人民出版社

图书在版编目(CIP)数据

创新力场:江苏创新生态系统的提升之道/丁荣余著.
--南京:江苏人民出版社，2018.6
ISBN 978-7-214-21936-7

Ⅰ.①创… Ⅱ.①丁… Ⅲ.①区域经济-国家创新系统-研究-江苏 Ⅳ.①F127.53

中国版本图书馆 CIP 数据核字(2018)第 086067 号

书　　名	创新力场:江苏创新生态系统的提升之道
著　　者	丁荣余
责任编辑	卞清波
责任校对	陆　扬
责任监制	王列丹
装帧设计	刘葶葶
出版发行	江苏人民出版社
出版社地址	南京市湖南路 1 号 A 楼,邮编:210009
出版社网址	http://www.jspph.com
照　　排	江苏凤凰制版有限公司
印　　刷	江苏凤凰通达印刷有限公司
开　　本	718 毫米×1000 毫米　1/16
印　　张	14　插页 4
字　　数	197 千字
版　　次	2018 年 6 月第 1 版　2018 年 6 月第 1 次印刷
标准书号	ISBN 978-7-214-21936-7
定　　价	40.00 元

(江苏人民出版社图书凡印装错误可向承印厂调换)

出版说明

要支撑起一个强大的现代化国家，除了经济、政治、社会、制度等力量之外，还需要先进的、强有力的文化力量。凤凰文库的出版宗旨是：忠实记载当代国内外尤其是中国改革开放以来的学术、思想和理论成果，促进中外文化的交流，为推动我国先进文化建设和中国特色社会主义建设，提供丰富的实践总结、珍贵的价值理念、有益的学术参考和创新的思想理论资源。

凤凰文库将致力于人类文化的高端和前沿，放眼世界，具有全球胸怀和国际视野。经济全球化的背后是不同文化的冲撞与交融，是不同思想的激荡与扬弃，是不同文明的竞争和共存。从历史进化的角度来看，交融、扬弃、共存是大趋势，一个民族、一个国家总是在坚持自我特质的同时，向其他民族、其他国家吸取异质文化的养分，从而与时俱进，发展壮大。文库将积极采撷当今世界优秀文化成果，成为中外文化交流的桥梁。

凤凰文库将致力于中国特色社会主义和现代化的建设，面向全国，具有时代精神和中国气派。中国工业化、城市化、市场化、国际化的背后是国民素质的现代化，是现代文明的培育，是先进文化的发展。在建设中国特色社会主义的伟大进程中，中华民族必将展示新的实践，产生新的经验，形成新的学术、思想和理论成果。文库将展现中国现代化的新实践和新总结，成为中国学术界、思想界和理论界创新平台。

凤凰文库的基本特征是：围绕建设中国特色社会主义，实现社会主义现代化这个中心，立足传播新知识，介绍新思潮，树立新观念，建设新学科，着力出版当代国内外社会科学、人文学科的最新成果，同时也注重推出以新的形式、新的观念呈现我国传统思想文化和历史的优秀作品，从而把引进吸收和自主创新结合起来，并促进传统优秀文化的现代转型。

凤凰文库努力实现知识学术传播和思想理论创新的融合，以若干主题系列的形式呈现，并且是一个开放式的结构。它将围绕马克思主义研究及其中国化、政治学、哲学、宗教、人文与社会、海外中国研究、当代思想前沿、教育理论、艺术理论等领域设计规划主题系列，并不断在内容上加以充实；同时，文库还将围绕社会科学、人文学科、科学文化领域的新问题、新动向，分批设计规划出新的主题系列，增强文库思想的活力和学术的丰富性。

从中国由农业文明向工业文明转型、由传统社会走向现代社会这样一个大视角出发，从中国现代化在世界现代化浪潮中的独特性出发，中国已经并将更加鲜明地表现自己特有的实践、经验和路径，形成独特的学术和创新的思想、理论，这是我们出版凤凰文库的信心之所在。因此，我们相信，在全国学术界、思想界、理论界的支持和参与下，在广大读者的帮助和关心下，凤凰文库一定会成为深为社会各界欢迎的大型丛书，在中国经济建设、政治建设、文化建设、社会建设中，实现凤凰出版人的历史责任和使命。

序　一

荣余同志的一本关于江苏创新生态系统的著作在凤凰文库智库系列出版了，这件事本身很有意思：因为江苏人民出版社创立该系列本身就是一项创新之举，而“智库系列”也就成为该社“出版生态系统”中的一个“新群落”，这和荣余同志新著的主题两者不谋而合了。

近年来，我国智库如雨后春笋，发展很快，作用也不小。这是我国治理体制与治理能力现代化的体现，也体现了我国决策科学化、民生化的进步。

智库是生产智慧、生产思想的研发性咨询机构，其生产过程要以调查、分析、比较、反思、判断、运筹为基础，本书搜集的大量的数据、信息、资料、事实以及案例如同一块块“砖石”，正是构建书中许多真知灼见的政策和建议的坚实基础。本书中许多结论给人感到接地气、立得起、站得住，也主要因为这一点。

智库书不同于一般学术著作，其目的不完全是进行学术研究，而是要在大量事实与透彻研究的基础上，提出新的思想与建议，并且要尽可能使这些思想与建议转化为可操作的决策，即智库研究成果一定要在管理层面上“落地”。而且整个过程要以咨询成果的方式展示出来。

“咨询”两字是很有内涵的。首先，智库提出新的思想与建议，是给决策者做参考、当参谋，不能僭越自职、替代决策，一般只有“次要”的话语权，此为“咨”；而“询”告诫我们，提出新的思想与建议，要好好下一番功夫，例如至少研究"一旬"以后才敢"言",此为"询"。从本书的话语体系、论述方式、思维逻辑来看,作者能够把握住这一分寸。

关于"创新生态系统"的研究,已有数年,并已取得不少成果。但总体上看,成果多属学术型研究成果,一些研究存在对"生态"把握不够,从而使"创新生态系统"退化为"创新系统"。事实上,"创新生态系统"的核心是基于人类创新社会实践活动的具有"生命力"和"进化力"的环境与平台。"创新生态系统"作为人造复杂自适应演化系统,它既具有"开放""共生""演化""涌现""不可逆"等"自组织"复杂行为,又有以实现该系统"有序"与"进化"的人的"他组织"调控行为。这是一种人既在"系统外"创造了创新生态系统,又在"系统内"引导系统进化的复杂系统观。荣余同志在这本书中所研究的关于创新生态系统的"提升之道"就是这种新系统观的体现。他在这里把"创新生态系统"的"自组织"与"他组织"融为一体,并且着力于如何通过"他组织"来实现"自组织"系统的有序进化以持续涌现出创新能力。

在这一点上,"自组织"是创新生态系统自生长、自演化的客观规律,是"天"之道,而"他组织"则是人对创新生态系统的引导、管理和协调作用,是"人"之道,两者的结合,体现了中国哲学的"天人合一",这是创新生态系统和谐、可持续发展的最高境界。所有这些都应当在我们研究创新生态系统的范畴之中,而之前不少类似研究在这方面显得相对不足。

荣余同志这本著作既有理论与思想的创新,又有政策与管理的落地,这符合现代智库以研究为基础,又承担着资政启民职责的宗旨与精神。书内信息量丰富、观点新颖、不空不乏,一本严肃题材的书读起来却很有故事感,文字也很流畅。

应该指出,"创新生态系统"比"创新系统"不知要复杂多少,这主要是因为"生态"是"有生命"、"自组织"、"有序"和"演化"的,这其中许多理论问题还没有搞清楚;另外,创新生态本身又包含着丰富的文化内涵,江苏的创新生态必然会深深打上江苏文化的烙印;还有,互联网、大数据与人工智能为代表的新兴信息技术对创新思维的巨大冲击等等,都是我们必须重视的,所以,生态系统的自组织机理、江苏文化的以"文"化"人"的作用以及现代科技的重大变革等等，都将是今后进一步深化研究江苏创新生态系统的新课题。

我们期待荣余同志在这方面有新的研究成果。

盛昭瀚

2018年5月

序　二

创新是一个民族进步的灵魂，创新是这个时代的高频热词。2018 年 3 月 7 日，习近平总书记在参加十三届全国人大广东代表团讨论时强调，发展是第一要务，人才是第一资源，创新是第一动力。创新要取得积极进展和有效的成果，需要克服机制和环境方面的障碍，获得支撑的土壤和条件，探寻有效的路径。《创新力场：江苏创新生态系统的提升之道》从创新生态系统的视角出发，吸纳了创新理论、系统理论、演化理论等一系列有关创新研究的理论成果，结合全球区域创新实践的经验总结和江苏推进创新生态系统构建的实践探索，提出创新力场的概念，对于如何构建有竞争力的创新生态系统，具有理论价值和实践指导意义。

创新力场突出力的强度，场的效应，着力于将创新系统的要素动能、关系交互、功能协同更好地、生态性地融合于一体，形成应对不确定性、模糊性、多变性、复杂性的强大创新力量。这一理念对于创新组织、创新管理、创新政策设计等都具有很好的指导意义，有助于厘清创新前进的路径，提高创新活动的效率，调整创新支持政策和资金的着力点。

江苏构建有竞争力的创新生态系统，形成巨大的创新力场，有很好的条件，也有美好的前景。江苏打造创新力场一定要将着力点放到吸收培养有动能的创新要素、开放促进创新要素的关系交互、突出环境和功能的协同上，形成融合和自组织的生态系统。建设各类平台时，更要注意平台的联通和交互；区域发挥优势推进创新时，更要注重整体的效能和协同；选择性支持产业及企业创新时，更要注重共性的、关键的系统功能的构建，更多地创造力，形成场，用力的向量来衡量和引导创新互动的开展，用创新生态系统推动江苏产业高峰的形成。

荣余同志多年来在政府经济综合部门、基层政府、科技系统、商会组织工作。在从事经济科技工作实践的同时，一直注重理论的思考和探索，这种理论和实践相结合的工作态度和方法值得提倡和学习。

钱志新

2018 年 5 月

目 录

contents

引　言

随着全球科技水平的不断提高，国际竞争和分工也不断加剧，构建强有力的创新生态系统已成为国家与区域战略性政策和提升竞争力的关键。党的十九大提出了加快建设创新型国家的号召，指出创新是引领发展的第一动力，是建设现代化经济体系的战略支撑，提出要建设科技强国、质量强国、航天强国、网络强国、交通强国、数字中国、智慧社会等目标。中共江苏省委十三届三次全会明确提出要在创新引领、自主发展上下功夫，全力推进江苏制造向江苏创造转变、江苏速度向江苏质量转变、江苏产品向江苏品牌转变。要实现这些蓝图，需要有良好的创新生态系统来支撑。

改革开放40年来，创新特别是科技创新是经济社会发展的强大动力。就江苏而言，1988年，江苏省在深刻分析国内外形势和研究总结经济发展经验的基础上，省委、省政府率先在全国提出实施“科技兴省”重大战略，1994年又调整充实为“科教兴省”战略。经过十几年科教兴省战略的实施，江苏在各方面都取得了很大的发展。1994年2月，国务院下达《关于开发建设苏州工业园区有关问题的批复》，苏州工业园区成为全国首个开展开放创新综合试验区域、改革开放试验田和国际合作示范区。2006年，省委省政府《关于增强自主创新能力建设创新型省份的决定》，成为第一个在全国做出了要在2015年建成创新型省份的重大决定。另外，在不断发展的过程中，2010年初江苏成为首批国家创新工程3个试点省之一，2014年国务院正式批复同意建设苏南国家自主创新示范区。2016年《长江经济带发展规划纲要》印发，强化创新驱动产业转型升级，提出要增强自主创新能力，打造创新示范高地，强化创新基础平台，集聚人才优势，强化企业技术创新能力，营造良好创新创业生态。江苏遵循创新系统生命周期规律，依据阶段特征及时做出调整，提出新的推动创新发展主题，在全国创新强省(市)建设中亦脱颖而出。

特别是近年来，江苏出台了一系列推动创新的政策措施，如《关于加快推进产业科技创新中心和创新型省份建设若干政策措施》，提出了40条含金量高、突破性大的创新政策；在人才方面，出台了《关于聚力创新深化改革打造具有国际竞争力人才发展环境的意见》，提出了26条吸引力强的人才政策；在知识产权方面，出台了《关于知识产权强省建设的若干政策措施》，提出了18条知识产权政策。这些政策在推动科技创新、吸引人才集聚、发挥知识产权作用方面具有积极意义，也发挥了良好作用。可以说，创新是改革开放40年江苏发展的主旋律之一。

江苏的创新实践以开放性为特征，模仿学习国际国内先进的创新实践，积极吸纳各方面资源，学习实践全球创新发展的理论成果。

在模仿学习国际国内先进的创新实践方面，江苏既是学习者，也是重要的创新引领者。江苏各地深入广泛地学习美国硅谷、以色列特拉维夫的创新创业体系等世界前沿的创新实践经验，学习北京中关村、上海张江高科技园区、深圳创新体系建设与发展的成功做法，在江苏大力推广和实践，并开拓创新，构建了江苏创新发展的众多平台、发展体系和服务支撑系统，走在了全国创新发展的前列。

在开放吸纳创新资源方面，引进了大量的外国资本，吸引了世界500强等先进企业到江苏投资，一大批国际化的优秀人才参与到江苏的创新发展中。江苏作为经济科教比较发达、发展活力比较强、开放程度比较高的地区，大力集聚全球创新资源，搭建了“中国·江苏国际产学研合作论坛暨跨国技术转移大会”等重大国际交流平台，成立了省跨国技术转移中心，构建覆盖全省的跨国技术转移服务网络，突出强调为企业开展对外技术合作提供全方位、高质量的咨询和对接服务。注重开展与外资研发机构合作，推进其技术溢出和能量释放，支持企业“走出去”开展海外研发，鼓励就地集聚人才获取技术。抓住国际科技资源加快整合的机遇，江苏及时推进企业到海外并购高技术企业、建立研发机构。

在运用创新理论成果方面，江苏顺应20世纪90年代初创新走向“系统范式”的特征，着力构建区域性的创新体系，力求使区域创新更有成效、更有力度。20世纪90年代初，随着全球化程度的日益加深，世界经济发展凸显了区域性特征，经济活动一方面表现为全球范围的扩散，一方面空间聚集和本地化趋势越来越明显，全球和国家财富越来越集中在少数地区。财富的竞争，不再以国家为单元来进行竞争，而更多地表现为区域竞争力。为此，区域创新系统的概念被提出，而区域创新能力也日益成为地区经济获取国际竞争优势的决定性因素。区域创新代表了创新要素在一定区域内聚集、整合以及推动持续创新的基本能力，是提升区域竞争力、实现区域协调发展的重要基础①。在此背景下，区域创新系统的理论研究获得了极大的关注。1992年，英国卡迪里大学的库克(Philip Cooke)首次在《区域创新系统：在全球化世界中的治理作用》一书中对区域创新系统进行了定义，认为区域创新系统主要是由在地理上相互分工与关联的生产企业、研究机构和高等教育机构等构成的区域性组织体系，且这种体系支持并产生创新②。现今，区域内各创新参与者受到各种政策制度的鼓励，通过积极互动提高了创新能力，从而改进了区域创新实力，强化了区域竞争优势。

近年来，创新系统的概念正逐渐被创新生态系统所替代。创新生态系统最早在1994年美国克林顿政府的总统报告中就有所提及，由此，构建创新生态系统成为全球化经济变革时代下政府管理和行业发展的重要基础。创新生态系统，如同生物系统一样，其本质特征在于通过单个个体同群体的不断互动最终使个体的集合形成具有内在的规律和结构的有机整体③。美国总统科技顾问委员会(PCAST)于2004年发表了两个重要研究报告，即《维护国家的创新生态体系、信息技术制造和竞争力》和《维护国家的创新生态系统：保持美国科学和工程能力之实力》，正式将创新生态系统作为总括性核心概念，将美国的经济繁荣和在全球经济中的领导地位归结为精心编制的创新生态系统④。目前，有部分学者将创新生态系统划分为国家创新生态

① 赵中建，王志强. 欧洲国家创新政策热点问题研究[M]. 上海：华东师范大学出版社，2012.

② 西蒙·库兹涅茨. 现代经济增长[M]. 常勋译. 北京：北京经济学院出版社，1989.

③ 李钟文，威廉·米勒，玛格丽特·韩柯克，亨利·罗文. 硅谷优势：创新与创业精神的栖息地[M]. 北京：人民出版社，2002.

④ 安纳利·萨克森宁. 地区优势：硅谷和128号公路的文化和竞争[M]. 上海：上海远东出版社，2000.

系统、区域创新生态系统以及产业创新生态系统等，其中，区域创新生态系统是指各个区域内各个创新主体之间，以地区内的技术积累、人才供给、市场需求、产业结构、文化产出等共同的创新要素为基础而形成的，互相依赖、互利共生，并且具有一定的稳定性、独立性的一种区域生态网络体系[①]。这种创新生态系统的思想理论，在江苏创新实践中也产生了积极有效的影响，不少市域、县域、园区及产业经济发展规划中，都积极引入创新生态、创新系统的理念，并产生了切实的影响和成果。

江苏各市县积极谋划构建其创新体系，出台了一系列的政策，采取了富有创新性的、适应地方特色的举措。2017 年 8 月 15 日，江苏省泰州市公布了创新型体系建设的“1+4”政策文件，以后发城市的姿态，加快由要素驱动向创新驱动转变。在中央出台《国家创新驱动发展战略纲要》后，江苏 13 个设区市都已基本跟随国家和省级层面的步伐，相继完成了各自转型中的政策层面设计。在鼓励科技创新方面，江苏各地力度之大前所未有。

依据 2016 与 2017 年关于江苏省创新生态系统的新闻报道资料，绘制关键词云图，结果如下：

图 1　江苏创新主题关键词云图

由图 1 可知，云图核心关键词为“创新”，很大程度上表明江苏注重创新驱动经济发展，围绕“创新”主题提出一系列发展建议，以此打造富有区域特色的创新生态系统。近年来，“聚力创新”发展指向的提出，更是在新的发展

① Coordinating and competing in ecosystems: How organizational forms shape new technology investments[J]. Rahul Kapoor Joon Mahn Lee. Strat. Mgmt. J. 2012 (3).

阶段加快了江苏构建创新生态系统的步伐。图中,“企业”、“产业”、“政府”、“人才”、“平台”等围绕在核心词周围的创新要素关键词,表明江苏以创新生态系统的核心要义为基础,着重强调企业、人才、政策、平台等创新要素的均衡发展,创新生态系统的构成要素得到极大重视;“发展质量”、“功能性”、“生态”等关键词则进一步表明江苏对创新生态系统内涵的内在把握,突出创新系统的生态性与功能性特征,发展观念也逐渐由强调发展数量向强调发展质量转变,表明了江苏各地对创新生态概念的深刻认识。可以看出,江苏现阶段以创新为发展关键词,以创新生态系统为发展对象,以聚力创新为发展指向,深刻把握创新生态系统核心内涵,为各地有序展开对区域创新生态系统的构建工作奠定了坚实的理论基础。

进一步地,“开放”、“国际化”、“合作”、“高端”等关键词,表明江苏各地在构建创新生态系统的过程中,开放创新,注重国际合作,吸收国外先进发展经验,通过创新平台进行资源、人才的交互流动,以此增强创新生态系统活力;“园区”、“项目”、“机制”等关键词则深入地表明,江苏在进行国际交流的过程中,着重从政策机制、合作项目等方面重点展开,从而营建开放创新的发展环境。此外,云图中,出现的唯一城市高频词为“苏州”,则在一定程度上体现了苏州卓越的创新能力,为江苏各市学习的标杆城市。总体而言,这些关键词有力地表明,近年来江苏省在聚力创新发展主题的指引下,集聚创新核心要素,注重国际合作,在有序展开合作机制的过程中,强调富有竞争力的创新生态系统构建,不仅要打造具有竞争力的创新生态系统,更朝着国际化的方向努力迈进。

多年来,江苏省创新驱动发展战略的深入实施,创新系统的构建和发展方面也取得了积极进展。科技创新工程稳步推进,科技战略地位日益突出,科技支撑作用显著增强,并取得了一系列成绩。2016 年,江苏省全社会研发投入达 1985 亿元,较 2010 年翻了一番,占地区生产总值比重达 2.61%,科技进步贡献率提高到 61%。有效发明专利拥有量超过 14 万件,是 2010 年的 7 倍,区域创新能力连续八年位居全国第一,成为我国创新活力最强、创新成果最多、创新氛围最浓的省份之一。截至 2017 年 10 月,江苏省拥有国家创新型试点城市 10 家、国家大学科技园 15 家、国家高新区 16 家;全省 46 家省级以上高新区，以占全省3.8%的土地面积，创造了全省25%的地区生产总值和35%的高新技术产业产值，聚集了全省38%的高新技术企业、44%的授权发明专利和50%以上的国家“千人计划”创业类人才[①]。

为了增强科技创新的活力，营造科技创新氛围，江苏省连续五年通过举办科技创业大赛，搭建创新创业服务平台，帮助科技创业者开辟了一条“加速”奔跑的道路；五届“创业江苏”科技创业大赛中，江苏省市县科技部门给予近100个大赛获奖项目超过1亿元的科技计划经费资助，一大批科技创业者快速成长。此外，全省拥有省级以上备案众创空间384家、各类科技企业孵化器582家，孵化面积达3000万平方米，其中国家级孵化器数量、面积及在孵企业数量连续多年位居全国第一；积极开展国家促进科技和金融结合试点，省市联动建立科技金融风险补偿资金池，形成以“首投”“首贷”“首保”为特色的科技投融资体系，全省新型科技金融组织达147家，创业投资管理资金规模超过2100亿元。

江苏省委“十三五”规划建议提出，建设“具有全球影响力的产业科技创新中心”（简称“一中心”）和“具有国际竞争力的先进制造业基地”（简称“一基地”），这是立足全国创新驱动发展大局作出的重大决策。围绕“一中心、一基地”建设，江苏省在产业创新上取得了一定的成绩。2016年，江苏省高新技术产业产值超过6.7万亿元、占规模以上工业产值比重达41.5%；近5年来，作为高新技术产业平台和基地的“产业园区”入选‘中国产业园区持续发展百强榜’的数量逐年递增，2016年共有20个园区入选百强榜，成为全国入选百强榜中最多的省份；中国电子信息产业发展研究院与南京江北新区签署了中国人工智能产业创新基地共建协议，计划在江北新区共同创建人工智能产业创新基地，培育人工智能领域内优质企业做大做强。

人才是创新的根基，创新驱动实质上是人才驱动。为了培养和引进人才，江苏省制订了一系列政策和措施，确保人才对科技创新的支撑作用。如出台了“人才新政26条”，提出坚持培养与引进并重，并从人才培养、引进、使用、保障机制和加强党管人才等5方面入手，努力打造具有国际竞争力的人

---

① 江苏跑出创新加速度，江苏省科学技术厅，http://www.jstd.gov.cn/kjdt/mtjj/mtzf/2017/10/19153705887.html.

才发展环境，并推动形成一批“产业＋人才”特色小镇，实施顶尖人才顶级支持、“凤还巢”等计划；江苏省财政厅会同省人才办与江苏银行合作，设立了规模为1.5亿元的省级人才创新创业项目贷款风险补偿金，撬动金融机构对人才个人或人才企业提供信贷支持；省财政对支持“一中心、一基地”建设的1000亿元省级各类资金和基金，用于人才发展的实际支出不低于30％。

多年来，江苏通过实施创新驱动发展战略和科教兴省战略，经济、科技等创新发展取得了重大进展，曾连续八年位列全国创新综合实力第一名。然而江苏在创新发展中，江苏创新发展的软肋何在？新时代江苏创新发展的定位如何？这些始终挥之不去的疑难，时时地撞击着实践的回答。

一是“有高原无高峰”的问题。

缺少领军型企业。江苏创新发展具备的良好要素和规模，在全国创新驱动发展方面始终走在前列，可谓是创新发展的“高原”，虽有一大批如徐工集团、恒瑞医药等行业排头兵企业，但有“高原”没“高峰”，缺乏如BAT和华为等具有全国乃至世界影响力的创新型企业来形成发展的“高峰”，这成为江苏经济转型升级的一个明显不足。《中国城市和产业创新力报告2017》显示，2016年三家领先的创新龙头企业分别为华为技术有限公司、中兴通讯股份有限公司、中国石油化工股份有限公司，其创新指数分别为197.74、131.11、99.58；创新能力排名前20的企业主要分布在北京、上海、杭州、青岛，江苏省企业无一上榜。

基础资源好但没有顶点。江苏省拥有较为齐备的创新要素，但创新活力不强，交互性不够，缺乏创新高点的引领和带动。近年来，江苏深入实施创新驱动发展战略，加快建设创新型省份，各类创新资源加快集聚，形成了较为完备的创新要素体系。盘点江苏省的创新要素资源，可以列出一串亮眼的数字：高校141所，高新技术企业1.1万家，大中型工业企业和规模以上高新技术企业研发机构建有率超过88％。规模以上工业企业中有研发机构的企业占企业总数比例为34.01％，居全国第一。但这些创新要素大多还停留在物理集聚层面，有些仍然处于各自分割、平行发展、烟囱林立阶段，高校、科研院所、企业研发机构等要素缺乏交流互动，没有形成网络，没有汇聚成为高端顶级的创新品牌和力量。创新动力和活力依然没有完全释放出来，科技创新水平总体上还需要不断提升。以科教资源为例，还存在着科技发展与经济社会发展脱节、高校学科方向与地方主导产业契合度不高、高端成果缺乏等亟待破解的难题。

集成性原创性引领性技术创新不多。技术创新离不开知识产权的保护，自主知识产权竞争是当今国际竞争的热点。我省知识产权尤其是专利，数量一直排在全国前列，2016 年江苏省专利申请量 512429 件，专利授权量 231033 件，分别位居全国第一和第二，其中发明专利授权量 40952 件，占我省总授权数量的 17.73%，可见我省高质量专利产出不足，原创性、引领性创新缺少。根据国家知识产权局发布的专利质量评价指数，我省为 70.01，远低于北京的 91.58 和广东的 84.59。另外，我省目前产业发展制高点掌控不多，重点产业的关键核心技术受制于人，许多重要产业对外依存度高，存在诸多行业痛点。

创业公司缺乏独角兽基因，2016 年，中国“独角兽”企业共 131 家，主要分布在北京、上海、广东、浙江等地区，占全国“独角兽”总数的 90%。其中，北京 65 家；上海 26 家；广东省 15 家；浙江 12 家。而江苏只有 2 家[①]，因为我省没有像阿里、腾讯等大型互联网平台企业和富士康等大型制造业平台企业，所以创业企业缺乏流量、渠道、变现、资源整合等相关支持，也将面临更大的创业风险。同时我省缺乏开放包容、崇尚冒险的创业文化环境和快速高效的政策环境，与京沪等地相比，我省创业文化相对传统保守，支持响应政策较为缓慢，导致有利于原创性、引领性创新的整体环境处于下风。科技部火炬中心等部门联合发布的《2017 年中国独角兽企业发展报告》显示，164 家独角兽企业中江苏企业占 7 席，与北京的 70 家、上海的 36 家、杭州的 17 家、深圳的 14 家相比，差距明显。

二是处于产业价值链的中低端问题。

处于产业链低端。制造业结构调整已取得一定成效，已经具有国际竞争力的制造业基地有南京 3D 打印先进制造业基地、无锡石墨烯先进制造业基地、常州工业机器人先进制造业基地等，创新能力持续增强。2017 年，江

① 科技部火炬中心、长城企业战略研究所《2016 年中国独角兽企业发展报告》。

苏制造业总产值超过16万亿元，约占全国的1/8、全球3%左右，是名副其实的制造业大省。但是目前江苏制造业仍处于全球产业链的中低端，传统产业仍占主导地位，新兴产业比重仅占三成左右，并且多处于低附加值环节；工业品牌建设还滞后于经济发展，整体品牌形象不突出、企业诚信意识淡薄等问题客观存在；专利的PCT境外申请数量很少，2016年我省PCT专利申请量为6651件，位居全国第二，但仅为广东省申请数量的28.2%，说明企业"走出去"的能力不足。

生产效率低。制造业是江苏的优势和长项，但也存在不少短板，短就短在产业层次不高，生产效率较低，核心关键技术突破不够。2016年，江苏和韩国工业增加值分别为4528亿和4930亿美元，但江苏制造业就业人口达1500万人，而韩国工业总就业人口为450万人，生产效率较低。2017年，江苏省规模以上工业企业实现主营业务收入15.5万亿元，稳居全国第一，但增加值率低于全国平均水平。纺织、冶金、轻工、建材等传统产业，集中了全省一半左右的规模以上工业企业，但投入的研发经费和研发人员不到三成，创造的新产品产值只有1/4，有效发明专利数量仅占全省1/5。全年高新技术产业产值总量占规上工业总产值比重达42.7%，但高新技术产业研发和创新产出水平也低于全省平均水平，"高端产业、低端环节"的现象较突出，特别是外资比重较大的行业尤为明显①。

资源能耗高。江苏省长期以来形成的较为粗放的增长方式尚未得到根本转变，产业结构依然偏重，2016年规上重工业增加值占比达71.4%，重工业中高能耗行业比重较大，其中石化、冶金、建材三大高耗能行业主营业务收入占全部规上工业的27.2%；而且能源自给率低，能源利用效率不高，每万元GDP能耗是世界平均水平的1.4倍。2016年江苏省万元GDP能耗下降4.68%，但能源消费总量增长了2.7%，能源消耗总量控制形势仍然严峻。

三是区域创新活力动力不足问题。

有平台，但平台资源集聚度不够，创新链条不完善。统计数据显示，江苏省拥有省级以上高新区39家，其中国家高新区16家，居全国第一，苏南自

---

① 江苏确立"由大到强"主攻方向培育发展知识产权密集型产业. http://news.163.com/15/0216/08/AIIHNNLT00014AED.html.

主创新示范区、南京江北新区上升为国家战略和新区，全省拥有省级以上科技创新平台近4000家，其中国家级近100家，数量居全国前列。但是这些平台和载体在集聚资源过程中，大多还集中于创新链条的中低端，特别是在三四线城市，生产要素集聚较多、创新要素集聚偏少的现象仍然普遍存在，引领创新前沿的研发型平台和载体缺乏。由此导致了产业发展多处于中低端，产业生产链条完备但创新链条缺失的问题非常突出，研发能力和创新优势并不明显，部分创新能力较强的企业和产业创新集聚度还需进一步提升。

技术成果多但转化不力，作为科教资源大省，江苏省在科教资源转化上还存在科技创新发展与经济社会发展脱节、高校学科方向与地方主导产业契合度不高等难题。2015年江苏高校专利出售实际收入为6581万元，远低于北京高校的2.844亿元。作为经济科技大省的江苏，创新资源条件和实力走在全国前列，但相比于丰富的创新资源，创新成果并没有达到其潜力，2016年江苏省专利转让19186件，而广东省专利转让达到了31165件，江苏技术市场交易额为635亿元，同期北京交易额达到了3940亿元。江苏创新成果产业化比例不高，创新引领力量也不足，存在一些需要改进和能够更好发挥作用的方面。

有人才，但人才的创新水平不够高，企业家精神尚待提升。人才是区域发展的关键，争夺高端人才已成为区域竞争的关键领域。据公开资料显示，江苏全省人才资源总量达1076万人，近190万名在校大学生，74万研发人才，还有大批工作在产业一线的高技术高技能人才，江苏创新发展的人才基础可见一斑。但是我省人才优势还多停留在数量优势上，人才总量不少，但高端人才特别是顶尖人才还不多，如北京地区两院院士共有756名，达到全国半数，上海两院院士也达到182人，而江苏两院院士共96人，江苏的人才质量优势和结构优势并不明显。另外，科研人才优势明显但市场人才优势缺乏、基础领域人才集聚但高精尖领域人才缺乏的问题仍然存在，引领性的高端创新人和创新产出不足，复合型企业家人才尤其缺乏，企业家精神与浙江、广东等地区比较还有差距。

整体创新环境不优，氛围不浓，企业创新的意识和能力亟须提升。江苏没有产生国际水平、国内一流的活力创新区域和载体，存在着地区创新体系和体制制约问题，缺少像北京中关村、上海张江高科技园区等集聚效应显著的地区，通过自身优良的创业创新环境和高水平的服务体系，吸引国内外创新资源集中集聚。

可见，江苏的创新发展存在着力量不强、力度不够、生态不优的问题，这是江苏创新发展走进新时代必须要切实加以解决的痛点。江苏作为东部沿海省份，要走在全国前列，就要积极构建竞争力强的创新生态系统，增强创新的体制机制活力，增强科技政策的吸引力，增强各类创新平台的集聚力，增强创新文化的渗透力，在全社会形成浓郁的创新氛围，在全国发展大局中彰显江苏作为、江苏贡献、江苏担当。

第1章　创新生态系统的区域比较：江苏的经验与不足

多年来，全国各地大力实施创新驱动发展战略，在创新要素的组织、创新活动的开展、创新政策的设计、创新人才的吸引等方面做了大量工作，初步形成了各具特色、各有所长的创新生态系统。本章以江苏、广东、北京、上海、浙江为比较对象，对各区域的创新系统作比较分析，以更深入地发现江苏的优势与不足。

1.1　区域创新的发展历程

2012年底召开的党的十八大明确提出"科技创新是提高生产力和综合国力的战略支撑，必须摆在国家发展全局的核心位置"，强调要坚持走中国特色自主创新道路、实施创新驱动发展战略。随着创新创业环境的不断优化，我国创新能力也有了较大的提高。国家创新指数是反映国家综合创新能力的重要指标，《国家创新指数报告2016—2017》显示，中国国家创新指数排名综合排名第17位，较上一年提升了1位，比2009年上升了5位，与创新型国家的差距进一步缩小。《中国区域创新能力评价报告》显示，2016年，江苏、广东、北京、上海、浙江5省（市）分别位列区域创新综合能力排名前5，并且该名次保持相对稳定，已连续多年未发生变化。虽然江苏等5个省（市）有着不一样的创新发展道路，但作为在全国范围内创新能力最强的省（市），其创新动力多元，已成为区域创新的领跑者。

1988年，江苏省在深刻分析国内外形势和研究总结经济发展经验的基础上，省委、省政府率先在全国提出实施"科技兴省"重大战略，1994年又调

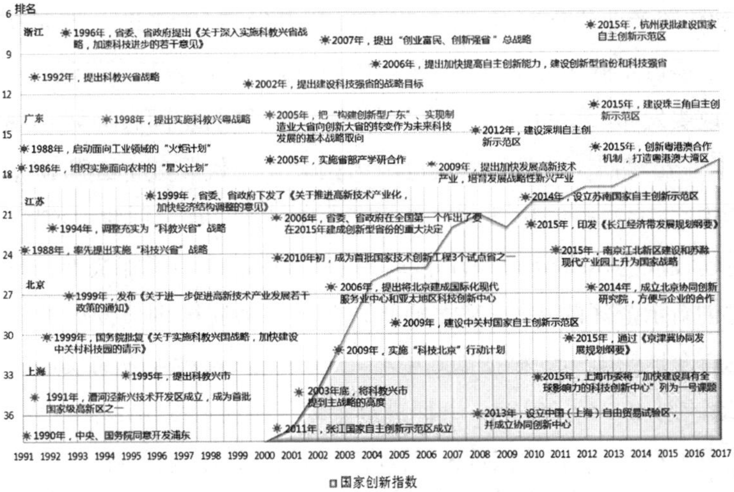

图 1-1　国家创新指数排名变化情况以及江苏、广东、北京、上海、浙江的创新发展历程

数据来源：http://news.xinhuanet.com/tech/2016-07/26/c_129179011.htm

整充实为“科教兴省”战略。2006 年，省委省政府《关于增强自主创新能力建设创新型省份的决定》，成为第一个在全国做出了要在 2015 年建成创新型省份的重大决定。2014 年国务院正式批复同意建设苏南国家自主创新示范区，推进江苏建设创新型省份的建设。2015 年江苏省委、省政府出台《关于深入实施创新驱动发展战略的意见》。2015 年《长江经济带发展规划纲要》印发，创新产业转移方式，鼓励上海、江苏、浙江到中上游地区共建产业园区，发展“飞地经济”，共同拓展市场和发展空间，实现利益共享。同年，南京江北新区建设上升为国家战略，成为全国第 13 个国家级新区，它是长江经济带与东部沿海经济带的重要交汇节点，区位条件优越、产业基础雄厚、创新资源丰富、基础设施完善、承载能力较强，具备了加快发展的条件和实力。2016 年，江苏省出台了《江苏省贯彻国家创新驱动发展战略纲要实施方案》，2017 年出台了《关于聚力创新深化改革打造具有国际竞争力人才发展环境的意见》，对创新发展作了系统性的规划和布局。

1995 年，中共中央、国务院颁布《关于加速科学技术进步的决定》，首次正式提出实施科教兴国战略。为了贯彻科教兴国战略，1999 年，北京市人民政府和科学技术部向国务院上报《关于实施科教兴国战略加快建设中关村科技园的请示》，得到国务院的批复，同年为支持高新技术产业的进一步发展，推动传统产业优化升级，北京市人民政府发布《关于进一步促进高新技术产业发展若干政策的通知》。北京作为首都，经过多年的发展，2006 年北京市发改委发布《北京市"十一五"时期产业发展与空间布局调整规划》，提出到"十一五"期末，要把北京建设成为国际化现代服务中心和亚太地区科技创新中心。2009 年，国务院批复建设中关村国家自主创新示范区，要求把中关村建设成为具有全球影响力的科技创新中心。为了加快推进中关村国家自主创新示范区的建设，努力把北京建设成为我国创新发展的核心引领区和具有全球影响力的科技创新中心，北京市委、市政府发布实施《"科技北京"行动计划(2009—2012)——促进自主创新行动》，提出了实施"2812 科技北京建设工程①"，对接国家重大科技专项和基础设施建设，振兴 8 大产业，实施 12 项科技工程。为了实现协同创新，2014 年成立了北京协同创新研究院，整合国际知名大学 10 所以上，聚集领军人才 100 名以上，为北京 100 家以上的企业提供技术支撑，支持产业规模 1000 亿元以上，成为北京学术与技术高地、人才引进与培养高地、产业孵化与创新经济示范高地，为国家创新发展发挥示范引领作用。2015 年中共中央政治局通过的《京津冀协同发展规划纲要》，贯彻创新、协调、绿色、开放、共享五大发展理念，促进区域创新协调发展。

1990 年中共中央同意开放浦东，为振兴上海、建设"四个中心"提供了路径和舞台。1991 年，国务院批准上海漕河泾新兴技术开发区为国家级高新技术产业开发区，至此，漕河泾成为首批国家级高新区之一，鼓励发展具有自主知识产权的高新技术企业。1995 年，中央提出"科教兴国"战略，上海"科教兴市"战略也随之启动，2003 年，又将"科教兴市"提到主战略的高度。2011 年，国务院批准作为中国首批国家级高新区的上海张江高新技术产业开发区建设国家自主创新示范区，也成为第三个国家自主创新示范区。2013 年，中国政府在上海浦东成立中国(上海)自由贸易试验区，为上海的改革创新带来了新机遇，同年成立了中国(上海)自由贸易试验区协同创新中心，落实"高等学校创新能力提升计划"。2015 年，上海市委将"加快建设具

① "科技北京"的核心内容是"2812 科技北京建设工程"，"2812"中"2"就是对接国家科技重大专项和承接国家重大科技基础设施建设"2 个对接"；"8"即大力实施电子信息、生物医药、新能源和环保、汽车、装备制造、文化创意、科技服务、都市型现代农业等"8 个科技振兴产业"；"12"即实施信息基础设施工程、食品安全工程、农业科技工程、医疗卫生与健康工程等"12 个科技支撑工程"。

有全球影响力的科技创新中心”列为一号重点调研课题，并全力推进。

1978年以来广东一直坚持推动以科技进步为导向的经济社会发展战略，1986年组织实施了面向农村的“星火计划”，依靠科学技术促进农村经济发展，1988年又启动了面向工业领域的“火炬计划”。1998年初，广东省提出实施“科教兴粤”战略，把增创科技新优势摆在全省首要地位。2005年，广东省委省政府提出了实施自主创新战略，建设创新型广东的目标，把“构建创新型广东”、实现制造业大省向创新大省的转变作为未来科技发展的基本战略取向，并于同年实施省部产学研合作，成为推进自主创新战略的一个重大成果。2009年，提出加快发展高新技术产业，培育发展战略性新兴产业。2012年，为了充分发挥科技对经济社会发展的支撑引领作用，建设深圳国家自主创新示范区，2015年，又启动建设珠三角国家自主创新示范区，2015年11月的广东省委十一届五次全会上，广东省十三五规划建议提出：创新粤港澳合作机制，打造粤港澳大湾区，湾区将汇集全球资金、人才与信息，催生创新成果，推动新产业衍生与集聚。

1992年浙江省提出“科教兴省”战略，并将其列入其经济社会发展的主体性战略。为了加速科技进步，1996年浙江省委省政府提出《关于深入实施科教兴省战略，加速科技进步的若干意见》。进入新世纪，浙江省委在2002年召开的省十一次党代会上提出建设科技强省的战略目标，进一步深化科教兴省战略，推动浙江科技事业的发展。2006年4月，省委省政府明确提出提高自主创新能力，建设创新型省份和科技强省的宏伟发展目标，把自主创新提升到国家战略高度。2007年，浙江省第十二次党代会强调走创业富民、创新强省之路，指明了浙江继续走在前列的根本保证是创新。2015年，国务院批复同意建设杭州国家自主创新示范区，这也成为国务院批复的第10个国家自主创新示范区，推进浙江省创新驱动发展。

1.2 创新生态系统构成要素比较

1.2.1 企业

企业是开展创新活动的重要主体，也是一个国家或地区创新体系的重要组成部分。企业创新的规模和质量，在很大程度上代表着一个国家或地区的创新能力与水平①。

（1）**企业研发投入强度较低**。企业研发经费投入强度（企业研发经费与主营业务收入之比）是被广泛采用的评价企业创新能力的核心指标，同时这也是反映企业转型发展的重要指标②。国际上一般认为，当研发强度达到2%时，企业才能基本生存，当研发强度达到5%以上，企业才具有竞争力。据测算，世界500强企业的平均研发强度在5%以上③。

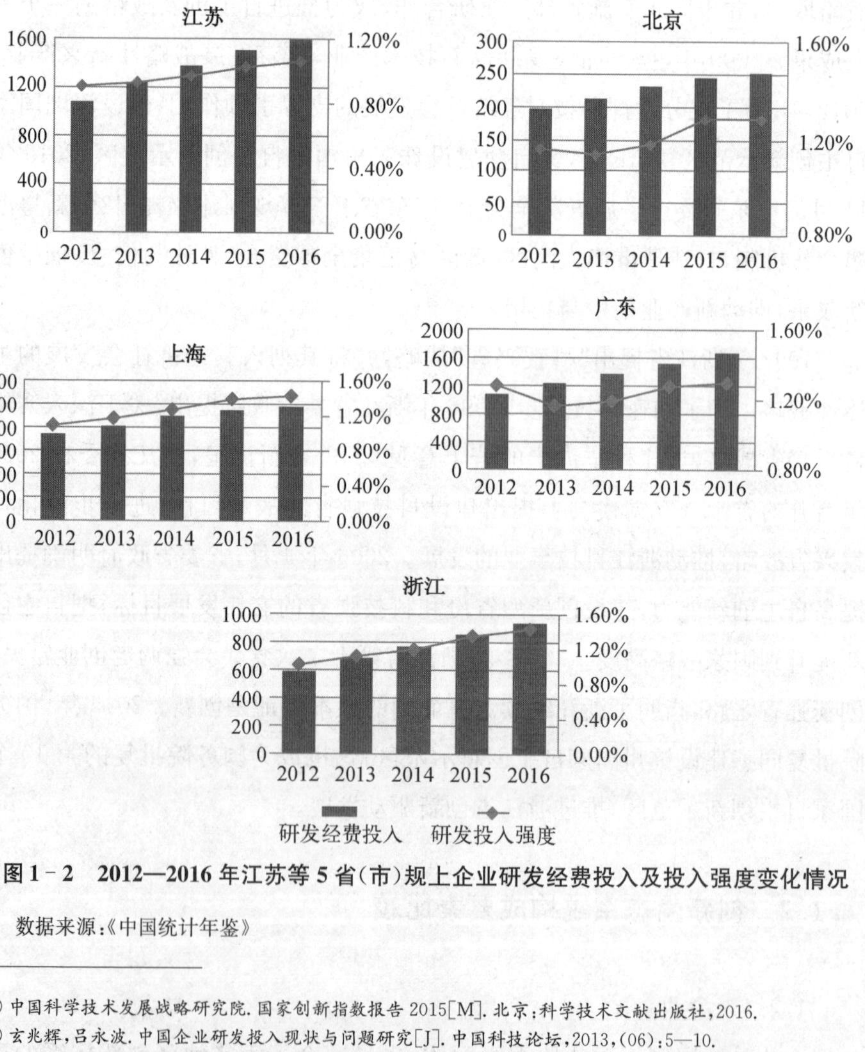

图1-2　2012—2016年江苏等5省（市）规上企业研发经费投入及投入强度变化情况

数据来源：《中国统计年鉴》

① 中国科学技术发展战略研究院. 国家创新指数报告2015[M]. 北京：科学技术文献出版社，2016.

② 玄兆辉，吕永波. 中国企业研发投入现状与问题研究[J]. 中国科技论坛，2013，(06)：5—10.

③ 张仁开. 上海创新生态系统演化研究[D]. 华东师范大学，2016.

从图1中可以看出，江苏、北京、上海、广东和浙江5省（市）规上企业研发经费投入逐年递增，且江苏、广东两省达到1600亿元以上，北京规上企业研发经费投入量最少。另外，江苏、北京等5省（市）企业研发投入强度均呈现出增加的趋势，而且除江苏在1%水平上以外，其余4省（市）都超过1.2%，但仍未达到2%，与国际先进水平存在较大差距。因此，各省（市）规上企业仍需加大研发投入，增加企业创新能力，提高企业在中国乃至世界的竞争力。

（2）**企业创新主体地位持续稳固**。知识产权是自主创新的基础和衡量指标，是市场竞争的重要手段。专利作为知识产权重要的一部分，不仅可以提高企业效益，还是企业可持续发展的动力，因此专利已经成为企业做大做强的重要力量，同时也是参与市场竞争的重要手段，而发明专利作为一项重要指标，与技术进步和自主创新能力关系最为密切。2016年，我国企业发明专利申请73.6万件，占国内发明专利申请受理量的61.0%，该数值已连续四年超过60%，这体现了企业在自主创新中的决定性作用。

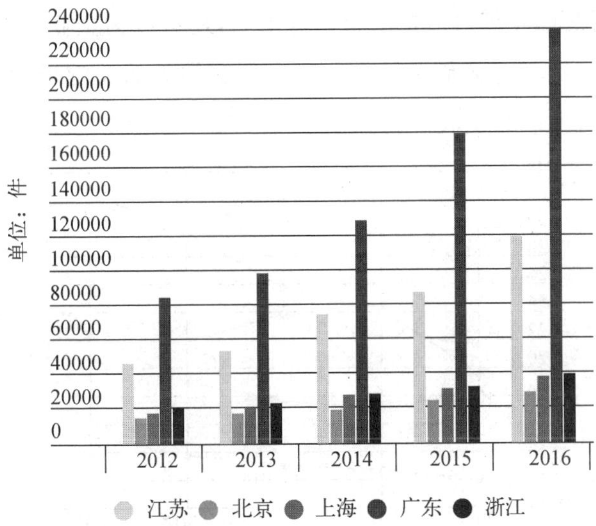

图1－3　2012—2016年江苏等5省（市）规上企业有效发明专利数量

数据来源：《中国统计年鉴》

从图中可以看出，广东省代表较高专利质量指标、体现专利技术和市场价值的国内（不含港澳台）有效发明专利拥有量远远高于其他地区，且年增幅较大，主要原因除了政府积极引导和激励发明创造、财政对专利投入的持续增加外，还有广东聚集了一批如华为、中兴等为代表的战略性新兴产业企业，而战略性新兴产业的竞争又主要体现在知识产权的竞争。另外，江苏企业有效发明专利数量仅次于广东，2016 年已超过 11 万件，为浙江的 3 倍多；而企业不仅是经济发展的主体、科技创新的主体，也是江苏省“一中心”“一基地”建设的主体。为引导和支持企业积极参与，江苏省推出了企业制造装备升级和互联网化提升两大计划，从政策、资金等方面对企业给予支持。当前，江苏省紧抓基于研发的制造和制造业服务化，全力落实好两大计划，强化对企业的金融服务保障，推动企业向价值链、产业链中高端延伸，增加中高端供给，优化和改善供给结构。

(3) 新产品销售率总体呈现出上升趋势。2000 年联合国经合组织(OECD)在“学习型经济中的城市与区域发展”报告中提出：创新的涵义比发明创造更为深刻，它必须考虑在经济上的运用，实现其潜在的经济价值，只有当发明创造引入到经济领域，它才成为创新。开发新产品①是企业生存和发展的根本保证，不仅可以提高企业竞争力，还可以为企业带来更好的经济效益。新产品销售情况是衡量企业技术创新绩效的关键指标，技术创新只有实现了销售才能真正取得效益。

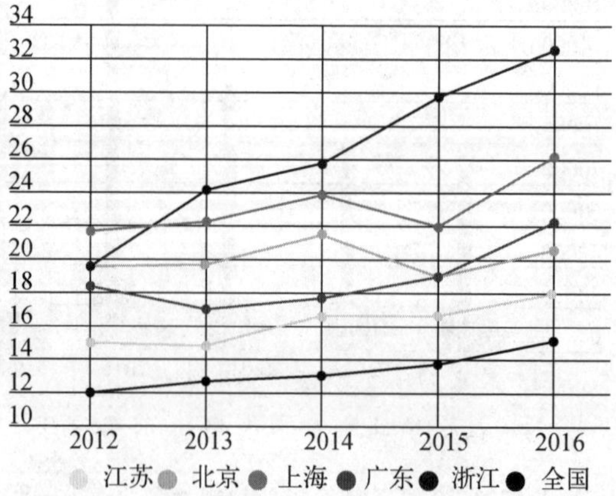

图 1－4　2012—2016 年江苏等 5 省(市)及全国规上企业新产品销售率变化情况

数据来源：《中国统计年鉴》相关数据整理得来

① 新产品指采用新技术原理、新设计构思研制、生产的全新产品，或在结构、材质、工艺等某一方面比原有产品明显改进，从而显著提高了产品性能或扩大了使用功能的产品。

2016年，我国规上企业新产品销售率(新产品销售收入/主营业务收入)为15.07%，比2015年提高1.48%。2012—2016年，江苏、北京、上海、广东、浙江5省(市)的新产品销售率均在全国平均水平以上，江苏、广东出现小幅上涨，浙江呈现大幅上涨，最高达到32%以上。企业要加大技术创新力度，加快对新产品的研究与开发，提升企业核心竞争力，同时，企业也应该加大市场开发力度，真正实现将技术转化成实在的效益。

(4) 北京是500强企业首选地。无论是世界500还是中国500企业，总部在北京的数量均高于其余省市。2016年，北京拥有的世界500强企业总部达56家，自2013年以来连续三年位列全球城市第一位；进入中国500强企业达到104家，达到总量的20%以上，这主要得益于北京在金融、人才、制度、环境等相关配套设施方面的独特优势。此外，江苏中国500强企业有43家，约为总数量的9%，而世界500强中国企业仅有3家。

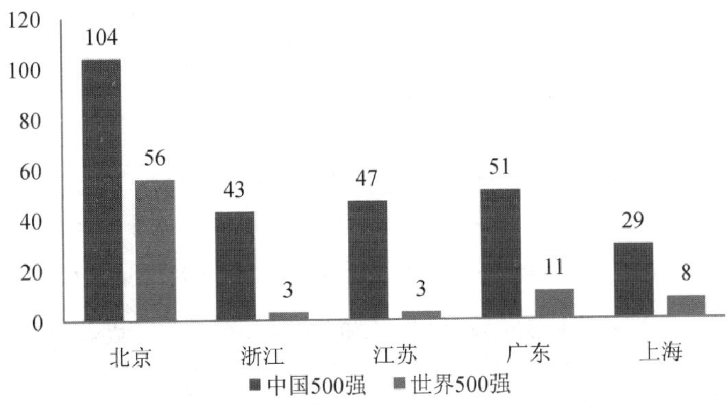

图1-5 2016年江苏等5省(市)500强企业数

数据来源：中国企业联合会、中国企业家协会发布的《中国500强榜单》，《财富》发布的《世界500强榜单》

(5) "千人计划"创业人才江苏省居全国第一。创新驱动实际上是人才驱动。根据中央关于引进海外高层次人才的工作部署，我国自2008年起开始实施"海外高层次人才引进计划"，即"千人计划"。主要围绕国家战略目标，用5—10年时间，在国家重点创新项目、重点学科和实验室建设、企业和商业金融机构以及以高新技术产业开发区为主的各类园区等，引进并支持一批能够突破关键技术、发展高新产业、带动新兴学科的战略科学家和领军人才回国创新创业[1]。截至2016年12月,国家"千人计划"创业人才共引进13批、858名人才。

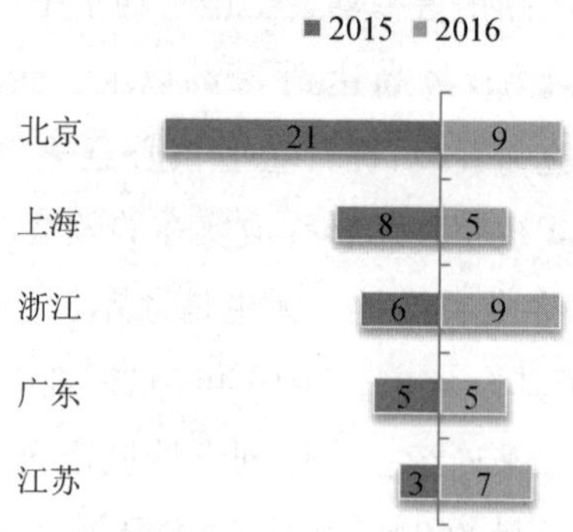

图1-6 2015—2016年江苏等5省(市)国家"千人计划"创业人才落地数

数据来源:海外高层次人才引进工作专项办公室第十三批"千人计划"创业人才入选资格名单

截至2016年底,江苏省共引进"千人计划"创业人才254名,居全国第一,占全国总数的30%,其中千人创业人才主要集中在苏南地区,特别是苏州集聚了124名。江苏省是全国引才工作最为突出的一个省份,也是全国引才工程最多的省份,同时江苏引进的高端领军人才非常有效地推动了江苏经济的转型和升级。在江苏省"双创"引才计划的带动下,全省出现了竞相引才的生动局面:无锡"530计划"、苏州"姑苏人才计划"、常州"千名海外人才集聚工程"这些引才计划聚焦的重点,都是领军人才尤其是创新创业团队[2]。

1.2.2 高校

高等学校是从事科学研究和高等教育有机结合的天然载体,在国家创新体系建设中发挥着核心作用。以大学为主体的高等教育承担着教学、科研和社会服务三项功能,并成功地将传播知识(通过人才培养)、生产知识(通过科学研究)和应用知识(通过技术扩散并服务社会)等功能有机地结合在一起,在学科研究和创新人才培养中起到了无法替代的重要作用[3]。

(1) 基础研究经费支出比例偏低。科技是第一生产力,而基础研究是科

---

① 王仰东,张敏,张劲菊."千人计划"创业人才研究[J]. 科技进步与对策,2014,31(23):161—165.

② 江苏各地引才工程你追我赶—更优环境吸引人才. 千人计划网 http://www.1000plan.org/subject/pages/10.

③ 黄琳. 科研机构与高等学校在国家知识创新体系中的关系研究[D]. 华东师范大学,2013.

技发展的最重要基石。加强基础研究是提高我国原始性创新能力、积累智力资本的重要途径，是跻身世界科技强国的必要条件，是建设创新型国家的根本动力和源泉。国家通过组织实施国家重点基础研究发展计划（973 计划）、国家自然科学基金、知识创新工程试点等专项计划，增加了对基础研究的投入。2015 年，我国基础研究经费投入 716.1 亿元，比上一年增长 16.7%，占全社会研发投入的 5.05%，事实上，虽然我国基础研究经费总量不断增长，但基础研究经费占比一直在 5%左右，与经合组织国家 5%到 20%的标准依然有较大差距。

一般地，高校在学科和人才汇聚方面具有天然的优势，主要承担基础研究，但我国高校研发活动的实际定位偏离了自身的优势目标，绝大部分经费流向应用研究和试验发展研究领域，导致基础研究实际主体缺位。2015 年我国高校基础研究经费投入 236.4 亿元，占高校研究经费的 35.3%，这一数值与发达国家高校研究经费的 50%以上用于基础研究形成了鲜明的对比，而高校基础研究经费支出比例低下，会难以实现基础研究与教育的有机结合。

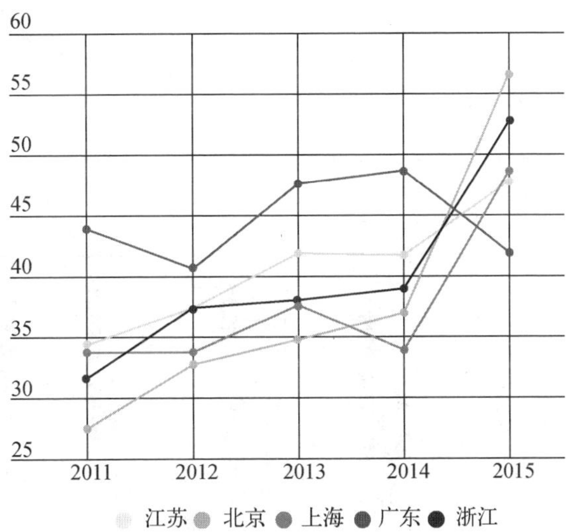

图 1-7 “十二五”期间江苏等 5 省(市)高等学校基础研究经费占比变化情况

数据来源：教育部科学技术司《高等学校科技统计资料汇编》

从图中可以看出，2011—2015 年间江苏、北京、上海、浙江基础研究经费占总研究经费的比重呈现上升趋势，且2015年浙江、北京该比重达到50%以上，广东该比重有所下降，但维持在40%以上。“十三五”将是我国创新型国家建设的攻坚阶段，加快转变经济发展方式，最根本的是要依靠科技的力量，最关键的是要大幅提高自主创新能力，必须更加重视基础研究的源头创新作用。

（2）对专利的重视程度逐渐提高。高校是我国培养高层次创新人才的重要基地，是我国基础研究和高新技术领域原始创新的主力军。充分地发挥高校在我国科技创新中的作用，对于建设创新型国家和实施国家知识产权战略至关重要。专利作为对科技创新的有效保护手段，在高校的科研活动中起着重要的保驾护航的作用。近些年来，高校的专利申请量在整个国内申请中的比重逐年增大，2010年上述比重在5.8%，到2015年已经达到8.9%。从专利申请绝对量来看，2010年我国高校专利申请量为43153件，2015年已达到235162件，增长了4倍多，可见我国高校对专利的重视程度在逐渐提高，这与国家知识产权战略的实施是密切相关的，体现高校在创新能力上的巨大潜力，高校专利申请已经成为我国专利申请的重要一极。

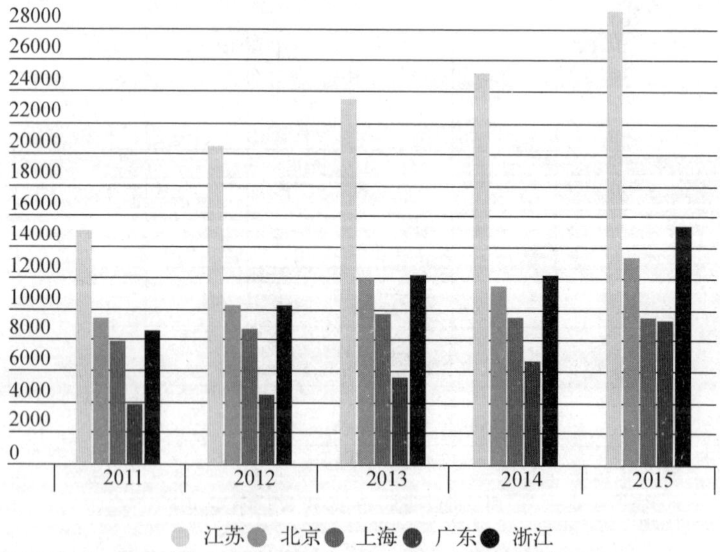

图1-8　“十二五”期间江苏等5省（市）高校专利申请量

数据来源：教育部科学技术司《高等学校科技统计资料汇编》

从省际层面看，江苏省高校专利申请数量占绝对优势，且年增幅较大，一定程度上可以反映出江苏高校的技术活动发展较为活跃，技术创新能力突出，专利意识有非常明显的提高；广东高校专利申请量虽然较少，但其增速相对较快，总体创新能力提升较快。另外根据教育部科学技术司的数据统计，2015 年江苏、北京和浙江的高校专利申请量均达到 1 万件以上，而西藏的高校专利申请量最低，仅有 19 件，可见我国高校创新资源分布的不均衡。

(3) “千人计划”青年人才落地北京数最多。35 岁左右的青年人才是最有创新激情和创新能力的群体。我国于 2010 年 11 月启动的“青年海外高层次人才引进计划”(简称“青年千人计划”)是级别最高、层次最高的青年人才引进战略工程，主要为我国科技、产业的跨越式发展提供支撑，而入选“青年千人计划”的海外人才主要在国内高校、科研院所工作。截至 2016 年 12 月，“千人计划”青年人才共引进 8 批，共引进 2933 名海归人才，其中 2400 名落地高校，为高校的新一轮发展、实施双一流高校建设，奠定了坚实的人才队伍基础。

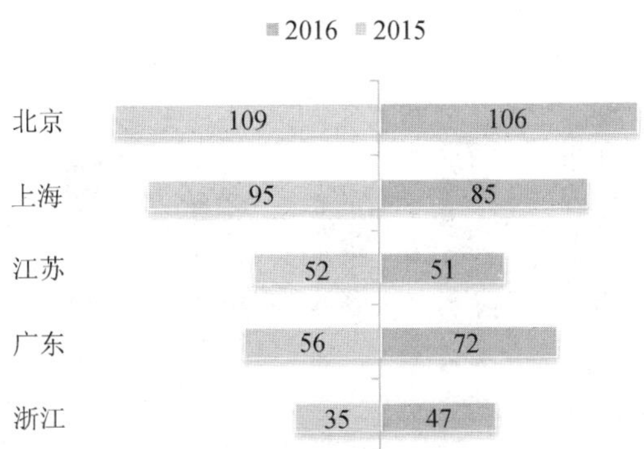

图 1-9　2015—2016 年江苏等 5 省(市)国家“千人计划”青年人才落地数

数据来源：海外高层次人才引进工作专项办公室第十二、十三批“千人计划”青年人才入选资格名单

北京高校和科研院所数量众多，且名校居多，引进青年人才数也最多，2016 年全国共引进“千人计划”青年人才 590 名，北京占 18.0%，其中北京大学、清华大学引进青年人才 46 人，占北京引进总数的 43%以上。2016 年江苏省引进国家“千人计划”青年人才 51 名，较 2015 年减少 1 名，事实上，江苏

省早在 2007 年就启动了《江苏省高层次创新创业人才引进计划》,支持全省各地面向海外引进高层次创新创业人才,促进创新型省份的建设,并不断制定各项人才计划,打造体现江苏"高度"、形成江苏"标志"、做出江苏"示范"的人才创新创业生态系统。

(4) 科研实力不断提升。科技创新水平的另外一个重要标志就是国家科技奖。国家三大科学技术奖——自然科学奖、技术发明奖和科学技术进步奖从 1989 年开始颁发。2015 年,全国高校获得国家自然科学奖一等奖 1 项、二等奖 33 项,占授奖项目总数 42 项的 81%;国家技术发明奖一等奖 1 项、二等奖 31 项,占授奖总数 50 项的 64%;国家科学进步奖通用项目 108 项(特等奖 1 项,一等奖 6 项,创新团队奖 3 项,二等奖 98 项),占授奖项目总数 141 项的 76.6%。高校在全国授奖项目中持续保持高比例,说明高等学校的科研实力在不断提升,对我国科技创新和经济发展的贡献越来越大,尤其是高校获得的 1 项国家自然科学奖一等奖、1 项国家技术发明奖一等奖项目,充分体现了高校的基础研究和重大原始性创新研究在我国占有举足轻重的地位。

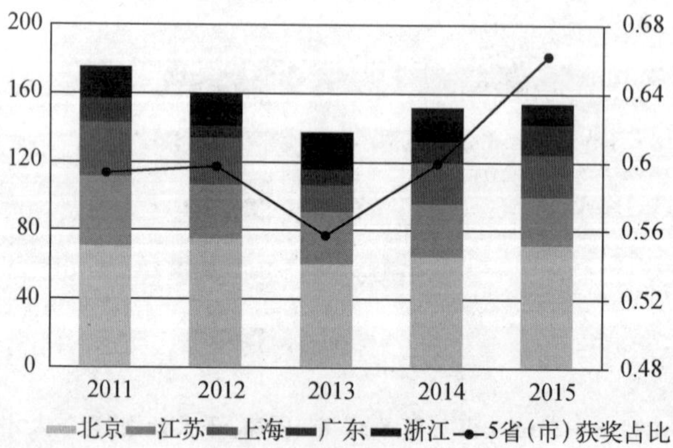

图 1-10 "十二五"期间江苏等 5 省(市)国家科技奖获得项目数

数据来源:教育部科学技术司《高等学校科技统计资料汇编》

从图中可以看出,2011—2015 年北京、江苏、上海、广东、浙江 5 省(市)获得国家科技奖项目之和均在全国获奖项目总数的一半以上,可见它们的创新能力要比其他省(市)更强,这是因为江苏、北京、上海、广东和浙江是全国重点高校的聚集地，尤其是北京（连续五年获奖数远远高于其余 4 省(市)），而重点高校的研发实力明显更强。

(5) 科技成果转化率低。据统计，我国高校科技成果每年通过鉴定的就达万多项，不少项目具有很好的推广价值和产业化前景，为科技成果转化为现实生产力提供了丰富的资源，显示着我国的科技潜力和实力。但目前科技成果转化率仅有 10%左右，有些高校连 1%都不到，大量具有产业化前景的科技成果被束之高阁，呈现出“成果多、转化少、推广难”的局面，与西方发达国家科技成果转化率相比，我们还相差甚远①。2015 年，我国高校专利出售总金额为 7.5 亿元，实际收入 5.4 亿元，专利出售合同数 2257 项，仅占同年专利授权总数的 2.74%。我国高校的研发成果出现大面积的闲置，这主要是因为：很多高校科技工作者在研发过程中更重视基础理论课题的研究，而对技术上的可操作性不够重视；科技成果转化后经济效益低及产品市场竞争力不够强，据有关资料报道，我国高校科技成果转化后，能为企业带来经营效益的只占被转化成果的 30%，而真正形成产业的还不到 5%。

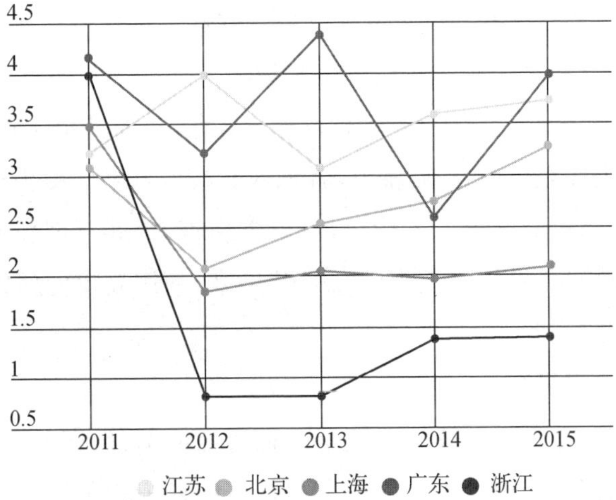

图 1-11 “十二五”期间专利出售合同占专利授权量比重

① 齐娜，温永民，郜文，牛淑梅，高峰，郭建强. 浅谈提高高校科技成果转让成功率[J]. 首都医科大学学报(社会科学版)，2012，(00)：70—71.

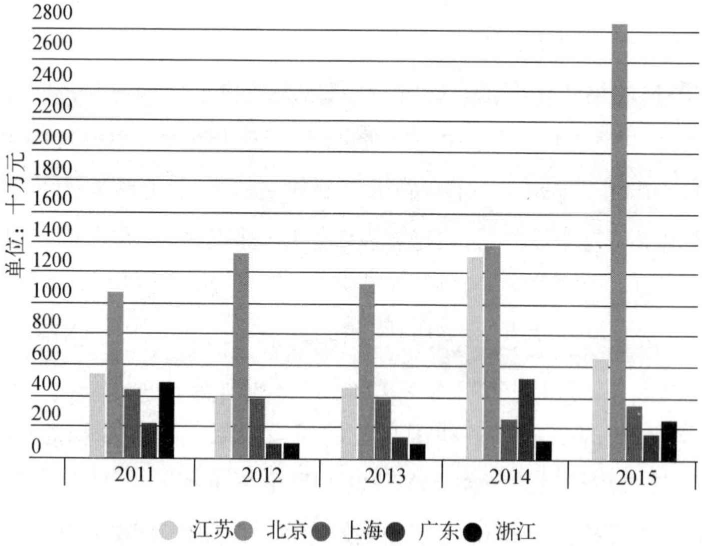

图 1－12 “十二五”期间专利出售实际收

数据来源：教育部科学技术司《高等学校科技统计资料汇编》

从图中可以看出，我国高校专利出售合同数占授权量比例均偏低，且各地出售情况差异明显。北京专利出售实际收入远高于其他省（市），2011 年高校专利出售实际收入过亿，2015 年已逼近 3 亿，约为其余 4 省（市）收入总和的 2 倍，其中广东仅为 1700 多万，各地区高校专利转化能力不一，差距较大。我国各大高校应发挥人才优势，集聚创新资源，共享创新成果，深化产学研交互，将科研成果从论文当中“解放”出来，利用高校的研发实力，为企业切实解决实际问题。

1.2.3 科研机构

科研机构也是我国科技创新体系的重要组成部分，它关系到国家的经济发展和我国在国际中的地位。走中国特色的自主创新道路，建设创新型国家，必须突破一批制约产业发展的关键技术，拥有一批核心技术和自主知识产权，造就一批具有国际竞争力的创新型企业，这都为科研机构充分发挥自身优势提供了广阔舞台①。

① 毛志军.科研机构和高校在推进科技协同创新中的定位与作用[J].科技广场，2012，(12)：36—38.

（1）研发经费来源以政府为主，且多用于试验发展研究。R&D 活动是创新的核心部分，R&D 能力是科研机构创新能力的核心内容，因而 R&D 支出在很大程度上是衡量科研机构创新能力的重要指标。

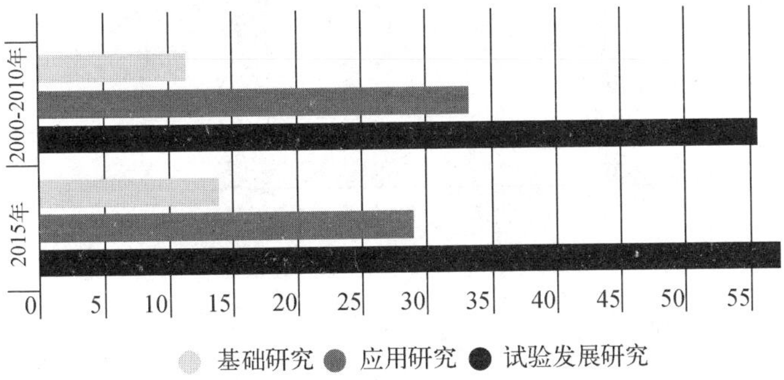

图 1－13　三类全国科研机构三类活动的年均经费支出比例变化情况

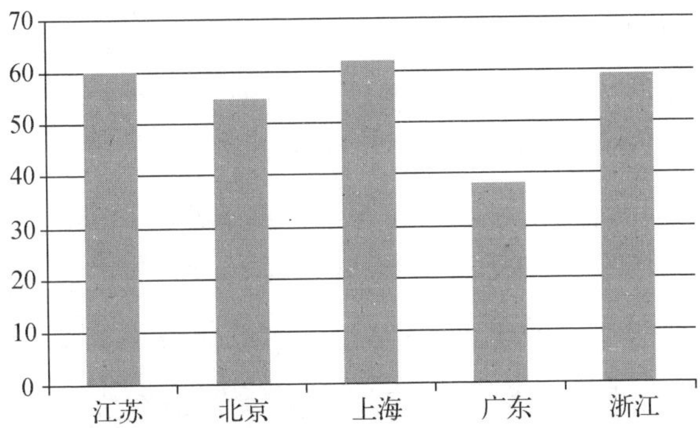

图 1－14　2015 年江苏等 5 省（市）试验发展经费所占比重

数据来源：《中国科技统计年鉴》

科研机构在研发经费投入上主要以试验发展研究为主，应用研究次之。2000—2010 年间，包括中科院在内的全国科研机构三类活动的年均经费支出比例分别为基础研究 11.3％、应用研究 33.2％和试验发展研究 55.5％，到 2015 年，这三类活动经费支出比例分别为 13.82％、28.94％、57.24％，可以看出科研机构在基础研究上研发经费投入有所增加，但还是以试验发展研究为主，其研究活动具有明显的企业化倾向。另外，江苏、北京、上海、浙江的科研机构试验发展研究经费均在 50％以上，而广东省该数值虽仅有 38.30％，但仍是以试验发展研究为主。

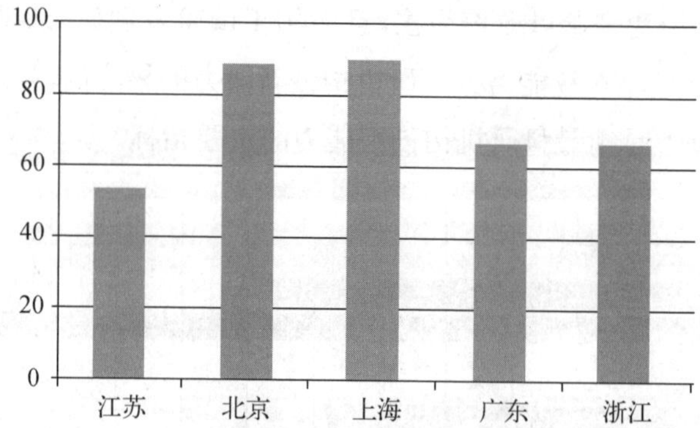

图 1-15 2015 年江苏等 5 省(市)政府资金所占比重

数据来源:《中国科技统计年鉴》

从科研机构研发经费来源上看,来自政府资金的份额从 2000 年的 67% 上升到 2015 年的 84%,来自企业资金的份额仅占 3%,也就是说,以试验发展研究为主的科研机构,其 80%以上的经费来自政府资金,体现了科研机构的研发活动对于政府资金较强的依赖性,同时科研机构缺少与企业的交互合作,容易与市场需求脱节,难以形成核心创新成果。从省际层面看,江苏、北京、上海、广东和浙江 5 省(市)来自于政府资金的经费均在 50%以上,其中上海高达 90%。不可否认的是,这种把科技经费投向有明确目标的应用研究和试验发展研究的做法,有助于提高公共部门更灵活地应对经济社会需求和提高其研究质量,而这个前提是国内科学研究具有了雄厚的研究基础[①]。然而,在国内研究基础非常薄弱的条件下,过多地强调科学研究面向经济和社会目标,必然会使本来就脆弱的基础研究更加雪上加霜,最终将取得适得其反的效果。目前我国每年产出大量科技成果,但成果的转化率一直提高不上去,科学技术第一生产力的功能远没有发挥出来,就是这方面的有力证明。科研机构侧重于研究应用科学,高校侧重于研究基础科学,科研机构和高校应在资源和能力的基础上进行科研合作,进而促进基础研究成果向应用研究转化。

(2) 专利申请量不断增加。专利往往是创新成果的集结,因此在衡量科

① 马佰莲.制约科技创新的关键是管理制度的变革——近十年中国高校和科研机构科技创新能力的比较[J].北京科技大学学报(社会科学版),2013,(01):72—78.

研机构的创新能力时，专利有着极其重要的作用。专利，尤其是发明专利是科研机构创新能力的集中体现，其转化对于科研机构创新有着积极意义。近年来，随着研发经费投入的不断增长，我国科研机构专利申请数也在不断增加，2015 年，我国科研机构专利申请共 46559 件，比 2010 年增长了近 1 倍，专利授权共 30104 件，是 2010 年的 1.48 倍。同时，专利数量的上升正是对我国科技创新等一系列战略及政策的最佳注脚和生动例证。

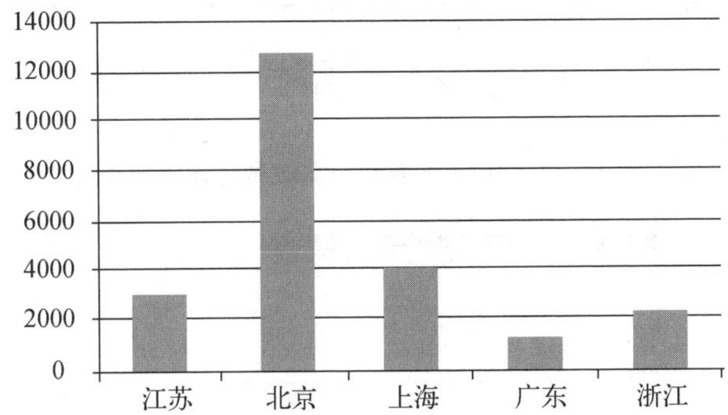

图 1－16　2015 年江苏等 5 省(市)科研机构专利申请量

数据来源：《中国科技统计年鉴》

从各省(市)专利申请的绝对量来看，2015 年北京市占据绝对优势，占全国申请量的 27.2%，这与北京市科研机构数量为全国最多的情况相吻合，同时根据《2016 中国科技统计年鉴》的相关数据，江苏、北京、上海、广东和浙江 5 省(市)专利申请量占全国的一半以上，体现出了这 5 个地区科研机构的创新能力较强。

(3) 成果转化率偏低。科研机构的技术创新和科研成果转化工作做得好，可以为自身带来经济效益，并能反哺科技创新，对整个国家创新能力都具有重要意义。二战后，美国科研机构拥有大量的联邦政府资助的科研项目，在美国一系列促进科研机构科技成果转化的政策实施之后，极大地提升了美国当时的国家创新能力[①]。因而科研机构科技成果转化指标在一定程度上能衡量其创新能力的强弱。

① 曾邵宁.提升广东省属科研机构创新能力的政策分析[D].华南理工大学，2011.

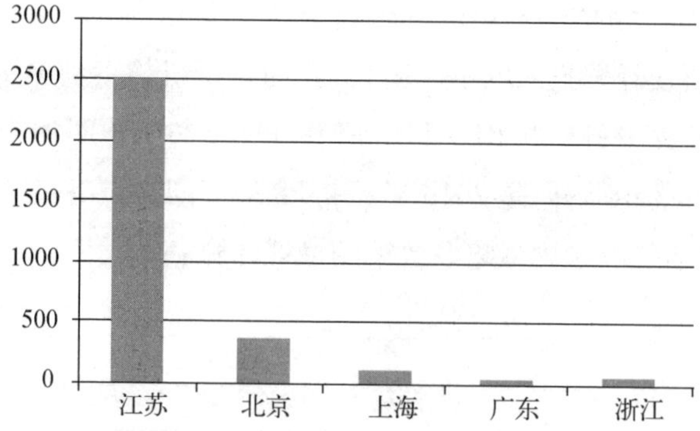

图 1-17　2015 年专利所有权转让及许可数

数据来源:《2016 中国科技统计年鉴》

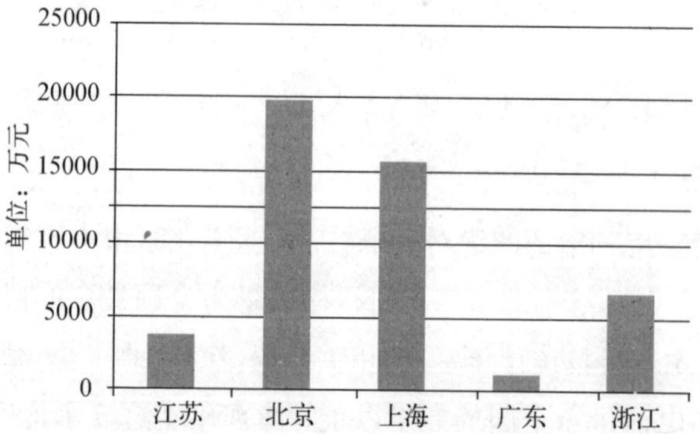

图 1-18　2015 年专利所有权转让及许可收入

根据《2016 中国科技统计年鉴》数据显示，2015 年我国科研机构国内专利授权量有 33651 件，而实现专利所有权转让及许可的专利量有 3567 件，仅占授权量的 10.6%，成果转化率偏低；科研机构专利所有权转让及许可数在 50 件以上的仅有 6 个省(市)，从高到低分别是江苏、北京、上海、天津、浙江、辽宁，其中江苏省该数值有 2511 件，占全国数量的 70%。另外从图中可以看出，江苏省科研机构专利转让和许可数达到 2500 余件，是北京的 6.8 倍，是浙江的 36.9 倍，但其专利转让和许可收入却比北京和浙江还要低，一方面说明江苏省科研机构转让和许可的专利技术含量不高，另一方面也说明在定价策略上可能存在一定的问题。

1.2.4 中介服务

中介机构是自主创新系统中联系供求双方的纽带，在技术与人才流动、服务咨询、中介交流、科研成果转化等方面起着承上启下的作用。

(1) 技术市场繁荣发展。技术市场在科技成果转化过程中始终发挥着重要的渠道作用，为优化生产要素配置、提升科技创新、促成产业结构调整提供了可靠保障。2016 年，全国技术市场交易额达到 11406.98 亿元，比 2015 年增加了 16.0%，已连续十余年保持稳定增长态势。

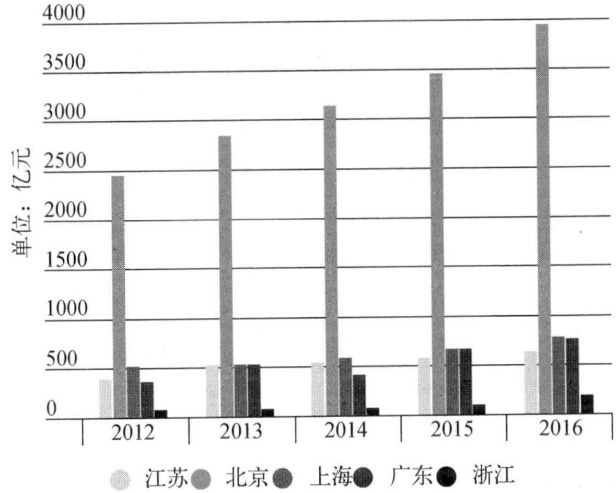

图 1-19　2012—2016 年江苏等 5 省(市)技术市场交易额情况

数据来源:《中国统计年鉴》

北京技术交易额"领跑"全国，年增幅较大，2016 年成交额达到 3940.98 亿元，同比增长 14.1%，连续五年保持 2 位数的增长速度，占全国交易总额的 34.5%。随着北京市科委全面推动实施创新驱动发展战略，技术市场稳定健康发展，技术要素流动活跃，技术交易成为北京创新驱动和经济增长的"主力"。北京一大批高端先导技术与新兴产业融合发展，成为引领产业发展和构建"高精尖"经济结构的"源动力"。2015 年，电子信息、现代交通、新能源、环境保护、航空航天、先进制造、生物医药、新材料和核应用等领域成交额 2629.1 亿元，占总量的近 80%。同时，北京拥有 58 家国家技术转移示范机构，促成项目总额 303 亿元，其中以中国科学院国家技术转移示范机构等，通过交易转移、合作转移和衍生企业等技术转化模式，促进创新资源、创新要素的高效流动。

江苏省技术交易不断繁荣发展，2012—2016 年间保持年均两位数增长速度。2016 年成交金额 635.64 亿元，位居全国第五，成交额远高于浙江等省份，并呈现以下三个特点：一是技术转移转化步伐加快，全省技术转让合同位居技术开发、技术转让、技术咨询、技术服务四类技术合同首位；二是新兴产业领域技术交易活跃，交易主要集中在电子信息技术、先进制造、生物医药、新能源、新材料等战略性新兴产业领域；三是苏南国家自主创新示范区技术交易频繁。

（2）知识产权服务机构数量增长快速，且主要集聚在东部发达地区。知识产权服务业是创新发展的重要支柱，它是伴随着当代高新技术产业的发展而出现的新兴产业，在推进知识产权的整体发展中起到了关键性作用。发展知识产权服务业，有利于提升自主创新的效能与水平，有利于提高经济发展的质量和效益，有利于形成结构优化、附加值高、吸纳就业能力强的现代产业体系。截至 2015 年底，我国从事知识产权服务的机构数量达 5.18 万家，增幅达到 40%以上。

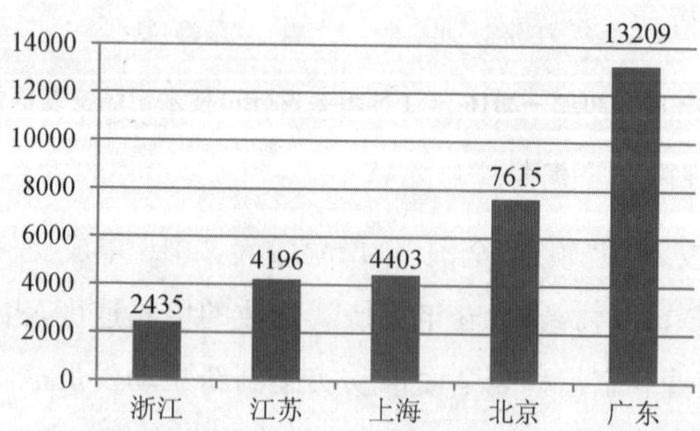

图 1 - 20　截至 2015 年底江苏等 5 省（市）知识产权服务机构数量

截至 2015 年底，全国知识产权服务机构排名前六的地区为广东、北京、上海、江苏、山东和浙江，分别为 13209 家（25.5%）、7615 家（14.7%）、4403 家（8.5%）、4196 家（8.1%）、3004 家（5.8%）、2435 家（4.7%），合计占比

67.3%，知识产权服务业的主要集中地区较前几年没有变化，广东、上海、江苏所占比例略微上升，而北京、浙江所占比例略有下降；另外，还可以看出江苏省知识产权服务业发展与广东、北京、上海差距较大，因此应积极推动知识产权服务业发展，培育产业发展新优势，强化知识产权服务对科技进步和经济发展的促进作用。2016年，江苏省着力构建知识产权服务业集聚区，在集聚区内基本形成了门类齐全、内容完整、服务高端的知识产权服务链，并且各市积极探索知识产权服务业集聚区建设，通过平台创新促进江苏省知识产权服务业的发展，如南京"我的麦田"、无锡"才标网"、常州"专利巴巴"等"互联网+知识产权服务"平台的先后开通。

(3) 银行业金融机构规模稳步提升。金融中介在社会经济运行和金融活动中发挥着重要作用，这与其自身的特殊功能密不可分。金融中介的功能是多重的，且基本稳定，并且各类金融中介的主要功能也有所差异，但一般来说，金融中介的基本功能包括：便利支付结算、促进支付融通、降低交易成本、改善信息不对称、转移与管理风险等①。银行业金融机构是融通资金的信用中介，能有效转移社会资源，并提供广泛的金融服务。

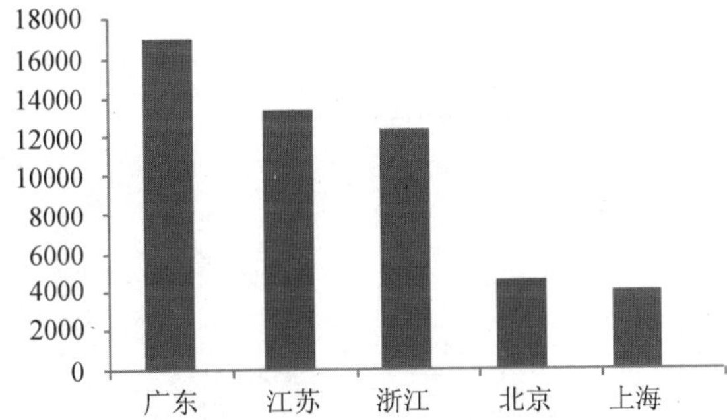

图1-21　2015年江苏等5省(市)银行业金融机构数量

数据来源：各省市《2015年金融运行报告》

2015年广东省金融机构资产总额同比增长11.9%，数量达到16985个，从业人数353781人，分别同比增加519个和6271人，金融组织体系进一步

① 聂立磊. 浅析商业银行作为金融中介所处的地位与作用[J]. 中国商界(下半月)，2009，(07)：63.

完善，财务公司和村镇银行分别增至 19 家和 53 家，金融租赁公司和消费金融公司发展加快。此外，为实现金融资源供给对中小微企业融资需求的有效对接，由人民银行广州分行牵头，建立了广东省中小微企业信用信息和融资对接平台，利用“数据库＋服务网”模式，搭建银企融资对接平台，充分发挥银行业金融机构的支撑作用。

2015 年江苏省银行业机构规模稳步增长，组织体系更趋完备。年末，江苏省银行业金融机构资产总额达 13.5 万亿元，同比增长 11.6%，机构数量达到 13381 家，完成 62 家农合机构改制和 10 家台资银行落户。此外，金融对实体经济支撑作用进一步增强，江苏省全年实现金融业增加值 5332.9 亿元，同比增长 15.7%，其中银行业增加值在 70%以上。

(4) 创业投资爆发增长。猎云网研究院[1]结合公开披露的投融资事件对 2016 年互联网各领域的融资案例进行了梳理和研究（数据截至 11 月 30 日）。整体来看，2016(1—11 月)年融资案例总数达到 3930 个，与 2015 年总数 3932 个基本持平。数据显示，2010 年发生的融资案例 302 个，2011 年发生的融资案例 615 个，2012 年发生的融资案例 805 个，2013 年发生的融资案例 1332 个，2014 年发生的融资案例 3078 个。

图 1 - 22　2010—2016 年融资案例个数

① 2016 中国科技创业投融资白皮书：资金都去哪了 http://www.sohu.com/a/123541716_118792.

2016年，北京地区是投资案例最多的地域，共有投资案例1599个，占比41%；上海排第二位，共有投资案例727个，占比18%；广东排第三位，共有投资案例653个，占比17%；另外浙江和江苏分别有投资案例305个和142个，分别占比8%和4%。北京依旧是互联网公司最集中的城市，聚集互联网风险投资机构、汇聚互联网人才资源、互联网产品用户众多、相对完善的政策和国家政府的扶持促使创业投资热情高涨。

1.2.5 政府

如果说企业是区域科技创新的引擎，那政府就是科技创新的推动者，应更多承担起保护科技创新、完善配套制度和制定产业政策的责任，更多发挥产业创新的领导力。

(1) 财政科技支出规模逐年提高。科学技术是推动经济发展与增长的内在因素，科技支出是反映一个国家和地区科技实力的重要指标。

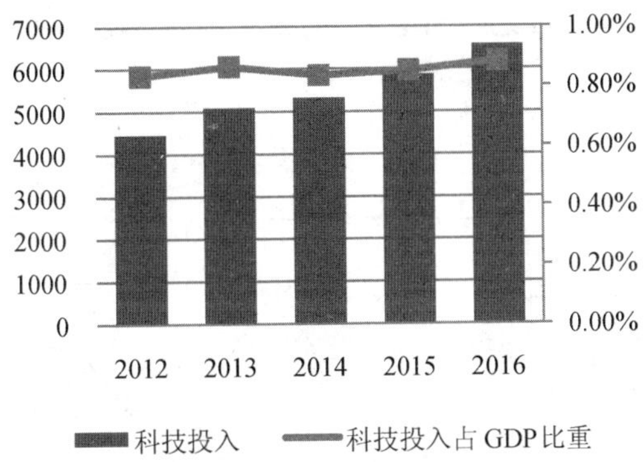

图1-23 2012—2016年我国财政科技支出变化趋势

数据来源：《中国统计年鉴》

按照国际惯例，财政科技投入占GDP比重不到1%的国家，是缺乏创新能力的国家；在1%—2%之间，是有所作为的；大于2%，这个国家的科技创新能力可能会比较强。2012—2016年间，我国财政科技投入绝对量逐年增加，但占GDP比重仍未达到1%的水平，证明目前我国的状况是属于缺乏科技创新能力的。

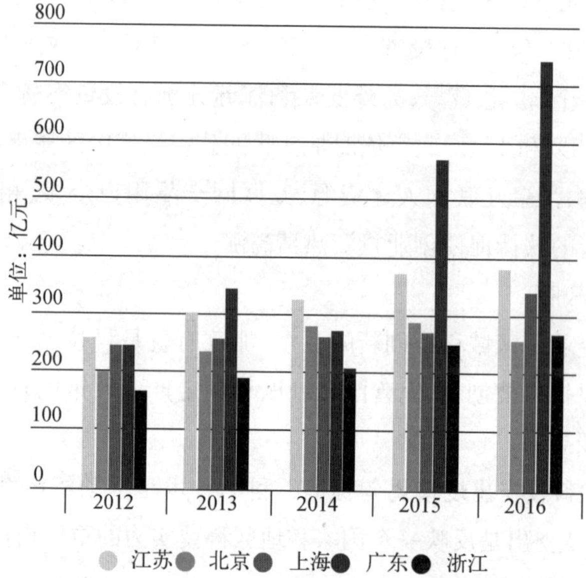

图 1-24　2012—2016 年江苏等 5 省(市)财政科技支出

数据来源:《中国统计年鉴》

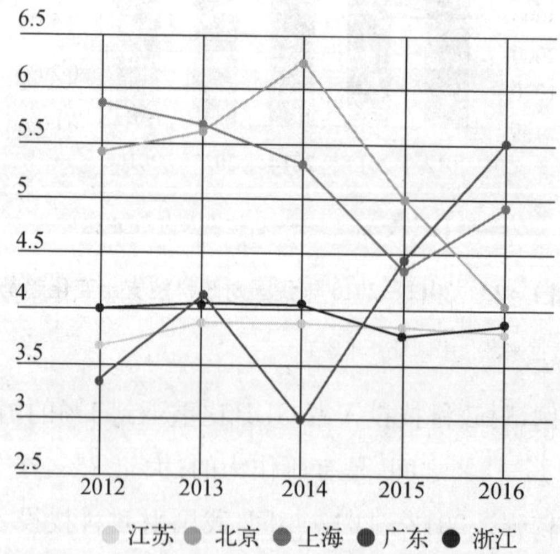

图 1-25　2012—2016 年江苏等 5 省(市)财政科技支出占比变化

从图中可以看出,各地财政科技支出规模在逐年提高,北京、上海科技支出占公共财政的比重相对较高,波动较大,且北京连续两年出现了较大幅度的下降；江苏、浙江该数值比较接近，且维持在 3.5%—4.1%之间；广东省在 2016 年的科技投入远远超过了其余 4 省（市），其占公共财政的比重也超过上海，达到 5.53%，可见广东省政府对于科技创新的重视程度有所提高。

(2) 越来越重视基金在推动创业创新中发挥的重要作用。政府引导基金主要投向土地开发、棚改、保障房建设、三旧改造、产业园区建设等与土地开发有关项目；以及有现金流或纯公益性的路桥、港口、机场、水务、清洁能源等项目；还可投资于产业转型升级过程中有资金需求的相关企业。在经历了 2002—2006 年的探索起步、2007—2008 年的快速发展、2009 年至今的规范化运作三个阶段后，我国创业投资引导基金的政府引导作用日益增强、运作模式日趋完善，其发展已步入繁荣期。根据清科研究中心统计，截至 2016 年，我国政府引导基金已设立 1013 支，总目标规模 53316.50 亿元，已到位资金达 19074.24 亿元。

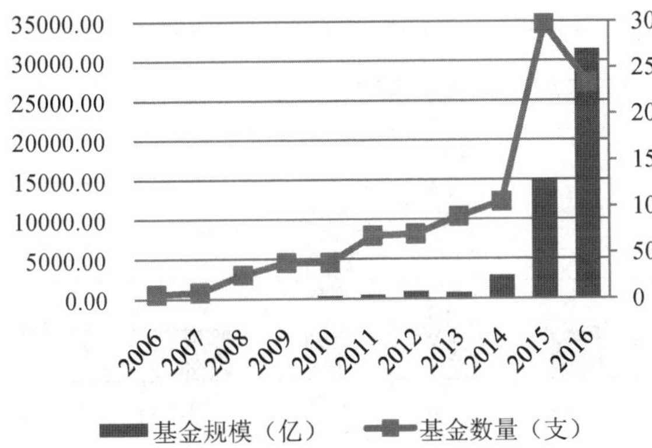

图 1-26[①] **2006—2016 年政府引导基金设立情况比较**

数据来源：清科集团《中国政府引导基金排行榜》

从设立数量和规模来看，截至 2015 年底，北京地区累计成立 88 支政府引导基金，政府引导基金规模 4367.25 亿元，居各地区之首；另外广东和浙江地区引导基金设立相对活跃，基金数量分别为 85 支和 84 支，但是基金规模只有 1451.83 亿元和 801.33 亿元。江苏省基金数量为 57 支，规模为 1180.49 亿

① 清科研究中心. 桂洁英. 2016 政府引导基金排名启动在即，http://research.pedaily.cn/201601/20160128393065.shtml.

元。在清科集团发布的2016年中国政府引导基金20强中，深圳市引导基金位列首位，此外，广东还有广东粤财基金、深圳市福田引导基金、深圳市龙岗区创业投资引导基金以及深圳市南山区产业发展投资引导基金4支引导基金进入20强；上海、北京和浙江均有2支上榜，江苏省没有基金进入全国前20强，因此江苏省在政府引导基金的类型、数量和规模以及管理方式上亟须突破。

（3）国家工程研究中心主要集中在北京。国家工程研究中心是国家科技创新体系的重要组成部分，是国家发展和改革委员会根据建设创新型国家和产业结构优化升级重大战略需求，以提高自主创新能力、增强产业核心竞争能力和发展后劲为目标，组织具有较强研究开发和综合实力的高校、科研机构和企业等建设的研究开发实体，旨在通过建立工程化研究、验证的设施和有利于技术创新、成果转化的机制，培育、提高自主创新能力，搭建产业与科研之间的“桥梁”，促进产业技术进步和核心竞争能力的提高。

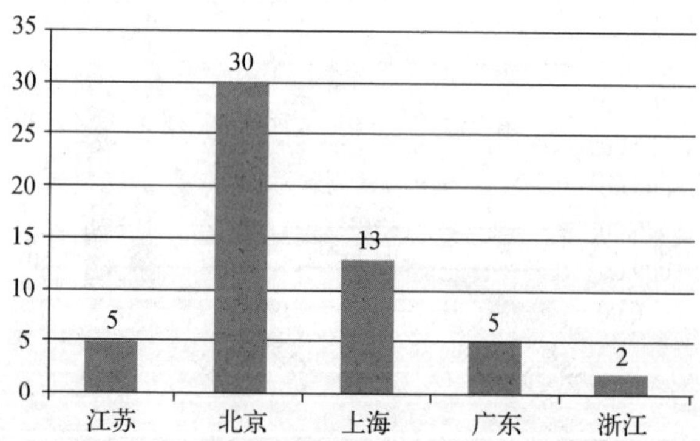

图1－27　截至2016年底江苏等5省（市）国家工程研究中心数量

数据来源：国家发展改革委《国家工程研究中心第五次评价结果》

截至2016年底，全国共有国家工程研究中心100个，其中北京市有30个，占总数量的30%，主要是因为北京是中国科技资源最为丰富的地区，聚集了大量代表国家最高水平的科技人才、高校、企业以及科研机构，而中心主要依托于行业、领域科技实力雄厚的重点科研机构、科技型企业或高校。另外，江苏有5个国家工程研究中心，占总数量的5%，分别是电力系统自动化—系统控制和经济运行国家工程研究中心、水资源高效利用与工程安全国家工程研究中心、火电机组振动与测控国家工程研究中心、视像音响数字化产品国家工程研究中心和中药制药工艺技术国家工程研究中心。

1.2.6 用户

用户在创新3.0体系中,既是创新活动的参与者,也是创新活动的重要推动力量。

(1) 上海是人口密度最大的城市。人口密度是单位面积上居住的人口数,表示世界各地人口密集程度的指标。从图中可以看出,上海的人口密度不断升高,始终维持在3500人/平方千米以上,是北京的3倍左右,远高于江苏、广东和浙江,成为我国人口最集中的地区。

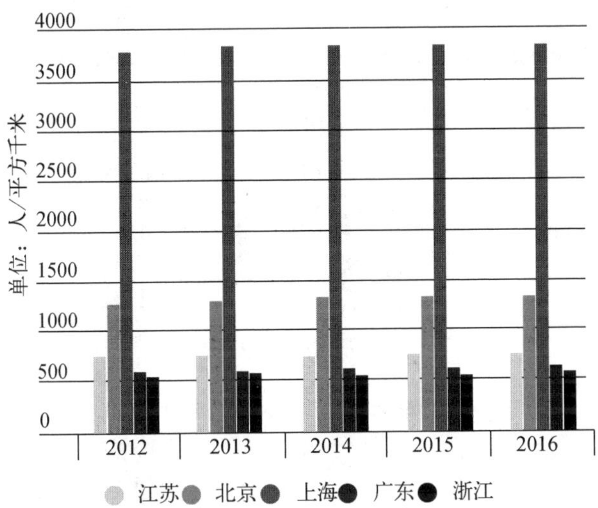

图1-28 2012—2016年江苏等5省(市)人口密度情况

数据来源:《中国统计年鉴》

(2) 消费保持平稳增长,且增速放缓。社会消费品零售总额是反映最终消费的重要指标,即反映最终消费支出中的实物商品消费,而实物商品消费在最终商品消费支出中占有较大的比重。改革开放以来,我国经济一直保持持续稳定快速的增长势头,居民收入稳步上升,同时随着消费环境的不断改善,人们的消费能力不断增强,这直接带动了社会消费品零售总额的增加。2016年我国社会消费品零售总额为332316.3亿元,同比增长10.4%,保持平稳增长。

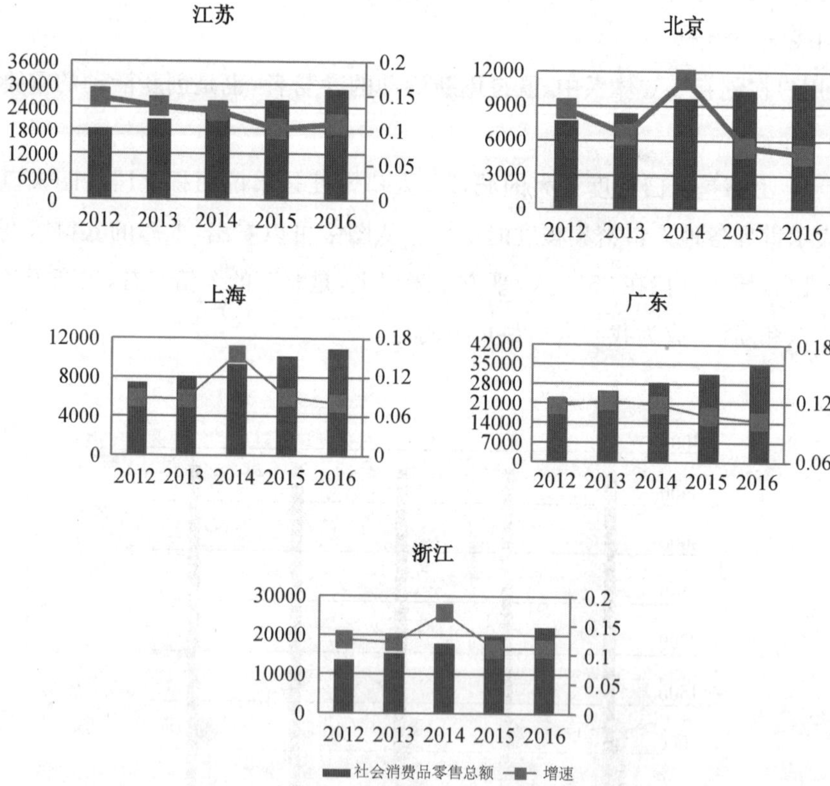

图 1－29　2012—2016 年江苏等 5 省(市)社会消费品零售总额及增速变化情况

数据来源:《中国统计年鉴》

2012—2016 年间,广东省社会消费能力不断提升,消费品市场规模持续扩大,社会消费品零售总额一直维持在 2 万亿以上,已连续 32 年居全国首位;2016 年突破 3 万亿元,比 2012 年增长 53.2%;从年增速来看,虽然社会消费品总额增速大体呈现逐年回落态势,但仍保持两位数较快增长。另外,2012—2016 年间江苏省社会消费品零售总额年均增长 12.4%,2016 年达到 2.87 万亿元,消费对经济增长的贡献率已达到 54.2%,成为江苏经济增长的最大拉动力。

(3) 固定资产投资规模不断扩大,且江苏省固定资产投资规模远大于其余 4 省(市)。固定资产投资是一个国家(地区)经济增长的前提保证,它是指建造和购置固定资产的经济活动,是社会增加固定资产、扩大生产规模、发展国民经济的重要手段，也是提高人民物质文化生活水平的条件。2016 年，全国固定资产投资(不含农户)596501 亿元，比上年名义增长 8.1%，扣除价格因素后实际增长 8.8%。

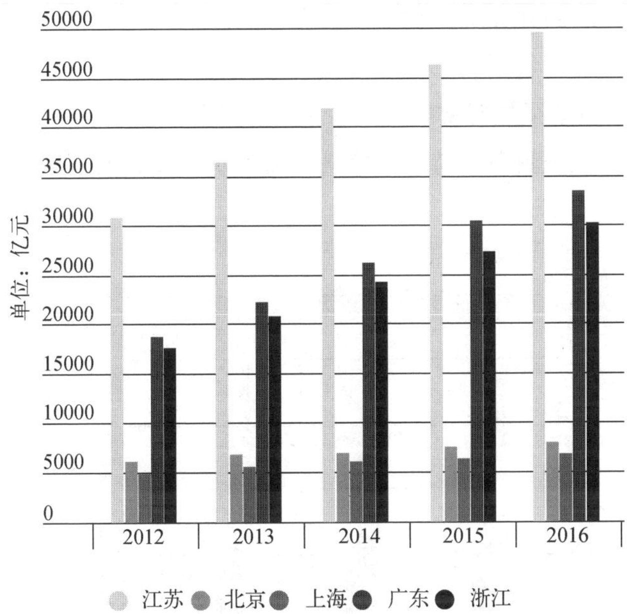

图 1－30　2012—2016 年江苏等 5 省(市)固定资产投资规模情况

数据来源:《中国统计年鉴》

“十二五”期间，江苏省有效投入较快增长，全省固定资产投资总额从 2012 年的 30854 亿元增至 49663 亿元，年均增长 13.3%，投资运行表现出增量投入较为强劲、投资结构更趋合理、多元投资协同发展等特点，在稳定经济发展、推进结构调整、促进有效供给等方面发挥重要作用。投资能促进经济发展，但最终仍是为了改善民生。近年来，江苏省将投资重点放在基础建设、保障性住房、生态环境、交通能源及社会事业等方面，有力推动城乡基础设施建设、教育、医疗和社会服务等体系的建设。此外，作为第一经济大省的广东省，其固定资产投资规模与江苏省差距较大，近五年广东每年固定资产投资金额仅为江苏省的 60%左右，而造成苏粤两省固定资产投资差异的原因主要有[①]:产业结构的差异、民营经济发展水平及竞争力差异、区域发展均衡度差异、制造业主要行业受经济下行影响差异以及金融支持实体经济水平差异等。

1.3 创新要素活跃程度比较

1.3.1 开放交互程度

(1) 信息化发展各有特色。信息化发展水平较高的地区其发展模式呈现出不同的特色。

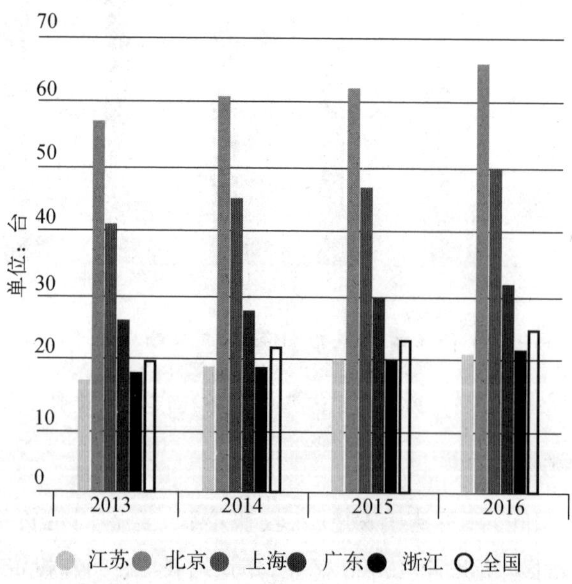

图 1-31 2013—2016 年江苏等 5 省(市)每百人使用计算机台数

数据来源:《中国统计年鉴》

① 刘华伟,许航敏,王邦屏. 粤苏两省固定资产投资比较分析[J]. 地方财政研究,2016,(06):91—96.

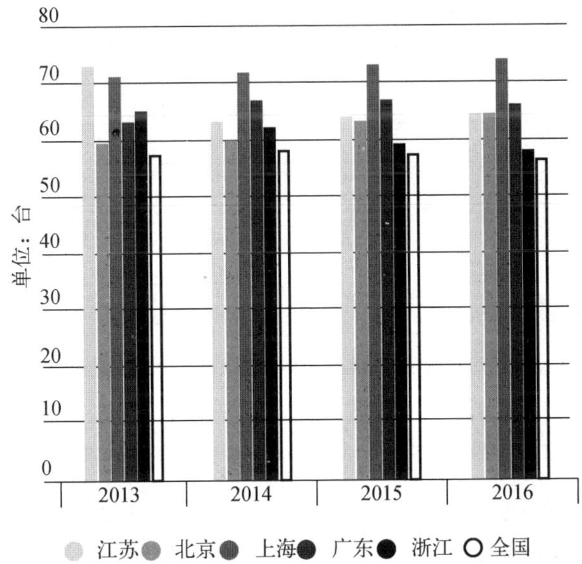

图 1-32 2013—20116 年江苏等 5 省(市)每百家企业拥有网站数

从图中可以看出，北京每百人使用计算机台数远高于其余 4 省(市)以及全国平均水平，这主要是因为北京以信息产业作为支柱产业，信息产品比重较高，企事业单位从事信息化生产和信息化服务业高于其他地区，信息化发展水平保持绝对领先地位。而上海每百家企业拥有网站数高于北京、江苏和广东等省，因为上海的信息化发展更多体现于对传统产业的升级与改造上，其产值已进入其他产业，表现为各产业较高的劳动生产率。另外，2013—2016 年江苏的每百人使用计算机台数低于全国平均水平，需提升企业信息化水平，促进互联网、云计算、大数据、物联网等与现代制造业融合。

信息产业在我国得到了中央和国务院的高度重视，并将信息产业定位为国民经济的基础产业、支柱产业、先导产业以及战略性产业，它对经济增长、扩大内需、增加就业等具有很大的带动作用。从信息传输、软件和信息技术服务业生产总值占地区生产总值的比重来看，江苏、北京、上海、广东均呈现出不断上升的趋势，信息传输、软件和信息技术服务业在地区经济发展中发挥的作用越来越大。其中，北京市该比重远高于其余 3 省(市)，2015 年已超过 10%；江苏省该比重远低于北京和上海，未达到 3%。

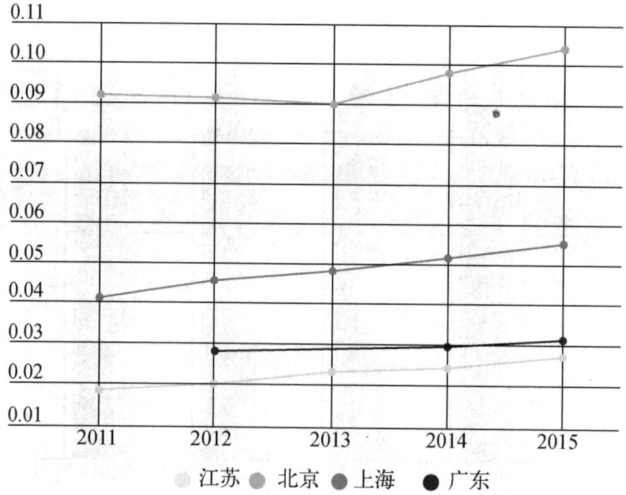

图 1－33 “十二五”期间信息传输、软件和信息技术服务业生产总值占地区生产总值的比重情况

注:因数据无法采集,暂缺 2011 年和 2013 年广东省占比数据

数据来源:各省(市)统计年鉴

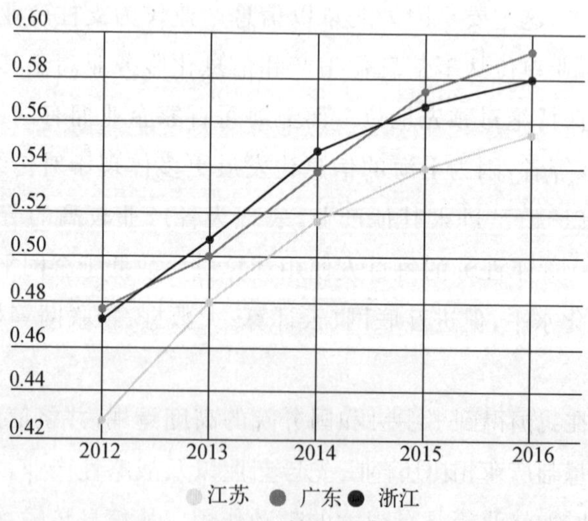

图 1－34 2012—2016 年江苏、广东、浙江信息社会指数(ISI)对比

数据来源:信息化研究部《2016 年江苏省信息社会发展报告》

信息社会指数(ISI)是为了衡量国家(或地区)或国家内各地区的信息化发展水平,其取值范围在 0—1 之间,数值越高表明信息社会发展水平越高。

其中 0<ISI<0.6 为信息社会的准备阶段，0.6≤ISI<1 为信息社会的发展阶段。2015 年全国信息化信息指数(ISI)达到 0.4523，比上年增长 4.1%，整体上进入信息社会初级阶段。从图中可以看出，2012—2016 年间江苏省信息社会指数均低于广东省和浙江省，但与两省的差距在不断缩小；2016 年江苏省信息化社会指数达到 0.554，较 2011 年增长了 29.7%，全国排名第 7 位，处于信息社会的转型期，这个阶段江苏省信息技术应用扩散加速，实效开始显现，应加快调整与改革，逐步消除发展的不利因素，同时加强教育培训，提升信息素质。

(2) 各地交通运输能力参差不齐。交通运输能力较强的地区其运输距离及时间都会相对较短，既缓解了交通拥挤，又加速了区域间商品、技术、人员、信息的交流速度，降低了产品生产运输成本，促进了创新生态系统中各要素的流动，在很大程度上实现了有限资源的合理、有效配置，拓宽了市场，对提高行业竞争力、促进社会进步和国民经济快速发展作用明显。

货物周转量是一定时间内，运输部门实际运送的货物吨数与它的运输距离的乘积，以吨公里为单位。2012—2015 年，上海货运周转量均远远高于其他 4 省(市)，到 2016 年底，广东货物周转量大幅增加，远超过上海，而且主要集中在深圳港、广州港、湛江港和汕头港四大港口。随着广东的经济快速发展，其完善的公路和水路运输，为广东的创新产品的交互提供了更加便利的运输条件；北京每年的货物周转量在 5 省(市)中最低，2016 年仅为上海的 4.3%，这主要因为北京没有水运；最后，江苏省的货物周转量与浙江省不相上下，主要依托沿海港口连云港和内河南京、镇江、泰州、南通等港口，但受江苏省沿海远洋运输基础相对薄弱的影响，江苏水路货运周转量水平与沪浙粤三省市相比，仍存在一定差距，另外江苏公路运输发展已经开始提速，但是货物周转量与广东相比还存在一定差距。

客运量是在一定时期内，各种运输工具实际运送的旅客数量，它是反映运输业为国民经济和人民生活服务的数量指标。2012—2015 年，广东省客运量远高于其他 4 省(市)，且 2015 年，广东铁路客运量达到 2.3 亿人次，是截至当年唯一一个铁路客运量突破 2 亿人次大关的省份。2016 年，江苏的铁路客运量达 1.8 亿人次，排全国第三位。如果从江浙沪三省来看，2016 年

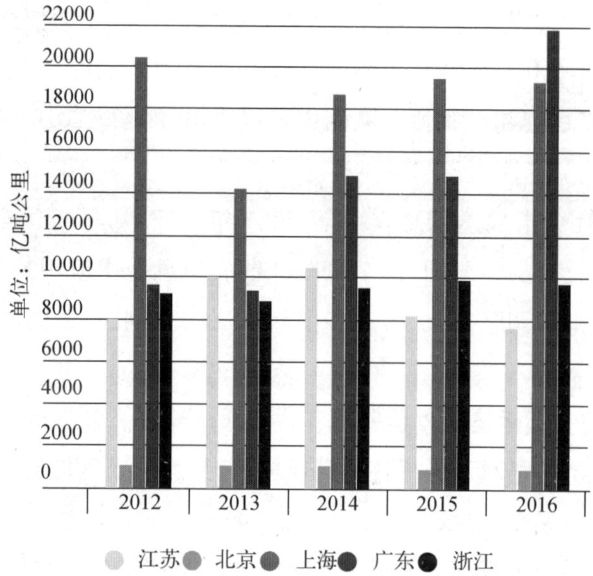

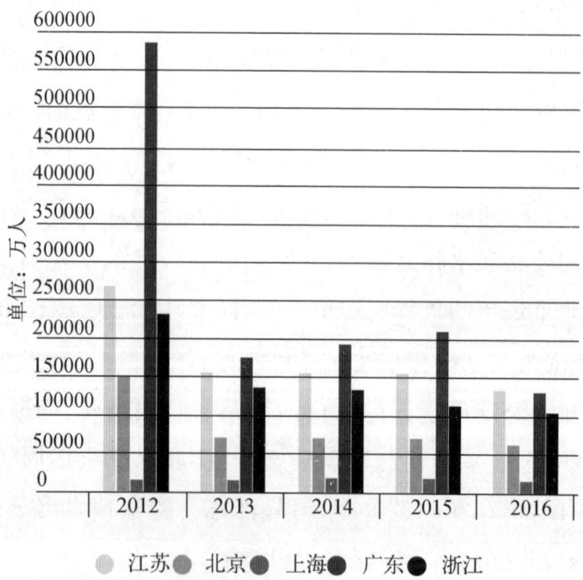

图 1－35　2012—2016 年江苏等 5 省(市)货物周转量及客运量情况

数据来源:《中国统计年鉴》

三地铁路客运量之和达到了 6 亿人次，堪称是我国铁路客运最为繁忙的区域；公路客运量方面，江苏的公路客运达到 11.3 亿人次，超过广东的 10.2 亿人次，浙江8.3亿人次，北京1.4亿人次，其中沪宁高速为全国最繁忙的高速公路。高速公路的发展大大缩短了车辆的行驶距离及时间，缓解了交通拥挤，提高了运输能力，加速了区域间商品、技术、人员、信息的交流速度，降低了产品生产运输成本，促进了创新生态系统中各要素的流动。

(3) 金融对地区发展的支持作用不断提升。金融作为专门筹集、配置资金的产业部门，在现代市场经济中处于核心地位。金融发展水平是衡量一国经济和区域经济的重要尺度，金融业发展的好坏直接影响、制约着经济发展的速度。各类金融机构存贷款合计与GDP的比值——地区金融相关比率可反映地区单位GDP所拥有的金融资源支持和金融为创新型省份(城市)建设所提供的便利①。从图中可以看出，北京地区金融相关比率远远高于江苏、上海、广东和浙江，可见北京地区金融资源对其经济发展及实现"建设科技创新中心"目标的支撑作用较大；江苏省金融相关比率逐年提升，但仍相对较低。为提升金融业对经济发展及创新型省份的建设，江苏省可借力上海金融中心建设，加强长三角区域的金融合作，并以创新驱动战略为指引，深化推进金融改革和创新，同时坚持贯彻金融人才战略，打造金融人才集聚高地。

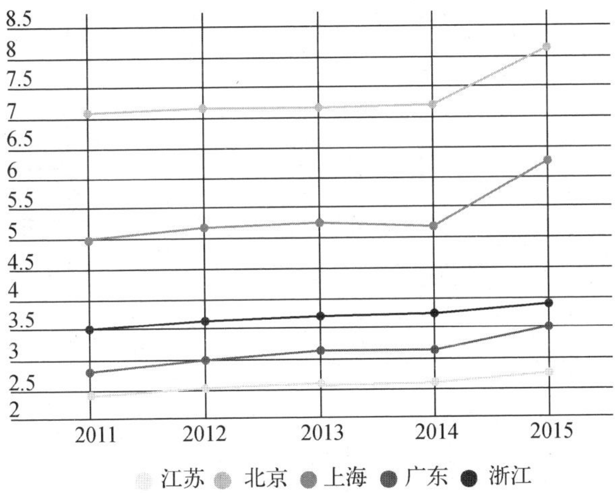

图1-36 "十二五"期间江苏等5省(市)金融机构存贷款合计占GDP的比重情况

数据来源：各省市统计年鉴

① 王仁祥，邓平.创新型城市建设中金融支持度的评价与指标体系设计[J].海南金融，2008，(02)：21—24.

实施科技创新,提高自主创新能力是创新型省份(城市)的核心所在,而任何科技创新活动的开展都必须以一定的资金投入为前提。良好的金融体系不仅必须能够动员和鼓励本区域社会储蓄并为储蓄带来合理的回报,而且应具备较高的影响力和辐射力,集聚区域外金融资源为目标区域的创新型省份(城市)建设服务。对创新型省份(城市)建设而言,贷款增加意味着调度全国的资源用以支持其创新型省份(城市)建设的能力增强。结合图可以看出,2015 年末,上海贷款增速较 2011 年增长了 2.51 个百分点,北京贷款增速较 2011 年出现小幅增长,而江苏、广东和浙江 5 省(市)贷款增速回落,其中浙江回落的幅度较大。2015 年江苏省新增本外币贷款 8669.2 亿元,同比多增加 1325.7 亿元,这主要受三方面因素的影响:一是在稳增长力度加码、地方政府融资平台在建项目融资约束放松,以及住房政策频出利好的背景下,基础设施和房地产相关领域贷款增加较多。二是 2015 年以来,央行适时运用公开市场操作、中期借贷便利、降准等货币政策工具,保持了市场流动性充裕,商业银行信贷供给能力明显增强。三是在表外业务监管逐步规范的背景下,部分表外融资转入表内信贷,也推动了贷款的增长①。

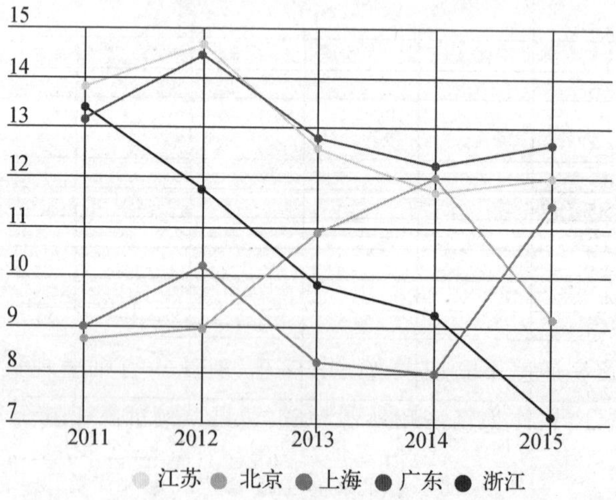

图 1－37 "十二五"期间江苏等 5 省(市)贷款增速情况

数据来源:各省市统计年鉴

① 中国人民银行南京分行货币政策分析小组. 2015 年江苏省金融运行报告, http://www.gov.cn/xinwen/2016-07/09/5089845/files/19b810aa08c2459487800e445e0200fb.pdf

1.3.2 嵌入深度

(1) 对外贸易发展水平存在较大差异。随着科学技术的发展和各国对外开放程度的提高,流通领域中国际交换的范围、规模、程度不断得到增强。2015年以来,全球经济增速放缓、有效需求不足,各经济体依然面临较多的不确定性,从而导致各国外贸需求下降,全球贸易量出现萎缩。2015年,我国进出口总值为3.96万亿美元,同比下降8%,整体呈现贸易顺差,仍保持第一贸易大国地位。

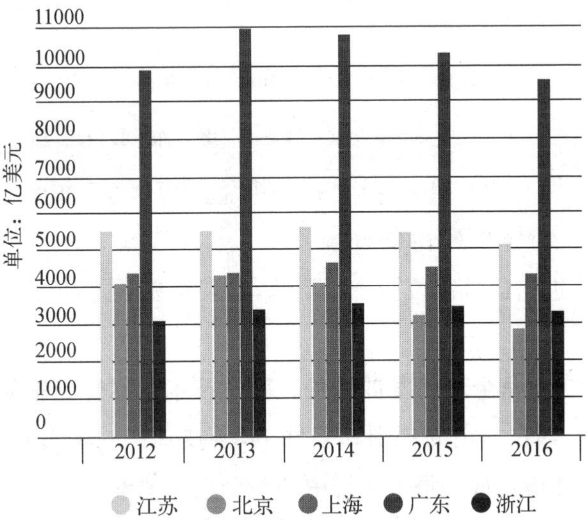

图1-38 2012—2016年江苏等5省(市)进出口贸易总额

2012—2016年,江苏、上海、广东、浙江的进出口贸易总额没有较大波动,2016年北京进出口总额同比下降12%;此外,北京、上海呈现贸易逆差趋势,且上海贸易逆差不断加大,江苏、广东、浙江3省则呈现贸易顺差。从图中可以看出,广东作为经济和外贸大省,贸易总额远高于其余4省(市),其中一个原因是广东毗邻港澳,区域优势和战略地位明显;北京进出口贸易总额高于浙江,但却出现贸易逆差,且数量巨大,原因之一是北京地区的进口方式主要是一般贸易而不是加工贸易,进口的主体是国有企业而不是外资企业,而国有企业的客户市场主要在国内,加上外资企业大部分都是服务性总部而不是生产性企业,从而导致国有企业进行的一般贸易在进口中占主

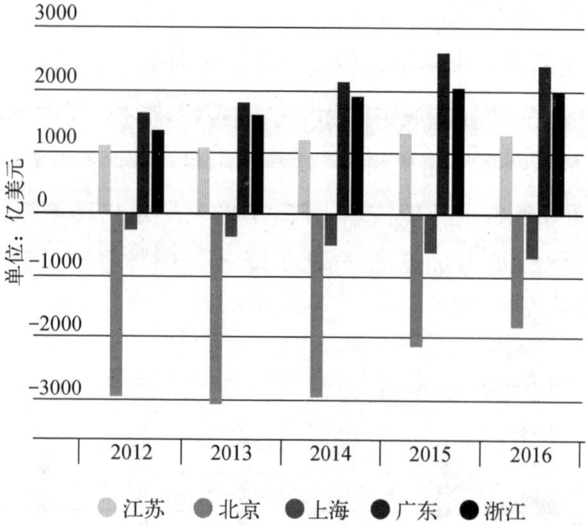

图 1－39　2012—2016 年江苏等 5 省（市）顺逆差情况

数据来源：各省市统计年鉴

导地位①；江苏进出口总额位居全国第二，呈现贸易顺差，但仍与广东存在较大差距。

（2）科学技术呈全球化发展趋势。科学技术全球化包括研究与开发成果的全球共享，即在一定的规则和条件下，科技知识的溢出和扩散、科技研究成果的全球性应用成为世界经济中的一个重要现象。

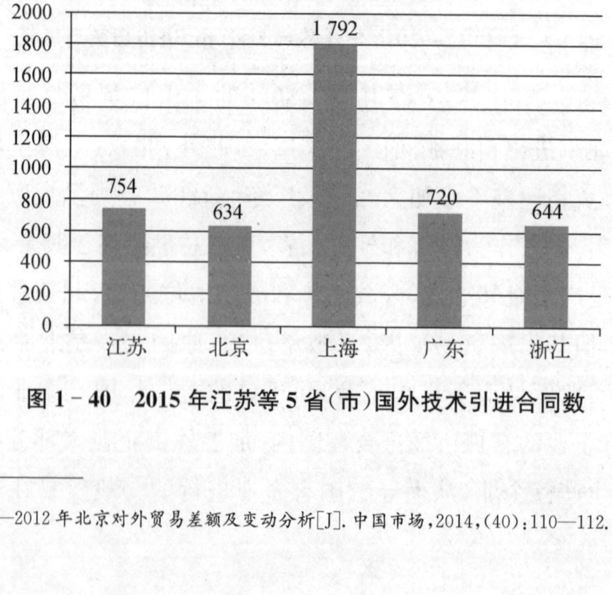

图 1－40　2015 年江苏等 5 省（市）国外技术引进合同数

① 孙东林. 1983—2012 年北京对外贸易差额及变动分析[J]. 中国市场，2014，(40)：110—112.

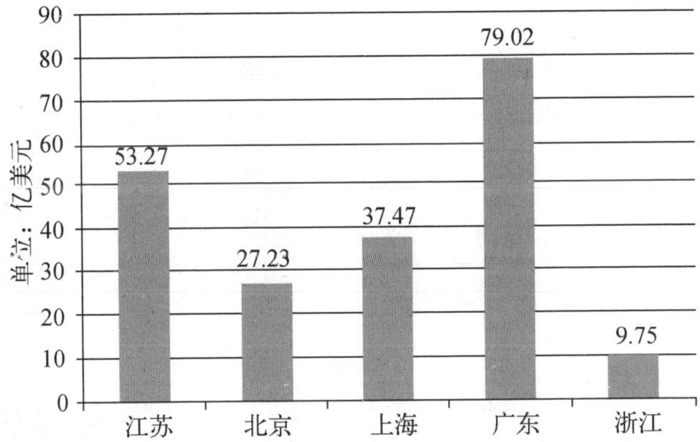

图 1－41　2015 年江苏等 5 省(市)国外技术引进合同金额

数据来源:《2016 年中国科技统计年鉴》

上海国外技术引进合同数 1792 项,位列全国第一,但合同金额只有 37.47 亿美元,排名全国第三,广东和江苏国外技术引进合同数为 720 和 754 项,但合同金额分别高达为 79.02 和 53.27 亿美元,分列全国第一、二位,例如位于江苏常州的中车戚墅堰机车有限公司 HXN5 型大功率交流传动内燃机车项目,通过引进 GE 公司 6000 马力大功率交流传动内燃机车的技术并进行消化吸收和再创新研究,逐步实现国产化制造,迅速提升产业化水平和能力,但引进过程中仍存在知识产权权属不清,后发优势不明显等问题。创新是一个渐进的过程,企业在创新活动中将资金投入到引进先进技术的消化吸收中,可以加速聚集技术人才优势。在技术引进交互的过程中,发挥中介服务作用,将创新融入科学技术全球化的浪潮中,在此基础上进行技术升级和知识产权保护,有助于循序渐进地走上自主创新的道路。

(3) 实际利用外资规模整体呈上升态势。通过利用外资,可以促进我国外向型经济的发展,扩大我国产品在世界市场上的份额,大幅度发展我国的对外关系,改善我国的国际收支状况。2015 年,我国实际利用外资金额为 1262.67 亿美元,比 2011 年增长了 7.3%。

2011—2012 年,江苏实际利用外资金额远远高于其余 4 省(市),但从 2013 年开始,该数值呈下降态势,并在 2015 年被广东超过,这是因为广东自贸区拥有与国际接轨的外商投资管理体制优势[①],同时广东服务业利用外资

① 张远鹏,徐 清.江苏利用外资面临的问题与形势[J].《群众·决策资讯》,2016.

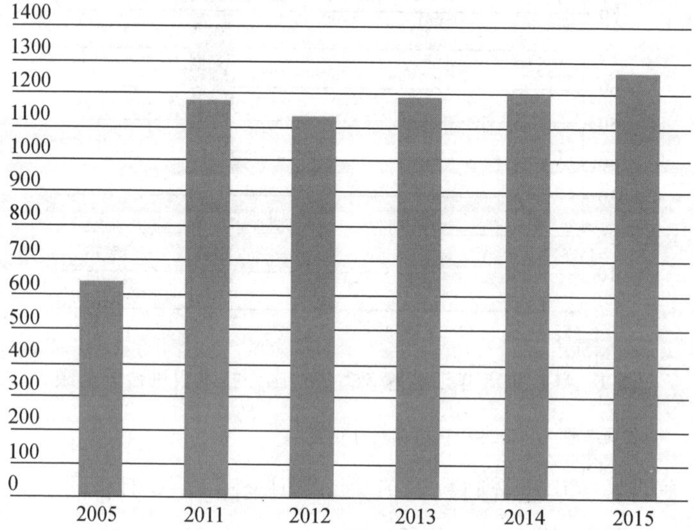

图 1－42 我国实际利用外资情况

数据来源:《中国统计年鉴》

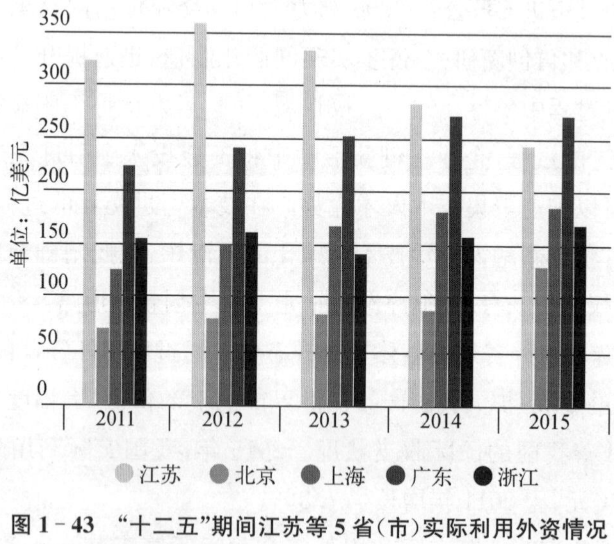

图 1－43 "十二五"期间江苏等 5 省(市)实际利用外资情况

数据来源:各省(市)统计年鉴

超过江苏,而江苏依然保持以制造业为主的引资结构,再者广东吸收港资强于江苏,且招商引资的积极性更高。另外,北京实际利用外资金额增长速度较快,2015 年实际利用外资 129.96 亿美元,比 2011 年增长了 84.23%,连续

5 年实现增长，这是因为北京积极推进外商投资“放管服”改革和事中事后监管，在全市转变经济发展方式、调整经济结构和聚集高端要素中发挥了重要作用，有力推动了开放型经济的发展。

1.4 创新生态系统功能

1.4.1 创新制度

在知识经济时代，知识产权的保护变得越来越重要，并日益受到人们的重视。《国家知识产权战略纲要》明确指出，加强知识产权保护，修订惩处侵犯知识产权行为的法律法规，加大司法惩处力度，提高权利人自我维权的意识和能力，降低维权成本，提高侵权代价，有效遏制侵权行为。

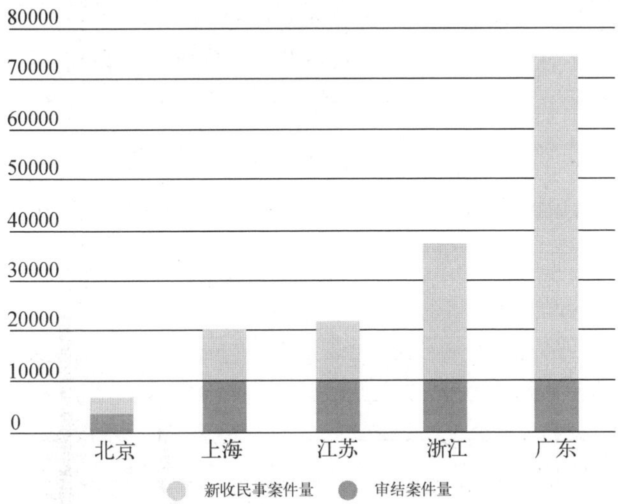

图 1-44　2016 年江苏等 5 省(市)知识产权诉讼案件数

数据来源：北京的数据来自于北京知识产权法院，其余来自各省(市)高院

从知识产权诉讼案件量来看，广东新收知识产权民事案件量和结案量分别为 32205 件、41983 件，均排名全国第一，这一方面因为广东企业创新活跃，中兴、华为等企业面临诉讼的同时，也善于运用知识产权保护市场竞争力，另一方面，广东的知识产权司法保护制度完善，2014 年在广州设立全国第二个知识产权法院，2015 年，“最高人民法院知识产权司法保护与市场价值研究(广东)基地”在广州知识产权法院挂牌成立。广东基地由最高法院

牵头设立并统筹指导，由广东高院具体指导，依托广州知识产权法院，吸纳深圳中院及珠三角等地区部分中级法院共同参与，围绕在司法保护中实现知识产权的市场价值展开理论和实践探索研究，在案件资源、审判经验和人才配备方面发挥聚合效应，为提高全国知识产权司法保护水平起到了带动作用。

2016年江苏省新收知识产权民事案件量和结案量分别为10058件和11727件，数量远低于广东和浙江两省，主要是专利司法保护体系不够明确，江苏省除宿迁市外十二个市的中级法院都具有专利案件管辖权，昆山等四个基层法院具有部分专利案件管辖权。由于专利案件管辖分布相对分散，各家法院受理专利案件均不饱和，不利于专利等技术类案件审判经验的总结和专业法官的培养，也不利于发挥司法保护的整体优势，全省分散管辖专利案件的格局已经严重不适应当前形势发展的需要，因此，2017年，经最高院批复南京苏州知识产权法庭正式成立，开展知识产权案件跨区域管辖，南京知识产权法庭审理发生在南京、镇江、扬州、泰州、盐城、淮安、宿迁、徐州、连云港市辖区内的专利等技术类一审知识产权民事案件，苏州知识产权法庭审理发生在苏州、无锡、常州、南通市辖区内的专利等技术类一审知识产权民事案件，有利于形成知识产权司法保护体系，提升保护力度，培育专业司法人才。

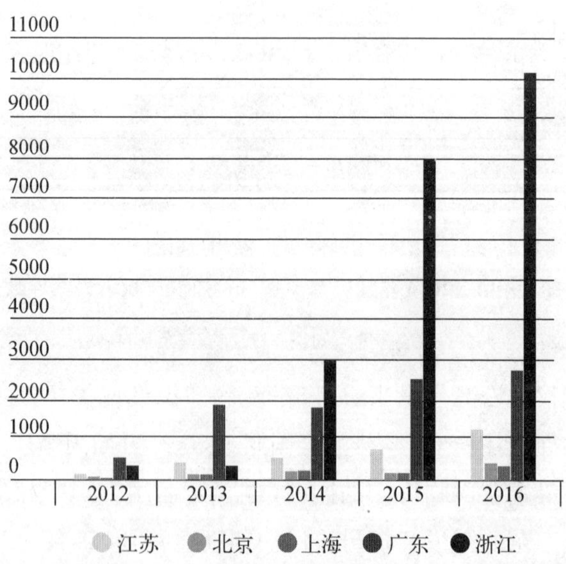

图1-45　2012—2016年江苏等5省(市)专利侵权纠纷专利执法受理量

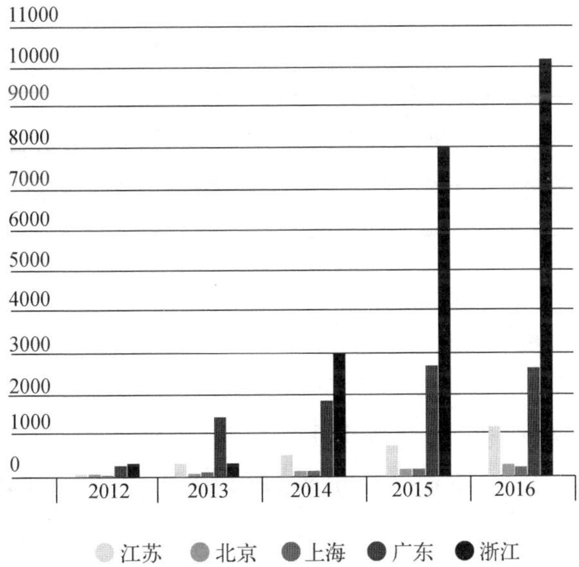

图1－46 2012—2016年江苏等5省(市)专利侵权纠纷专利执法结案量

数据来源：国家知识产权局统计年报

从各省(市)专利侵权纠纷专利执法受理和结案量来看，浙江增长速度非常快，2016年分别为10135和10107件，是2012年的32倍和34倍。一方面可以看出浙江专利行政执法力度的加大和专利保护意识的提高；另一方面，电子商务是假冒专利密集的行业，浙江电商进入万亿级产业行列，而电子商务的专利保护主要以行政保护为主。2016年，中国电子商务领域专利执法维权协作调度(浙江)中心在浙江成立，中心可将接收的浙江省内电子商务平台上的专利侵权举报投诉案件，分送至全国各有关知识产权维权援助中心协助办理，相应知识产权维权援助中心配合尽快作出咨询意见书；各地方知识产权局对于电子商务领域的案件，应在接到协助执行书后快速提供协助，对具有重大社会影响或群体性的专利侵权案件，由国家知识产权局协调处理，及时将案件线索移送有管辖权的地方知识产权局进行线下办理，从源头打击专利侵权假冒行为。

江苏专利侵权纠纷专利执法受理量和结案量虽然不及广东和浙江，但呈现上升态势，专利行政执法力度明显加大，强省建设的保护环境进一步优化。2014 年,江苏省知识产权局成立专利行政执法总队,以加强全省专利行政执法能力,提升江苏专利行政保护水平。执法总队的成立,是江苏省加强知识产权保护、优化自主创新环境的重要举措。近年来,江苏省不断加强省、市、县三级专利行政执法队伍建设力度,全省已有南京、徐州、苏州、南通、镇江等地成立了专利行政执法支队,无锡设立了知识产权行政执法支队,提升了全省知识产权强保护氛围,有力打击了各类侵犯知识产权的违法犯罪行为。

1.4.2 创新文化

(1) **科技信息传播支撑创新**。阅读所产生的文化力、思考力与创新力,不仅将驱动个体向前发展,也将通过个体的文化积淀、智慧成长、创意迸发,去激发区域的创新力,推动区域可持续向前发展,形成"一座热爱阅读的城市,必然充满智慧、富有积淀、热爱创新"的创新文化。图书馆拥有丰富的书刊典籍和电子期刊等现代化载体文献,被誉为"知识的宝库"、"智慧的殿堂",并且在多年的办馆积累中,逐步形成了具有区域文化特色、门类齐全的藏书体系,是创新的重要文献宝库,促进创新信息情报的传播与利用,形成创新文化。

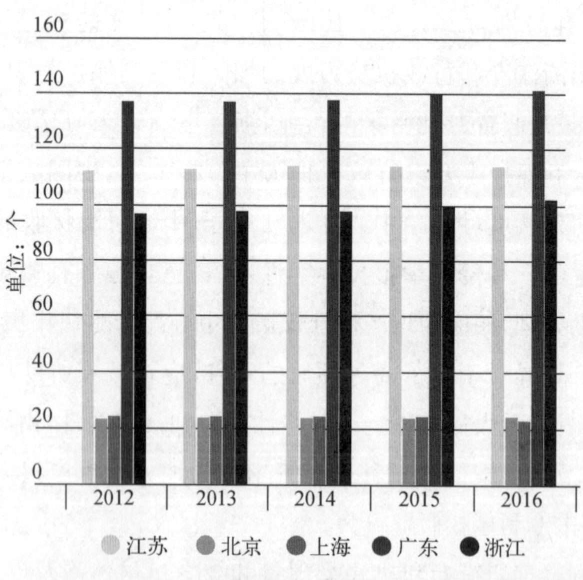

图 1-47 2012—2016 年江苏等 5 省(市)公共图书馆数量

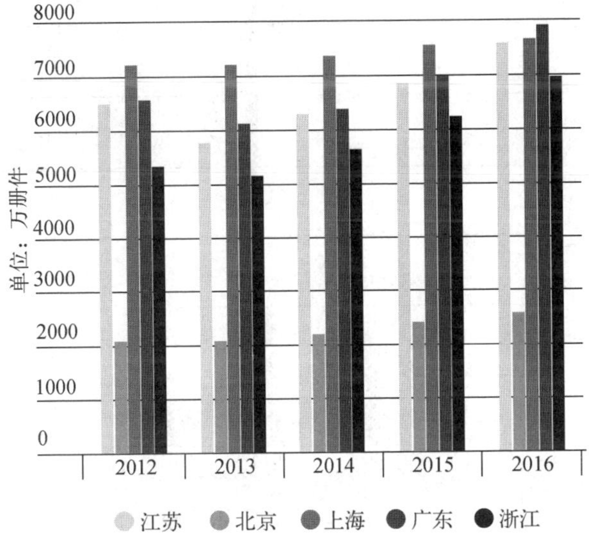

图 1-48　2012—2016 年江苏等 5 省(市)公共图书馆总藏量

数据来源:《中国统计年鉴》

2012—2016 年,江苏、北京、上海、广东、浙江的图书馆数量仅有微小的变化。2016 年广东省图书馆数量 142 个,比 2012 年增加了 5 个,是增加数量最多的省份;江苏和浙江作为创新型省份,公共图书馆均达到 100 个;上海和北京作为直辖市,均拥有 24 个公共图书馆,其中上海的馆藏量排名全国第一。随着"互联网+"建设的不断深化,"互联网+"理念逐渐深入到社会的方方面面,因此,图书馆也要以积极的心态,主动去适应整个社会"互联网+"化的大环境,加快与"互联网+"的对接融合,提升知识传播效率,营造创新文化氛围。

(2) **积极营造科技创新文化**。创新孵化器为企业提供低成本的办公场所,提供各类共享办公设施设备,节省固定开支,形成支持初创企业的创新容错机制,形成鼓励创新的文化氛围,培育创新企业家精神,形成创新文化。

江苏累计建有国家级科技企业孵化器 136 家,占全国认定数的 18.5%,2012—2016 年数量均位居全国第一。截至 2015 年底,江苏省已建各类科技企业孵化器 567 家,孵化面积达 3001 万平方米,在孵企业数近 2.9 万家,孵

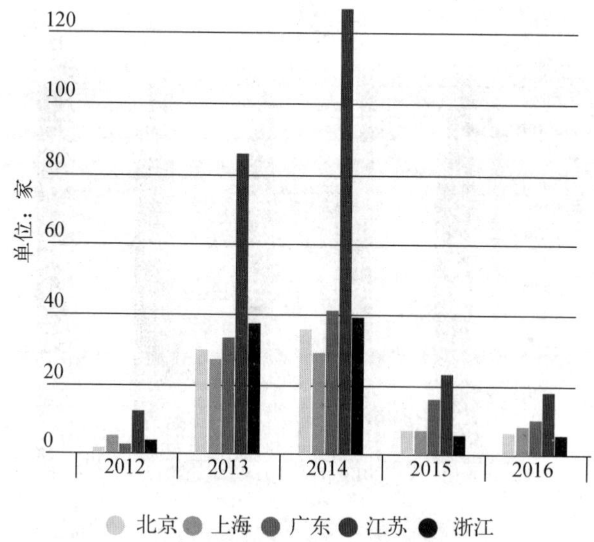

图 1-49　2012—2016 年江苏等 5 省(市)国家级科技企业孵化器数量

化器数量、孵化面积、在孵企业数均连续多年居全国第一[①]。科技企业孵化器已成为江苏省孕育和发展创新型经济的主要源头，以及吸引高层次人才、孵化高科技企业、培训新兴产业的重要载体。将科技企业孵化器搭建成一个互动平台，与社会各界建立广泛联系，促进大学、科研院所、科技园等机构的技术、人才和资本、信息等资源的聚集，形成了政府、孵化器、创业者以及相关要素互动的创新力场，营造科技创新文化。

1.4.3　创新政策

(1) 科技政策优化创新生态

2000 年《江苏省促进科技成果转化条例》鼓励企业、高等院校、科研单位、技术推广机构、科技团体等社会组织和个人开展产学研合作，通过多种形式，联合实施科技成果转化。鼓励和扶持在科技成果转化过程中的技术开发、技术转让、技术咨询、技术诊断、技术培训和技术推广等社会化中介活动，支持科技信息网络、科技信息库以及科技创业中心的建设，形成健全的

① 江苏"国字号"科技企业孵化器 136 家数量全国第一新华日报 2016.04.15.

表 1-1　江苏等 5 省(市)创新政策

	江苏	北京	上海	广东	浙江
科技政策	《江苏省促进科技成果转化条例》《江苏省创新型城市创新型乡镇创新型园区建设评价考核指标体系(试行)的通知》《创新型省份建设推进计划》《关于加快推进产业科技创新中心和创新型省份建设若干政策措施的通知》	《北京市深化市级财政科技计划(专项、基金等)管理改革实施方案》《北京市促进科技成果转移转化行动方案》《中关村国家自主创新示范区集成电路设计产业发展资金管理办法》《关于促进中关村国家自主创新示范区集成电路设计产业发展的若干措施》	《上海市促进科技成果转移转化行动方案(2017—2020)》《上海市促进科技成果转化条例》《关于全面建设杨浦国家大众创业万众创新示范基地的实施意见》	《广东省科学技术厅关于新型研发机构管理的暂行办法》《关于进一步促进科技成果转移转化的实施意见》《关于发展普惠性科技金融的若干意见》	《浙江省创新型领军企业培育工作方案》《浙江省人民政府办公厅关于补齐科技创新短板的若干意见》《浙江省科学技术进步条例》
人才政策	《中共江苏省委 江苏省人民政府关于进一步加强高层次人才队伍建设的意见》,“333 跨世纪学术、技术带头人培养工程”,“333 高层次人才培养工程”,《关于加强高层次创新创业人才队伍建设的意见》	《关于进一步深化人才发展体制机制改革加快推进具有全球影响力的科技创新中心建设的实施意见》	《首都中长期人才发展规划纲要》《〈北京市高层次创新创业人才支持计划〉实施办法》《关于深化首都人才发展体制机制改革的实施意见》	《中共广东省委 广东省人民政府关于加快吸引培养高层次人才的意见》《关于实施引进海外高层次人才“孔雀计划”的意见》	《关于深化人才发展体制机制改革支持人才创业创新的意见》《关于支持浙江海外高层次人才创新园建设发展的若干意见》
知识产权政策	《知识产权强省建设的若干政策措施》《重大经济科技活动知识产权评议办法》《知识产权强企计划》《江苏省专利发明人奖励办法》	《加快知识产权首善之区的建设》《北京市加强知识产权纠纷多元调解工作的意见》《北京市举报假冒专利行为奖励办法(试行)》	《上海市知识产权试点和示范园区评定与管理办法》《上海市企事业专利工作试点示范单位认定和管理办法(试行)》《上海市专利资助资金管理办法》	《广东省建设引领型知识产权强省试点省实施方案》《知识产权服务创新驱动发展的若干意见》《加强中国(广东)自由贸易试验区知识产权工作的指导意见》	《浙江省专利条例》《浙江省知识产权保护与管理专项资金管理办法》

科技服务体系。2010年，省政府办公厅《江苏省创新型城市创新型乡镇创新型园区建设评价考核指标体系(试行)的通知》将创新投入、企业创新、知识产出、创新绩效、创新环境纳入市、县、创新园区的考核指标。2013年，《创新型省份建设推进计划》实施科技企业培育“百千万工程”。支持行业骨干企业整合全球创新资源实现创新发展，培育100家创新型领军企业。实施科技企业上市培育计划，加大对处于上市关键期企业的扶持力度，开辟绿色通道，推动60家科技型企业完成股份制改造并加快上市；开展高新技术后备企业(省级高新技术企业)认定工作，实行省、市联动，完善工作机制，培育600家高新技术企业。2016年，省政府《关于加快推进产业科技创新中心和创新型省份建设若干政策措施的通知》(“40条政策”)具有很大的突破性，最大限度简政放权，增加创新投入，通过高新技术企业培育库、鼓励科技人员创新等等系列措施，完善引导创业投资，探索建设网上技术交易平台和区域性科技金融服务中心。该文件力求通过一系列整体设计、系统推动，进一步激发体制机制潜力和释放创新创业活力，推动江苏科技创新整体跃升。可以看出江苏省在政策创新方面不断修正、不断完善，为创新生态系统保驾护航。

北京科技政策主要集中在中关村，北京中关村是全国创新驱动发展的标杆。根据“中关村国家自主创新示范区”发布的相关创新政策共77份，最早的是2009年出台的《关于促进中关村高新技术企业发展的若干意见》(中科园发[2009]4号)，最新的是2016年《关于促进中关村虚拟现实产业创新发展的若干措施》(中科园发[2016]39号)。北京中关村“创新资源投入”类的政策有50份之多，占到其创新政策总量的65%。其次是“创新载体建设”类的政策有22份，占比29%，“创新成果转化”、“综合性的政策”数量不多，占比仅有5%和1%。这表明了北京中关村在创新政策出台方面的倾向，就是十分看重创新资金、创新人才这两大创新资源投入对创新驱动发展所起到的基础性作用，特别是创新资金投入类的政策是北京中关村创新政策的主体。上海市科委会同市教委、市发展改革委、市经济信息化委、市国资委、市财政局等委办局研究制订了《上海市促进科技成果转移转化行动方案(2017—2020)》。《行动方案》以形成国内科技成果转移转化的示范高地、打造国际国内科技服务机构和人才的汇聚中心、建设国际国内有影响力的技术交易中心为主要目标，聚焦科技成果转移转化要素功能提升(科技成果转化主体、技术转移服务体系、科技成果信息库)、生态环境营造(各类平台和网络体系建设)2 条主线、4 项重点任务、15 项子任务展开，涉及 23 个委办局、部门以及各区政府。

(2) 人才政策增强创新力量

江苏省出台了一系列人才优惠政策(户口政策、住房福利、资金刺激、创业支持等等)来引进人才、培养人才和激励人才。从 1997 年开始至今，在苏办发[1997]1 号文件《江苏省跨世纪学术和技术带头人培养工作“九五”计划和 2010 年规划纲要》、苏发[2001]4 号文件《中共江苏省委江苏省人民政府关于进一步加强高层次人才队伍建设的意见》等文件中，组织实施“333 跨世纪学术、技术带头人培养工程”、“333 高层次人才培养工程”，旨在选拔一批政治素质好、业务水平高、创新能力强的中青年拔尖人才，通过重点培养，使他们成为能担负新世纪历史重任的科技领军人才。这些政策有力地推动了高层次人才队伍建设，提升了自主创新能力，促进了经济社会的可持续发展。2006 年 12 月，江苏省委、省政府制定下发《关于加强高层次创新创业人才队伍建设的意见》，启动实施“高层次创新创业人才引进计划”(简称“双创计划”)。截止 2015 年，“双创计划”已资助引进 3127 名双创人才、236 个具有世界领先水平的双创团队、2598 名双创博士，其中 18 个团队由诺贝尔奖获得者、发达国家院士领衔。引进人才落户江苏后，为提升区域自主创新能力、推动产业转型升级做出了重要贡献。此外，“40 条政策”指出，着力强化科技人员创新动力，并围绕更好地发挥科技人员核心作用做出了一系列新的规定，让科技人员少一些杂事干扰，多一些时间去创新创业。政策包括提高科技人员科技成果转化收益，比例不低于 50%，且不纳入本单位工资总额基数，不计入绩效工资；建立分类评价机制，对从事基础研究和前沿技术研究的科研人员，弱化中短期目标考核；鼓励设立首席研究员、首席科学家等高级技术岗位，给予其与同级别管理岗位相一致的地位和薪酬待遇；对科技人员参与国际创新合作交流活动，根据实际需要，适当放宽因公出境限制；对在苏南国家自主创新示范区开展创新活动的外籍高层次人才，实行工作居留便利等等①。上海出台《关于进一步深化人才发展体制机制改革加快推进具有全球影响力的科技创新中心建设的实施意见》，在加大紧缺急需的海外高层次人才引进力度、深化职称制度改革、强化人才创新创业激励机制等方面发布了30条实施意见。

（3）知识产权政策激发创新活力

2017年江苏省政府出台的《知识产权强省建设若干政策措施》，从知识产权的创造、运用、保护、服务、人才和管理六个方面提出具体举措，内容覆盖知识产权工作全链条。18条政策措施，旨在推动江苏产品向江苏品牌转变，江苏制造向江苏智造转变，江苏产业由技术密集型向知识产权密集型转变。江苏省每个政策措施条款后面都列出责任部门名单，系统性、密集型聚力知识产权强省建设，条条具有针对性，还要求各地各有关部门结合实际，制定具体配套政策和实施细则，完善沟通协调和工作联动机制，确保各项政策措施全面落地见效。广东省人民政府2016年发布《广东省建设引领型知识产权强省试点省实施方案》，方案提出建立以知识产权为重要内容的创新驱动发展评价制度，鼓励高等院校、科研院所等通过无偿许可专利的方式支持创新创业、构建知识产权大保护工作格局等一系列具体措施。北京、上海和浙江知识产权相关政策较少，具体落到示范园区管理、专利资助办法等方面，聚集点比较窄。

1.5 小结：各具特色的创新生态系统

各区域创新要素形成区域特色，但均未形成全要素的创新动能，各地的创新生态系统还处于不断的构建完善过程中，并不同程度存在一些薄弱环节。广东企业研发经费投入和有效发明专利拥有量均最多，企业创新主体地位稳固，企业创新活力充分迸发；北京是500强企业落户的首选地，政府引导基金数量和规模为全国之首，创业投资占比最高，且技术市场最为活跃，国家工程研究中心等科技资源汇聚在北京，政府引领创新要素在北京聚集；

① 江苏省发布“40条政策”助力科技创新，科学技术部，http://www.most.gov.cn/dfkj/js/zxdt/201609/t20160912_127567.htm.

江苏引进“千人计划”创业人才数量和拥有国家级科技企业孵化器最多，在引进创新人才的过程中，提供了人才创新发展的空间；上海城市人口密度最大，形成创新需求市场，促进创新要素的流动。除此之外，在江苏等5省(市)的创新发展过程中，还存在着一些共性的问题，如新产品销售率低、科技成果转化率低、高校基础研究经费支出比例偏低等。各省(市)应继续强化自身优势，补齐创新要素短板，形成区域全要素的创新体系。

区域创新关系发展不均衡，广东、上海等地通过信息化、全球化发展形成创新交互网络促进创新要素的高效流动。信息化方面，广东和浙江信息社会指数领先其他省市，发展信息经济、数字生活和网络社会，促进创新要素交互和流动，迸发创新活力。而上海每百家企业拥有网站数最多，信息化发展更多体现于对传统产业的升级与改造上，各产业均有较高的劳动生产率。金融资本支撑方面，北京、上海存贷款合计与GDP的比值远超其他省市，金融资源对建设科技创新中心起到支撑作用。全球化方面，广东依托珠港澳大湾区，进出口贸易总额和贸易顺差优势明显。因为广东自贸区拥有与国际接轨的外商投资管理体制优势，广东实际利用外资也超过江苏，位居全国第一。江苏信息化水平远低于广东等省市，信息社会处于转型期。金融资本流向创新主体的契合度不足，未形成交互的创新关系网络。

各区域通过良好的创新政策、支撑创新的文化和优化的创新制度形成功能完善、资源协调的创新体系。创新制度方面，广东、浙江因为信息化水平高，知识产权保护制度日益完善，司法诉讼和行政执法案件数分居全国首位，通过知识产权保护功能激励创新，浓厚了创新氛围。创新文化方面，江苏在孵化器数量、孵化面积、在孵企业数均连续多年居全国第一，搭建技术、人才和资本、信息等资源的聚集平台，形成了政府、孵化器、创业者以及相关要素互动的创新系统，营造科技创新文化。创新政策方面，各区域均因地制宜地出台了科技政策优化创新生态，人才政策增强创新力量，知识产权政策激发创新活力。

第2章 江苏创新生态系统的案例分析

一段时期以来，江苏省出台简政放权、创新投入、成果转化、科技服务、人才激励等一系列促进区域创新发展的政策，最大限度激发和调动创新活力，构建了具有江苏特色的创新生态系统。本章选取具有“资本引领”特色的江阴创新生态系统、具有“科教融合”特色的常州科教城创新生态系统、具有“知识创造”特色的南京软件谷创新生态系统以及具有“中外合作”特色的苏州工业园创新生态系统为研究对象，在回顾其发展历程、分析其发展特色的基础上，总结经验并思考江苏省在优化创新生态系统时应把握的重点。

2.1 “资本引领”的江阴创新生态系统①

构建和提升县域基层行政单元的创新生态系统是建设创新型省份，推动经济发展方式转变，提升富民强省的关键所在。目前江阴“创新生态系统”已初具形态，“资本引领”特色明显，系统功能不断优化提升。

2.1.1 江阴创新生态系统的历史演进

改革开放以来，江阴连续14年蝉联全国县域经济基本竞争力排名第一，被誉为“科学发展的先行者”。创新生态系统的历史演进可以分为三个时期：

第一阶段是从改革开放到20世纪90年代初，江阴的乡镇企业取得跨越

① 此案例由江阴市发改委包卿提供。

性的发展，企业家逐渐走上历史舞台，形成第一波创业高潮。典型的企业家有吴仁宝、李良宝、卞兴才和梁林宝等一批农民企业家，产业装备和技术上重要联系是周边苏锡常和上海的“星期日工程师”，企业国际化刚刚启动，创新尚未成为主流，创新生态系统处于萌芽期、起步阶段。

第二阶段是从20世纪90年代开始至新世纪初，创新生态系统初步发展期，股份制广泛推行实施，企业上市形成“江阴板块”，企业家精神得到进一步的释放，现代企业管理得到进一步确立，区域创新氛围开始增强，创新型企业逐步形成群体现象。对接浦东开放，创新国际化有了起步。典型事件有1993年法尔胜与贝卡尔特的合资合作，1997年江阴第一家上市公司诞生，法尔胜整合国内外创新资源成功进入光纤产业领域。

第三阶段是从21世纪初到现在，创新生态系统巩固提升期。品牌、专利和标准战略得到深入实施，资本经营、科技创新和人才引育形成良性互动，区域创新氛围进一步浓郁。创新生态系统从点到群体再到网络初步发育形成，并逐步提升提高，典型事件有“远景能源”的诞生，其引领江阴企业创新全球化，在扎根本土的同时整合全球创新资源，成为创新发展的强大引擎。

2.1.2 江阴创新生态系统的特征

1.“企业家精神”是江阴创新生态系统的灵魂

企业是区域“创新生态系统”的基本单元，而“企业家精神”是“创新生态系统”的灵魂，江阴之所以成为创新发展的高地，关键原因之一是具有丰沛的“企业家精神”。改革开放以来江阴涌现了一批志存高远、不畏困难、敢于拼搏、善于成功的企业家，他们以“四千四万”精神，坚忍不拔、志存高远的企业家精神把企业培育成了在行业、在全国、甚至在全球都有竞争力的公司。以下一组数据是江阴“企业家精神”的有力佐证：2017年1月，国家工信部公布的全国第一批54家制造业单项冠军示范企业名单，江阴有1家榜上有名；2016年度中国留学人员创新创业50人榜单，江阴远景能源首席执行官张雷榜上有名；2016年新潮集团入围中国跨国公司100大；2016年第四届中国工业大奖全国共产生13家企业，江阴占据了两席；2016年，江阴有9家企业入围中国500强企业榜单，有12家企业是“中国民营企业500强”，有13家企业是“中国制造业企业500强”。截止2017

年4月，江阴国内外上市公司总数达到43家，其中国内主板上市公司约占全国百分之一的比例。

江阴“企业家精神”的另一个重要表现是企业家组织的平台化和制度化建设。江阴早在1983年就建立了企业家协会，并且每年都召开年会交流，创办的《江阴企业家》杂志已经有526期。最近几年来，江阴又先后成立了女企业家协会、青年企业家协会，这些组织的建立和平台功能的发挥，进一步丰富和提升了江阴“企业家精神”。

2. 典型乃至群体性企业引领江阴创新生态系统发展提升

典型引领，推动由种子而后群体化发展，有群体而后有生态群落和系统。在江阴，企业创新最具有影响力和典型意义的莫过于是法尔胜和远景能源。法尔胜是全面持续创新的典范，远景能源是深度全球化创新的典范，两者成为引领江阴创新发展的旗帜，引领带动江阴创新型企业转型升级，丰富和提升了区域创新生态系统，活跃了区域创新氛围。

法尔胜是苏南地区首批、首家国家级“创新型企业”，50多年的产业发展实现了从麻绳—钢绳—光绳的“三级跳跃”，企业创新经久不息、久久用力，基因般植入发展的脉络之中。总结法尔胜的持续创新发展史有四个特征：人才创新是灵魂，技术创新是根本，制度创新是保证，文化创新是支撑。在人才创新方面，法尔胜是江阴企业界第一个引进硕士、博士、博士后、教授和研究员的企业。52年来，法尔胜始终把人才资源作为第一资源，把构建核心人才群体作为企业发展的战略核心，走出了“引进一个人才，培育一个团队，振兴一个产业”的成功之路。在技术创新方面，法尔胜持续推进多层次科技创新平台建设，坚持走“技术专利化、专利标准化、标准产业化”之路。1991年法尔胜成立行业内第一个专业研究机构——江阴金属制品研究所；1998年，建立省级企业技术研究中心；2000年，开始建设省级工程技术中心；2001年，建成国家认定企业技术中心；2003年，建成国家级博士后科研流动站；2011年，代表中国承担国际标准化组织钢丝绳技术委员会秘书处；2012年，组建了江苏省高性能金属线材制品产业技术创新战略联盟；2013年，建成企业院士工作站；2014年建成国家工程技术研究中心。截至目前，法尔胜累计申请专利620项，其中国际专利4项、发明专利198项；授权专利414项，其中发明专利70项;主持制定国际标准1项,国家、行业标准27项,参与制定国家、行业标准43项。在制度创新方面,法尔胜先后在引才育才政策与机制、科技奖励基金管理办法、知识产权管理、全面质量管理、企业科技创新节等等方面有着自身的卓越创新的制度设计。在文化创新方面,法尔胜有摄影、书法和蒲公英文学等领域的广泛渗透和影响,支持着法尔胜百年长兴事业的行稳致远,尤其法尔胜在扎根地方发展的同时,拥有国际化的文化胸怀与视野,坚持与国际一流企业携手共进,先后引进了比利时贝卡尔特、日本信越等世界五百强企业,走出了一条与"狼"共舞,自身更上层楼的"涅槃"之路。

在江阴,远景能源是深度"全球化创新"的典范。远景能源在人才国际化、研发国际化、文化国际化和制度国际化领域有着非凡的表现,也在江阴产生了广泛的社会影响。在人才国际化方面,远景能源吸引了来自巴克莱资本、麦肯锡、IBM、维斯塔斯、西门子、歌美飒、通用电气等全球知名公司的管理和科技人才,组建起国际化人才团队。在研发国际化方面,远景在成立之初就在丹麦奥胡斯创立了全球创新中心,此后远景能源在江阴、芝加哥、硅谷、休斯敦、上海、东京、北京、南京等地布局,形成了全球化研发—设计—制造—运营的战略布局。在文化国际化方面,远景对标IBM、思科和SAP这类智慧型公司,突出全球绿色可持续发展和智慧民主。远景定位于解决可持续发展的技术挑战,为人类未来承担责任。远景能源提出公司文化的内核是智慧民主,不仅为企业发展提供动力,也为一群有梦想的人提供一个梦想成真的平台。在制度国际化方面,远景建立起高度融合性的民主智慧决策机制,在远景,公司员工推选员工代表为参议员组成参议院,参议院独立于管理层,每个员工提案经由参议院的讨论完善成为可执行的议案,并交由管理层实施。管理层的实施进度被透明跟踪,只有议案的实施结果让提案人和参议员满意,该项议案才可以被关闭。提案的关闭效率将直接触发参议院对管理层的问责机制。

法尔胜和远景的创新和成功,带动了江阴一批企业重视人才、致力于更全面、更高水平、更具可持续性的创新发展,推动了区域创新体系和创新生态系统不断提升完善。

3. 江阴创新生态系统特色明显、功能持续优化提升

当前江阴已经初步形成了以“资本”主导、“资本—科技—人才—文化”四大关键要素为支撑，多主体螺旋共进不断优化提升的区域创新生态系统。

“资本引领”是江阴创新生态系统的主要特色，20世纪90年代末，江阴通过引导企业股份制改造、企业上市，从而成功地培育起一批建立现代企业制度的大企业大集团，“江阴板块”的崛起使得昔日的乡镇企业王国一跃而成为扎根地方而又充满国际化氛围、强调开放持续发展经营的现代企业高地。“资本经营”的另一个重要体现是一批大企业大集团成立专业的财务管理、投资基金管理部门，企业成为“创新创业”的孵化器和发展平台。以华西股份和法尔胜为例，华西股份确立“投资＋融资＋资产管理”金控平台的战略目标。相应地，成立了“一村资本”、“一村投资”、“前海同威”、“方创金融”等一系列投资平台。2016年，华西股份设立或参股的公司达21家，涵盖TMT、新能源汽车、医疗、教育、二手车等领域。法尔胜集团设立有“投资管理部”，近年来拓展到融资租赁和商业保理等金融业务领域。公司还投资1.5亿元创建了江阴市高新技术创业园，吸收海外科技人员创新创业，企业自身的新材料领域一些科研攻关项目进驻创业园，为集团公司产业结构调整提供了机制性平台。区域层面，近年来，江阴进一步推进企业上市之外，大力优化科技金融体系，不断激发创新创业活力。深入推进科技金融合作创新，构建了科技信贷、股权投资、知识产权质押等多种形式的科技金融服务体系。近五年来，全市共实施股权投资逾2亿元，累计投放科技型中小企业风险补偿贷款逾1亿元，完成知识产权质押贷款逾3亿元。

“科技创新”是江阴创新生态系统的突出亮点。早在1989年，江阴就在全省率先制定并实施了“科教兴市”战略。1991年，把我国第一颗原子弹爆炸纪念日——10月16日定为“江阴科技节”。目前，拥有省级以上创新载体214个，其中国家级创新载体12个。全市建成诺奖得主研究院4家，累计拥有国家级科技企业孵化器3个，国家级科技企业加速器1个，国家级检验检测平台2个，省级科技企业孵化器5个，省级科技公共服务平台3个，成立了苏南中关村科技成果转化促进中心，江阴中德国际技术转移中心，江阴中瑞国际技术转移中心。围绕产业高端发展和经济转型升级，探索建立新型产

业技术研发组织，建设产业技术研究院 3 家。

“人才引领”是江阴创新生态系统的要素动能。江阴积极实施“人才强企”战略，积极创造条件吸引诺贝尔奖得主、“两院”院士、海外工程师等海内外高层次人才集聚到江阴，推动产业转型升级。目前，全市人才总量达 30 万人以上，引进诺奖得主 5 名，入选国家“千人计划”25 人、省“双创计划”49 人、省“333 工程”90 人、省“双创博士”42 人、省“双创团队”8 个，柔性引进院士在江阴建站 39 家，全市高层次人才累计达 1.05 万名。江阴连续 6 次获评江苏省人才工作先进县（市、区）。江阴大力推广“引进一名领军人才、带动一支创新团队、撬动一个新兴产业”发展模式，成效显著。

“文化支撑”是江阴创新生态系统的关系交互。充分发挥文化的粘合性、持续性和开放性，实现文化和产业的高度互动融合。企业家从事文化活动，以文化为媒，实现产业和事业的多元互动，这一点在江阴表现得较为突出，如法尔胜的书法文化、摄影文化，海澜的马文化等等。在区域层面，江阴重视引导企业的“品牌文化”、“专利文化”和“标准文化”，推进发明专利化、专利标准化、标准品牌化、品牌国际化，从而实现创新的全链接，推动创新的产业化。2010 年至 2015 年江阴专利申请量、专利授权量、发明专利申请量分别增长了 2.5 倍、2 倍和 8 倍；2015 年万人有效发明专利拥有量达 14.1 件，比 2010 年增加了 10.1 件。大力实施技术标准战略，江阴企业主导或参与制订、修订国际、国家、行业标准 400 多项，3 家单位承担国际标准技术委员会/工作组秘书处工作，12 家单位承担国内标准技术委员会/分技术委员会/工作组秘书处工作，全市近 102 家企业成为 296 项标准的第一起草单位，11 项国际标准立项。大力推进产业品牌化发展，江阴市注册商标总数达到 40000 件，中国驰名商标达到 59 件，江苏省著名商标达到 200 件，江苏名牌达到 125 只，品牌数量在全国县级市中位居前列。

综合以上，江阴创新生态系统模型中有“资本、科技、人才和文化”四大要素，区域创新生态系统主要由企业和产业两大创新生态系统主体构成，资本的力量推动了系统的演进，网络与制度是要素、主体间互动链接的关键，是功能发挥和提升的关键。

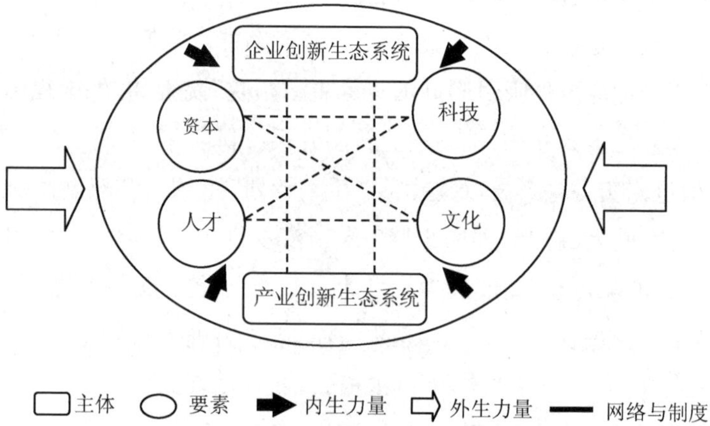

图 2-1　江阴创新生态系统的示意图

2.1.3　推动县域"创新生态系统"优化提升的对策

创新盛，则产业兴；产业兴，则城市强。江阴"创新生态系统"之所以走在全国县域发展的前列，其中重要的原因是形成了一支充满"企业家精神"的企业家队伍、有不断涌现和持续创新的创新型企业、有业已形成和富有地方特色的以"资本—科技—人才—文化"为四大核心支撑要素，并通过制度创新不断完善的创新动力系统。

1. 推动创新生态系统的动态跟踪和监测分析

以数量化指标来分析创新生态系统的动态发展虽然具有一定的机械性、局限性，但仍然是指导科学发展所需要的基础工作，尤其动态的客观数据为可操作的监测分析打下坚实基础。从操作性出发，我们认为创新生态系统的核心指标应该有软和硬两个方面，如关键性指标有：授权发明专利、标准、品牌、商标，新注册工商户和企业，上市公司、股权和风险投资、工程中心、技术中心研发机构与平台、各类高新技术企业数量等；从企业、产业和区域三个维度出发，关键性指标有：产学研战略联盟、企业家协会和商会、行业协会、技术人才和高层次人才、展会和专业性论坛等平台。

2. 推动企业家精神成为创新发展的核心动力

"企业家精神"首次写入了政府工作报告，报告在提出充分释放全社会创业创新潜能时，"充分激发企业家精神"，并呼吁调动全社会创业创新积极性，汇聚成推动发展的磅礴力量。无疑，市场的核心在企业，企业的核心在企业家，而企业家的核心在于企业家精神。企业家精神是创新实践精神，是创新生态系统的核心力量和发展灵魂。

“企业家精神”不唯独为企业家所拥有，一切推动创新发展的机构和组织都可谓具有“企业家精神”。从这个视角出发，我们要发展企业家型企业、组织机构、社区以及城市，推动以创新实践为根本宗旨的“企业家精神”成为创新富民、创新型经济、创新生态系统发展的核心动力。

3. 推动以产业为核心的多层次创新生态系统发展

推动以企业创新生态系统为基本单元，以产业创新生态系统为中观组织，以多尺度的区域创新生态系统为依托的多层次创新生态系统的互动提升、融合发展。

“企业—产业—区域”创新生态系统都有四大关键要素，即“资本”、“科技”、“人才”和“文化”，要充分发挥好各个要素的功能，推进资本开放经营、科技创新活跃、人才引进培育、文化建设建构，要通过制度创新推动要素升级和功能的升级，从而推动整个系统的优化升级。创新生态系统的参与者包括政府、大学、行业、支持机构、企业家、金融体系、客户和民间社会等，积极推动网络型、扁平化组织的发展，推动创新生态系统各个主体之间的对话交流和合作。

另外，推动区域创新生态系统的根植性和开放性发展，既要重视根植地方具有较好历史基础和知识积淀的企业、产业集群的发展，又要积极为企业、产业的全球化通道搭建平台和打通渠道。各地创新生态系统的发展要积极呼应江苏加快推进具有全球影响力的产业科技创新中心建设目标，以及响应和利用好上海提出建设全国乃至全球科技创新中心建设目标的机遇，既重视地方特色的建立，又注重提升提高开放性全球化创新发展的能力和水平。

2.2 “经科教融合”的常州科教城创新生态系统

常州科教城始建于2002年，占地面积5平方公里，分为高教园区、科技园区和产业园区三大板块，由江苏省教育厅、科技厅与常州市人民政府共同建设，列入苏南国家自主创新示范区核心创新园区。作为常州市区域“创新之核”，科教城始终秉持“经科教联动、产学研结合、校所企共赢”的理念，致力集聚创新资源、孵化创新企业、引育创新人才、汇通创新资本、优化创新环境，在高等教育、载体创建、平台升级、公司孵化、产业培育、人才招引以及开放合作、科技金融、公共服务、生态建设等方面都取得了突出成绩。近年来，先后创成国家级两化深度融合试验区、中德创新园区、国家大学科技园、国家海外高层次人才创新创业基地、国家级留学生创业园、国家高职教育综合改革试验区、全国青年创业示范园区、国家级软件园，以及省科技服务示范区、省智能装备产业技术创新中心、省创业投资集聚发展示范区、省互联网产业园和省知识产权试点园区等。

2.2.1 常州科教城发展特色

“十二五”以来，科教城积极抢抓苏南国家自主创新示范区建设机遇，深入实施创新驱动发展战略，以“应用开发与市场集成”为基点，以中德创新园区为窗口，围绕“智能、设计、信息”三大领域，大力构建创新创业生态服务体系，加快发展创新型和高科技企业集群，打造研发创新、人才育聚、成果转化和新兴产业的高地。2016 年，园区实现营业收入 112 亿元，同比增长 38.6%；新增入驻公司 493 家，累计 1918 家；科技人才总数达到 1.8 万人；纵向和横向资金合计超 5 亿元。

1. 高等教育发展成绩显著

教育园区现有常州大学 1 所本科大学和信息、纺织服装、工程、轻工、机电 5 所高职学院，拥有专职教师 3000 多名，在校大学生 8 万多名，高职毕业生就业率连续 9 年达 98.5%，被誉为“银领摇篮”。突出“共建共享、产教融合、协同育人”理念，形成了培育应用型技术人才的高职教育“常州模式”，高职教育始终走在全国前列。与省内 7 所本科大学开展了 10 个班的 3+2 高职专科和本科一体化培养试点；与德国巴符州和德国商会联合开展了“双元制”人才培养；与南京大学苏富特公司签约共建了“智雅在线教育云平台”；依托园区大学大院大所大力发展研究生教育，在读研究生规模超过 2000 人，“中国科技大学常州研究生培养基地”成为全国首批示范性基地，基本形成了高职—本科—硕士—博士的“全流程教育链”。

2. 研发平台构建持续升级

中科院常州中心在科教城建立了先进制造技术研究所、光电所、数控所、化学所等6个实体研究所和16个研发中心；院省共建成立了江苏省中科院智能科学技术应用研究院，实现常州省属大型科研平台零的突破；成功设立省智能装备产业技术创新中心，机械总院江苏分院、湖南大学常州研究院、大连理工大学常州研究院、西南交大常州研究院、哈尔滨工业大学常州研究院等30多个公共研发平台不断壮大。中科院常州先进制造技术研究所、北京化工大学常州研究院、南京大学常州研究院入列江苏省产业技术研究院专业研究所，占全省1/4。北化常州研究院研发的碳纤维复合材料气瓶使我国先进火箭重量大幅减轻，接受了习近平总书记的检阅；中科院常州先进所研发的可穿戴外骨骼机器人"钢铁战士"，在去年解放军总装备部主办的挑战赛中获得第一名。机械总院江苏分院、大连理工常州研究院、LED半导体照明研究院等6个单位先后创成省产学研联合重大创新载体。目前，园区平均每天新增1家科技企业、转化1项科研成果、新增2件授权发明专利。

3. 创新企业集群快速发展

大力实施"333"工程和"358"计划，聚焦"智能、设计、信息"三大先导方向，突出高尖项目精准招引，突出骨干企业领航发展，创新型科技企业集群呈现蓬勃崛起势头。截至2016年底，园区营业收入500万元以上企业164家，比"十一五"期末增加143家；规上企业73家，比"十一五"期末增加65家；年营业收入亿元以上企业25家，比"十一五"期末增加20家；高新技术企业104家，比"十一五"期末增加99家。在智能领域，纳恩博、铭赛、中科朗恩斯、中科机器人、天正工业、天峋、遨博、英诺激光等250多家高科技骨干公司加速发展，其中纳恩博公司荣登"2015福布斯中国成长最快科技公司"第一位，成为2016年园区首个10亿元级的企业；铭赛在国内焊接机器人、视觉微点焊机器人领域保持领先水平。在设计及科技服务领域，美淼环保、佰腾科技、绿尚节能、3D动力、加减品牌、罗盘星检测等60多家新兴公司茁壮成长，其中佰腾科技是我国著名的知识产权服务公司，拥有国内最大的知识产权门户网站和涵盖80多个国家的专利数据，创建了"专利巴巴"平台，提供知识产权服务一体化方案。在信息领域，率先创建移动互联产业园，青之峰、鑫软图、三艾网络、冰鉴科技、海威客等300多家产业互联网公司脱颖而出，其中鑫软图是具有4G自主核心技术的系统集成商，目前正加快向5G进军。

4. 国际科技合作深入推进

经国家发改委批准，以常州科教城为主体的中德创新园区入列中国政府与欧盟的"中欧城镇化伙伴计划"。中德创新园区按照"科教先行、创新引领、产业支撑"的发展思路，高起点规划研发园区、产业园区、教育园区、现代商务区和生态宜居区，聚焦德国产业资源，突出企业主体作用，全面推进德国经济技术和教育人才合作交流。2015年10月在合肥，中设设计集团与德国著名KZA设计公司签约项目正式落户常州科教城，李克强总理和默克尔总理共同见证签约。由德国著名工业设计大师路易吉·克拉尼领衔成立的江南克拉尼设计院，入驻常州科教城并稳健运营。开工建设中德科技产业转移的功能载体——中德产业创新与合作中心，成立常州德国企业协会，德国驻上海总领事罗腾先生给予高度评价。2014年在德国埃森市创建"常州科技经济发展中心"，已有5家常州企业在该中心建立了研发机构，实现了科技研发的双向交流。

5. 创业生态体系日益健全

积极构建创新创业生态体系，大力发展成果转化、科技金融、检验检测等新兴业态，加快促进创新要素与生产要素双向融合，促进新业态集聚、新模式创制、新产业育成。着力深化科技管理体制改革，出台了《关于积极构建创新创业生态服务体系的意见》《科教城公共研发机构产学研合作奖励办法》等政策文件，加快科技与经济、科技与教育、科技与金融深度融合。大力建设高端服务平台，成立科技金融中心、市区联动行政服务中心、大学科技园管理中心、科技创业公会，持续深化金融"天使下午茶"、营销"安琪下午茶"和服务"半月下午茶"三杯"茶"知名品牌活动。创立常创母基金和产业互联网母基金，与江苏银行联合开发"苏科贷"金融产品。园区现入驻各类创投机构110家，资金规模超80亿元。依托常州市"龙城英才计划"和科教城园区"金凤凰高层次人才引进计划"，为优秀人才提供创业场地、创业资金、购房补贴、生活津贴等系列支持，致力优化人才成长和创业环境。

2.2.2　常州科教城“经科教融合”的创新生态系统

常州科教城全面践行创新、协调、绿色、开放、共享发展理念，紧抓新一轮科技革命和产业变革的时代浪潮，把握建设苏南国家自主创新示范区的重大机遇，聚焦“智能、设计、信息”三大方向，培育创新源和增长极，大力推进以科技创新为核心的改革创新、开放创新、协同创新和供给创新，以平台经济开启二次创业，以科技服务引领内涵发展，在更高层次上建设研发创新、人才育聚、成果转化和新兴产业四大高地。

1. 通过培育创新创业主体激发活力

全面深化改革，解放体制机制束缚，消除各种隐性壁垒，注重创业机会平等，激发市场主体活力、社会主体活力和创造主体活力，努力形成百姓创家业、能人创实业、企业创新业的良好局面。

培育创新创业主体。积极倡导全社会开展创新创业活动，大力鼓励各类经营人才、管理人才、技术人才走向市场，自主或参与创办各类经济实体或社会组织。实施“科技人才创业计划”，鼓励高校院所科研人员创办科技型企业，三年内保留其原有身份和职称；允许科技领军型人才创办的企业，知识产权等无形资产可按至少50%、最多70%的比例折算为技术股份；在常高校院所按规定自主处置知识产权，所得收益按至少60%、最多95%的比例划归参与研发的科技人员及其团队拥有。实施中小企业“二次创业”计划，抓住新一轮科技革命和产业变革孕育兴起的机遇，进一步梳理和完善各类财税、金融、科技、人才等扶持政策，鼓励和引导企业加快科技成果转化和应用，重点支持常州三晶、江苏津通等一批中小企业创业基地建设，推动小业变大、旧业更新。实施“大学生创业引领计划”，推行创业学分制和弹性学时制，建立一批大学生创新创业见习孵化基地，凡到基地创业的学生，进入基地创业的时间，可视为其参加学习、实训或实践教育的时间，并按相关规定计入学分；落实和完善大学生创业扶持政策。

拓宽创新创业空间。统筹推进创新创业与服务经济、民营经济发展，大力发展研发设计、信息经济、管理咨询、科技金融、现代物流、电子商务等2.5

产业，积极发展智能制造、互联网经济、生物医药、新材料、新能源等新兴产业，加快推进绿色制造、清洁生产、创客中心、数字设计等生产方式，为创新创业提供广阔空间。拓宽创业准入领域，降低创业准入门槛，实行市场准入负面清单管理，对清单以外的，各类主体均可依法平等进入。扩大公用事业、社会事业、基础设施等领域对社会投资开放，加快推行政府购买公共服务。梳理并公布行政事业收费项目，对不规范的收费行为予以纠正，最大程度减轻创新创业人员负担。

2. 通过构建服务链条释放创新潜力

按照“引进—服务—研发—团队—营销—管理—金融—运营—绩效—品牌”的育成流程，加快构建“苗圃—基地—社区”的服务载体，充分调动和挖掘创新创业的潜能。

建设创新创业苗圃。推动镇（街道）、开发区和企业开发利用闲置厂房和楼宇，建设一批创新创业苗圃，为入驻创业团队免费或低价提供场所，并积极提供创业辅导和培训服务，帮助创业人员完善企划和团队，不断提升创新创业能力。吸引科研人员、大学生、留学人员，在注册企业前入驻苗圃，开展创业见习实习，接受系统的“预孵化”服务，推动科技创意成果尽快转化或成功创办企业。

打造创新创业基地。围绕十大产业链建设，按照特色化、品牌化的要求，建设一批以创业园、孵化器、加速器为主要形式的创新创业基地，优先安排创新创业苗圃育成的科技企业入驻。注重基地功能配套和提升，引入专业化服务机构，特别是提供财务管理、市场营销、人力资源等商务服务。强化投融资服务功能，深化“服务＋股权”、“孵化＋创投”等，加速创业项目与金融资本的融合对接。

搭建创新创业社区。重点建设一批特色鲜明的创新创业社区，在完善基础服务的同时，加强社区的建设和治理，积极探索通过建立创业者联盟等多种形式的社会组织，提高自律能力和创造活力。弘扬社区创新创业文化，开展“天使下午茶”、“创新创业沙龙”、“创业精英汇”等主题活动，提高凝聚力和向心力。搭建创新创业的“社区网络”和“社交网络”，促进创业人员激发创意灵感、分享成功经验、对接创业项目、寻找合作伙伴。

3. 通过提高创新服务质量增添创新创业动力

建设高水平的科技服务、金融服务、公共服务三大平台，充分发挥支撑和辐射作用，在更高层次上引领创新创业活动。

提升科技服务平台。积极完善以市场为导向的科技服务体系，形成多方参与的协同创新创业平台。加快建设科技服务集聚区，重点打造科教城科技（公共）服务广场，集聚并壮大各类科技服务组织，提升服务科技创新的水平。吸引社会资本参与创新创业平台建设，鼓励中小企业创建"两站三中心"和企业技术联盟。研究制订企业、高校、科研院所实行实验室、大型仪器设备资源共享的办法，向更多创新创业人员开放。启动实施高价值专利培育计划，发展知识产权咨询、代理、评估、转让、运营等专业中介组织，支持佰腾科技等一批专利服务平台，不断提升知识产权创造和运用水平。

做强金融服务平台。统筹政府、银行、创投、担保、保险资源，积极贯通"政府引导＋信贷支持＋创投投资＋担保保险"的创业融资服务链条。加快发展类金融机构和投资基金，鼓励金融产品和投资服务创新，推进产权交易和并购重组，不断提高金融机构对创新创业的扶持力度。发挥市创业投资引导基金、龙城英才创投引导基金、青年创投基金等对创新创业的支撑作用。加强企业上市培训与辅导，引导推荐中小企业上市或新三板、Q板、E板融资，多渠道提高直接融资比重。完善中小企业信用担保和保险体系，有效降低创新创业风险。

优化公共服务平台。依托生产力促进中心、创业服务中心等机构，建立镇（街道）创业指导站，构建起市—辖市（区）—镇（街道）三级服务体系，提供创业信息、指导、培训以及小额贷款、政策咨询等综合服务。推动各级创业服务中心（站）建立创业项目库，完善科学评价方法，经优选后向市场推介；设立"创新创业诊所"，引入国内高端创业指导机构，帮助解决创业难题，提高创业成功率；梳理并汇编相关政策，发放"创新创业服务指南"。做精做优常州创业公共服务网，搭建全市创业指导服务网络平台，突出技术成果评估、交易、融资等功能，实现创新创业服务的便捷高效。

4. 通过各方资源交互融通凝聚创新创业合力

弘扬创新精神和创业文化，调动社会各方力量支持创新创业，把创新创业人员的积极性引导好、保护好、发挥好，让全社会创新活力和创造源泉竞相迸发。

积极调动社会力量。发挥高校院所、工商联、工会、共青团、妇联、科协及行业协会作用，建立由企业家、创业成功人士、专家及政府部门和金融系统人员共同组成的创业指导志愿者队伍，汇聚社会各方力量推动创新创业工作。发展创业者协会、创业者联谊会等组织，加强规范管理和科学指导，提升创业人员自律互助的能力。

着力创优生态环境。加大新闻媒体宣传力度，选树一批创新创业典型，进高校、进园区、进企业、进社区，形成“崇尚创新、支持创业、鼓励成功、宽容失败”的创新创业浓厚氛围。运用法律、行政、经济、社会舆论等手段，切实维护创新创业主体的合法权益。

建设多元化“双创”载体。高水平建设好智能数字产业园，借鉴德国工业4.0模式，加快雅谱智能、罗盘星、泰瑞斯特等项目孵化育成，打造基于云平台、大数据、互联网等云智造技术集成“工业阿里”。加快中科创业中心和移动互联产业园内涵建设步伐，以“基地＋基金”模式高水平建设好苏南产业互联网创新中心。加大中德创新园区项目招引力度，制定中德创业创新与合作中心、数字设计产业创新研发中心招商计划，力争竣工即入驻。协调推进英诺激光大厦、美淼环保大厦、瑞声科技大厦招科引智，围绕产业链建设专题化的众创空间。协调推进园区6所高校大学生创业，继续加大对科教城大学生创新创业园的扶持力度。

提供多元化创业服务。按照“木桶理论”的原理，积极引进和深化科技金融、市场营销、人力资源、知识产权以及公共管理、创业辅导等要素与服务，加快培育佰腾、大学仕、“天天5·18”等创新创业服务机构，创建雨林式创新创业服务体系。着力培育好“三杯茶”品牌，定期组织开展金融“天使下午茶”、营销“安琪下午茶”、服务“半月下午茶”活动，加强人才、公司、平台同资本、市场、政府的有效对接、撮合、联姻，为创新创业不断注入新动能和新资源。与新华都商学院联合举办创业益企营活动，提升园区企业内部管理水平和市场拓展能力。开展高层次人才创业企业“菁英荟”培训。

2.2.3 经验启示与建议

科技是第一生产力，创新是第一驱动力。常州科教城位于经济基础优越、人才资源丰富、创新基础扎实的苏南地区，充分利用政策、资源等方面的发展优势，以增强自主创新能力为核心，为创新型科技园区发展作出示范，为江苏创新能力提升、推动经济发展方式向依靠科技创新的转变作出贡献。

1. 推动高校、科研院所与企业的合作创新

实践证明，高校和科研院所是企业技术进步的生力军，产学研合作是推动技术创新工作的重要手段和途径。通过产学研的密切合作，充分运用高校、科研院所在人才、技术信息方面的优势，改变部分企业存在的科技力量薄弱、技术储备不足、新产品开发缓慢、高新技术产业进程不快等问题，努力提高企业技术创新能力和市场竞争力，培育新的经济增长点。

企业要建设科技创新中心，就要推进与高校、科研院所的合作，这样才能激发自主创新的活力。一个企业只有搭建服务科技创新发展的战略平台、科技创新与经济发展对接的平台以及聚集创新人才的平台，才能催生重大科技成果。常州科教城拥有 8 万名在校大学生，为企业的创新发展提供了源源不断的后备力量。

2. 发挥政府在创新生态系统中的引导作用

创新生态系统的发展，不仅在微观层面带来企业创新行为和运行方式的深刻变革，而且在宏观层面对国家的创新政策和制度供给提出了新要求。政府应超越传统创新链思维，以创新生态观为指导，基于制度创新建立创新政策体系，激励和引导企业成功构建与有效运行一个自我循环、自我平衡、自我修复、自我净化的创新生态系统。判断政府构建的创新生态环境优劣的一个标准是相关政策和服务提供是否实现了制度化，也就是对创新环境稳定性的评价。只有具备一个稳定的发展环境，一个有竞争力的创新生态体系才能形成，才能吸引优质的创新资源。

3. 推动科技创新平台建设，增强自主创新能力

科技创新平台建设是高技术研究、产业技术创新、科技创新创业和社会可持续发展的重要支撑。针对常州科教城目前的发展情况，要进一步加大对科技创新平台的建设力度，建立对基础性、公共性、公益性科技平台稳定、持续支持的扶持机制；抓住园区内科技创新需求，优化创新平台布局，加快完善公共研发平台、企业创新平台、公共服务平台为重点的科技平台布局，大力提升公共研发和公共服务能力；通过拓展平台服务功能，提高科技资源利用效率，增强企业的研发实力，推动平台向高端发展，实现园区内主要新兴产业领域创新平台的全面覆盖。

2.3 “知识创造”的南京软件谷创新生态系统①

在国家深入推进供给侧结构性改革、全力推进创新驱动战略的大背景下，越来越多的园区意识到做好创新创业精准服务的重要性。长期以来，企业究竟需要怎样的创新服务，政府应当怎样提供精准服务？这导致了一些园区的服务“走偏”，陷入形式主义（注重场面作秀、忽视实际效果）、片面主义（个别要素供给、忽视全要素供给）、个案主义（优待个别企业、忽视整体环境）等陷阱。其结果，非但不利于服务，还可能造成对企业的“骚扰”。

如何回答这个“创新服务之问”，从生态系统的角度来研究创新创业环境的营造，已经成为一种极富解释力和指导性的理论。这种理论借用生物学的原理，认为政府、企业和大学构成了创新产生所需要的基本要素，他们通过市场需求结合在一起，就如同生物学中的基因、组织和环境三要素一样形成了相互缠绕交叉影响的三螺旋关系。这里从生态系统理论的研究视角出发，对南京软件谷基于生态系统理念的创新服务体系建设之路进行实证分析，提出园区服务体系建设应该注重从群落、能力输入、互动协同三方面切入，围绕人才、资本、知识、管理、互动等因素提供精准服务供给。

2.3.1 南京软件谷发展取得积极成效

南京软件谷位于南京市雨花台区，是中国第一软件产业基地，中国最大的通讯软件产业研发基地，国家重要的软件产业和信息产业中心，综合实力列全国园区前三强，是中国首个千亿级软件产业基地，中国仅次于中关村的城市区域性软件中心。软件谷紧邻河西新城与南部新城，总面积70平方公里。

① 此节引用中国（南京）软件谷相关资料。

1. 创新经济发展

软件谷创新经济不断加速发展，创新驱动的效能不断增强。“十二五”期间，软件谷以软件和信息服务业为主的创新型经济快速发展，软件和信息服务业收入年均增幅达33.3%。2016年，全年实现软件和信息服务业收入1900亿元，占全市的比重达40%，综合实力跻身全国同类软件园区前三强；2017年实现软件和信息服务业收入2210亿元。软件谷现已集聚各类软件企业1000余家，其中既有华为、中兴这样的龙头企业，又有大量的中小微科创企业，既有24家世界软件500强、国内软件百强企业，又有大量的本土创新型企业，形成了完整丰富的群落形态。软件谷日益成为软件人才汇聚的高地，现有软件从业人员22.4万人。软件谷的国家高新技术企业加速产生，2016年71家申请、获批64家，超过前三年的总和，高企总数达到157家。软件谷现在是全国最大的通信软件产业研发基地，全国首批、江苏唯一的国家新型工业化(软件和信息服务业)示范基地，国家火炬计划现代通讯软件产业基地、国家级服务业标准化试点园区，创新经济蓬勃发展。软件谷现已形成了“五大产业集群”，包括以华为、中兴、酷派、步步高等为龙头的通信及智能终端产业集群；以SAP、亚信、飞博、中新赛克等为引领的云计算、大数据及移动互联网产业集群；以欧飞、润和、千米网、金证股份、绿金在线等为支柱的电子商务及互联网金融产业集群；以美满、天溯、沁恒等为核心的物联网及芯片设计产业集群；以中电十四所、宏图三胞、舜天、苏豪等为平台的旗舰经济。已建成了中国首条软件大道，汇聚了IBM中国软件授权培训中心、戴尔、润和软件、三胞集团、中兴通讯、华为科技、东软研发、软通动力、文思创新、泰晟科技、水利部南京水利水文自动化研究所等国内外知名软件企业。

2. 创新成果丰富

近年来，软件谷企业承担了国家国际科技合作专项1项、国家国防973项目1项、国家科技型中小企业创新基金4项、省产学研重大创新载体1项、中国省重大科技成果转化专项5项、其他省级科技计划项目10余项，荣获中国电子学会科技进步一等奖1项、省科技进步一等奖1项、南京市科技功臣奖1项。软件谷不少企业参与国家通信、交通等重要标准制定。软件谷成立以来至今，累计实现专利申请 10785 件(其中发明专利 5273 件)，专利授权 3615 件，每年新增软件著作权 500 余件。此外，软件谷成功创建了国家博士后科研工作站，并在谷内多家企业建设分站；成功通过国家战略性新兴产业知识产权集群管理试点园区验收，在全国排名靠前并成为示范推广单位。形成了通信软件、服务外包和信息服务三大特色产业集群，被批准为国家火炬计划现代通讯软件产业基地、国家服务外包示范区、国家级科技企业孵化器。目前，世界 500 强及世界软件 500 强企业 9 家(IBM 技术创新中心、SAP 南京创新中心、美满研发中心、欧朋研发中心、甲骨文联合实验室、法液空南京公司、嘉吉共享服务中心、博通研发中心、三星(中国)研发中心)，中国软件百强企业 15 家(华为软件、中兴通讯、金证股份、怡化电脑、宇龙通信、神州数码、东软集团、上海宝信、中创软件、江苏集群、文思海辉、软通动力、中软国际、创维科技、银江股份)；集聚软件从业人员近 18.85 万人，软件产业建筑面积超 600 万平方米。

3. 人才引领双创

软件谷人才企业发展迅速，对软件谷的贡献逐年提升，对创新创业起到了较好的引领作用。截止 2016 年底，21 家人才企业入选国家高新技术企业，5 家企业收入过亿元，1 家人才企业在创业板上市(润和)，3 家人才企业在新三板挂牌(铱讯科技、易思拓科技、橙红科技)，5 家人才企业在区域股权交易所上市。领军型科技创业人才中，刘燕辉(从硅谷引进)创办的公司获得近 1500 万美金的创业投资，并与华为达成“互联网＋健康”智能设备的业务合作；南京市科技创业家企业中，软件谷本土企业润和软件于 2012 年在创业板成功上市，2015 年业务收入突破 10 亿元，2016 年新入选国家软件百强企业；软件谷自主培养入选的国家千人计划人才企业中，王继平领衔的诚迈科技发展迅速，正筹备在创业板上市，并于 2015 年荣获南京市最高科技荣誉“科技功臣奖”。现已集聚国家千人计划创业人才 15 人，南京市领军型科技创业人才 166 人，培养南京市科技创业家 27 人，引进省“双创”人才 23 人；人才企业中，已有 3 家在新三板挂牌(铱讯科技、易思拓科技、橙红科技)，有 5 家在区域股权交易所挂牌，人才企业成长性在全市位居前列；完成发明专利申请量 4483 件，培育国家高新技术企业 96 家。

4. 创业氛围活跃

随着软件谷创业生态环境的不断优化，已涌现出等一批创业明星。例如，知名 APP“中华万年历”由软件谷创业公司随身云开发，做 3D 打印、柔性制造云服务的 1001 号团队成员于 2016 年 1 月受邀参加总理主持召开的座谈会，2016 年 4 月在北京夺得全国黑马运动会创业大赛冠军，5 月份获得工信部主办的中美创客大赛一等奖。借助与江苏省生产力促进中心、创业黑马、36 氪、易创空间等专业化服务机构的合作，为谷内创新发展吸纳新鲜血液。着力打造软件谷创业 UP 系列活动、TIC 科技创新公开课、HR 智享会、软件谷“精英汇”大型招聘会、T16 足球联赛等一批特色创新创业服务品牌，建设全国首个创业主题车站——地铁软件大道“创业车站”，助力企业快速发展，帮助创业者追逐梦想。打造“江苏创业大街”等众创动力载体，通过外引内育方式，集聚培育 19 家众创空间，形成完整的、功能齐全的“众创空间—加速器—产业园”载体链条，为创业团队提供市场化、专业化的孵化服务。紫金科创特区累计在孵企业近 500 家。同时，通过引导资金、税收减免、政策采购服务等方式，引导和支持社会力量兴办各种创业创新服务和孵化机构，降低创业成本，提高创业能力与效率。

5. 服务体系完善

软件谷坚持“企业化、市场化、专业化”的运作思路，按照“国内领先、国际一流”标准，致力于打造人才服务、企业孵化、公共技术、交流合作、投资融资等“八大类公共服务平台”，目前各类公共服务平台总数已经超过 40 个。包括 IBM 中国软件授权培训中心、北京大学南京创新研究院、南大软件学院软件谷分院、东大光传感国家地方联合工程中心、国家软件产品质量监督检验中心（江苏）、江苏省软件产品检测中心、南京超级云计算中心、SAP 中小企业云服务平台等众多高层次公共服务和技术平台，为谷内软件企业提供开发平台支撑、知识产权保护、产品检测认证、人才交流合作等全方位的服务。

2.3.2 提升园区服务质量是创新生态系统的关键要素

硅谷、中关村等国际国内一流园区的经验表明，企业大部分市场化的业务（例如市场开拓、科技创新、招揽人才等等）毕竟还要靠自身完成，政府不可能“越俎代庖”。因此，即便是细致入微的“保姆式服务”也往往只能解决企业的个别问题，过度关心搞不好还可能造成对企业的“骚扰”、好心办坏事。一个创新型园区之所以可以持续发展，是因为不论新技术、新模式、新产业、新人才在哪里诞生，只要带入园区，这个园区的生态系统、综合环境都可以起到“催化剂”的作用，促成其成功。基于这样的认识，园区提供创新创业服务就一定要站在创新生态系统的高度，认清企业需求要素、把握创新集群内涵，进而通过服务体系的完善为各类“种子”、“幼苗”、“大树”营造良好的“生态环境”。从国内基层园区的视角看，创新生态系统好比一片“森林”，其发展必须聚焦三大核心要素——群落、能量、互动协同。具体如图 2 - 2 所示。

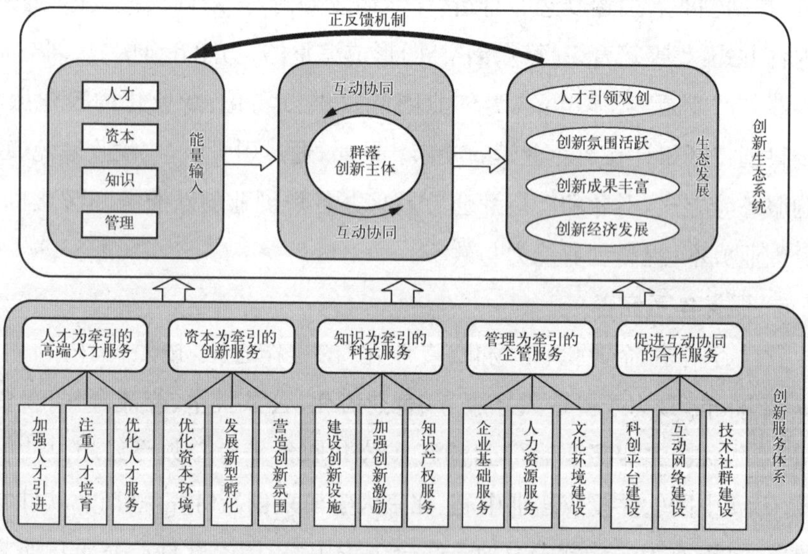

图 2 - 2　软件谷基于创新生态系统的服务体系建设

首先是“群落”。一个繁荣的森林必然有丰富的动物、植物、菌落，必然有大、中、小、微各类生物群体。在园区的创新生态系统中，群落主要体现为以企业为核心的各类创新创业主体，也应涵盖从小到大的各种体量。

其次是“能量”。一个繁荣的森林必然有丰富的能量来源，例如阳光、雨露、空气、土壤，这样生物群落才能茁壮成长。在园区的创新生态系统中，根据内生增长理论及区域创新理论，最关键的创新驱动要素应当包括人才、资本、知识、管理等。如何引导这些要素的输入应当成为园区服务重点关注的问题。

再次是互动协同。一个繁荣的森林必然包括生物之间的各类互动，从而产生各种“合作链”、“食物链”。在园区的创新生态系统中，主体间活跃的互动协同（知识扩散、市场互动、平台促进），对于拉动整个生态的知识水平、产业层次、盈利能力非常重要，这也正是“创新集群”不同于一般空间聚集的关键所在。

以上要素顺畅运行，这个生态便会不断发展，体现为人才引领双创、创业氛围活跃、创新成果丰富、创新经济发展。生态的发展会引发正反馈机制，进一步促进能量的输入和群落的活跃互动，从而推进生态更好、自发、内生地向前发展。

2.3.3 创新服务是建构园区生态系统的主干支撑

实践中，要推进创新生态系统构建，服务好创新创业主体，就需要园区结合自身实际，坚持问题导向、需求导向，在实践中从企业对人才、资本、知识、管理等方面的要素需求入手，强化能量输入，针对创新集群必不可少的互动协同要素加强合作促进，构建起创新创业服务的五大支撑。

1. 突出以人才要素为牵引的高端人才服务

人才是企业创新创业的第一资源，高层次人才对园区走创新驱动道路有很强的带动引领作用。美国硅谷的早期崛起并非当地政府有意要把当地建成科技中心，而以特曼（被誉为“硅谷之父”）、肖克利（后来获得诺贝尔奖）等为代表的高端人才为引领，进而带动一群充满激情的教授、企业家、工程师、投资人、律师，在源创新的过程中，建立了独特的创新生态。南京软件谷高度重视高端人才的牵引，着力加强人才引进、注重人才培育、优化人才服务。一是加强人才引进。软件谷在北京、上海、深圳乃至美国硅谷、以色列特拉维夫等人才密集区域积极开展人才推介，与海内外机构建立友好联系，能够有效捕捉人才信息。截止目前，软件谷已累计集聚院士 1 名（企业创始成员）、千人计划 15 人（其中自主培养 5 人、外部集聚 10 人），集聚南京市领军型科技创业人才 166 人、“创业南京”高层次人才 32 人。二是注重人才培育。软件谷注重引导人才企业用好人才政策累进支持体系，积极组织人才企业申报相关企业资质和各类政策扶持，使得人才企业不断迈上新的台阶。截止 2016 年底，软件谷自主培育入选市科技创业家 27 人，市创新团队 4 个，江苏省“双创”人才 23 人，省创新团队 3 个，自主培育入选国家千人计划人才 5 人。三是优化人才服务。人才企业注册落地后及时兑现相关政策，协调工商部门加快注册进度。打造“软件谷创业南京人才苗圃”，为人才团队提供良好的预孵化机制。对人才企业发展过程中遇到的问题，提供点对点的支持。

2. 突出以资本要素为牵引的创业服务

资本是科创企业实现爆发式、裂变式增长的龙头要素。围绕“大众创业、万众创新”战略引领，软件谷注重以资本要素为牵引开展创业服务，着力优化资本环境、发展新型孵化、营造创业氛围。一是优化资本环境。创业投资方面，软件谷参股设立了七支基金，同时积极集聚社会投资机构到软件谷注册成立基金；发起成立“软件谷 UP 创投汇”线上微信社群，聚集了近百家创业投资机构，每周一定期发放项目商业计划书供投资人参考；精心打造“软件谷 UP 微路演”品牌，实现每两周一次路演活动。债权融资方面，软件谷注重科技金融服务，用好用足“苏科贷”、南京市“科技贷”等平台，帮助企业融资；联合省再担保、“我的麦田”知识产权平台出台“麦金一号”知识产权抵押贷款融资项目；出台以“扶危救困”为宗旨的科创小贷政策，对科创企业从小贷公司贷款实行双向补贴，帮助解决小微企业贷款难的问题，如今已有多家创业公司通过这一机制顺利渡过了资金困难期并茁壮成长。二是发展新型孵化。在“大众创业、万众创新”的浪潮中，一种新的孵化形态“众创空间”得以出现，它更重视软件服务而非硬件服务，它体现了低成本、全要素、开放式的特点，非常适合软件（互联网）此类轻资产行业的创业者。近年来，软件谷集聚培育众创空间（新型孵化器）20 家，18 家获得“南京市众创空间”认定，8 家获得省级认定，3 家获得国家级认定。建成孵化器、加速器近 20 家，形成完整的、功能齐全的“众创空间—孵化器/加速器—产业园”载体链条。2015 年 9 月建成的“江苏创业大街”，集聚了创业黑马、创客街、阿里百川等知名众创空间，成为南京乃至江苏创业创新的重要名片。联合工商部门在南京市率先出台软件谷众创空间工位注册流程，实现“一张桌子注册一个公司”，已为近百家小微企业完成了工位注册登记。三是营造创业氛围。软件谷用心打造“UP”众创服务品牌，举办 UP 开放日、UP 微路演、UP 招募合伙人、UP 学堂、“创业精英赛”等创业服务活动，举办黑马大赛软件信息行业总决赛等顶级赛事，举办“《软件谷创业融资环境报告》发布会”，编印《软件谷创业地图》，不断提高创业热度和资本热度。2016 上半年举办“UP 微路演”26 场，一对一、一对多约见投资人 50＋场次，200＋创业项目、70＋家投资机构，150＋投资人参与融资活动。联合南京地铁集团建设运营全国首个地铁创业主题车站（软件大道站），利用其周边聚集 300 多家科技公司、近 5 万软件人才的独特区域优势，将其打造成创业宣传、资讯服务、产品展示、市场推广的重要平台，已举办十余场专题展示，并通过互动显示屏实现常态化的创业资讯宣传及创业产品（企业）展示。

3. 突出以知识要素为牵引的科技服务

能够及时有效转化的知识，是企业创新创业的源泉。软件谷注重以知识要素为牵引开展科技服务，着力建设创新设施、加强创新激励、优化知识产权服务。一是建设创新设施。创新设施是企业开展创新活动的基础条件。软件谷积极引导企业建设创新设施，出台政策对企业进行激励。现已建有国家级重点实验室 1 家（国家天线与微波技术重点实验室）、国家级工程技术研究中心 1 家（国家信息安全工程技术研究中心江苏分中心）、国家级博士后科研工作站 3 家、省级重点实验室 1 家、省级工程技术研究中心 13 家、市级工程技术研究中心 29 家；建有国家软件产品质量监督检验中心、南京超云计算中心、江苏软件产品检测中心等公共技术平台；建有北京大学南京创新研究院、南京大学软件学院软件谷分院、东南大学光传感/通信综合网络国家地方联合工程中心等产学研联合创新载体。二是加强创新激励。近年来软件谷积极出台科技创新政策，认真落实省 40 条、南京市 36 条政策，先后出台并落实了企业研发费用奖励、科学技术奖配套奖励、产学研合作创新券、高企培育奖励、金融扶持等政策措施，鼓励企业提高研发投入，加强协同创新，释放创新活力。软件谷着力提供细致的项目申报服务，引入专家定向辅导机制，围绕技术创新点、申报书撰写要点等方面为重点企业提前把关，提升项目获批率。2016 年北大南京创新研究院获批当年南京市唯一一家省产学研联合重大创新载体，亿嘉和获得省重大科技成果转化项目。为提高企业的科技创新意识和争取资源的能力，软件谷推出"TIC"科技创新公开课品牌活动，引入"企业选题、政府开课"的众筹机制和"淘宝式"课程评价机制，围绕科技项目申报、高企申报及风险管理、科技企业贷款、市科技创新券、知识产权保护等主题累计举办了近20场公开课。三是知识产权服务。软件谷高度重视创新主体的知识产权创造、运用、管理、保护工作，出台相关政策对企业专利、软件著作权、商标的申请、授权进行奖励，软件谷每年知识产权补贴经费投入约400万元。每年依托省专利信息服务中心软件谷分中心举办"消灭零专利"活动，向谷内初创企业提供发明专利申请等项目服务抵扣券200余份，帮助百家企业迈出知识产权创造的第一步。邀请知识产权局专家、知名律师、大企业知识产权总监等名师，围绕知识产权的多个角度为谷内企业做分享，帮助企业从更高层面进一步理解知识产权内涵。与检察院合作推进知识产权司法保护，与司法局合作推进知识产权维权援助，与省市知识产权局及合作企业共建"我的麦田"企业知识产权互联网服务平台。

4. 突出以管理要素为牵引的企业管理服务

实践证明，管理是企业创新创业的基础与后劲，成功的管理将有效助推企业发展，管理不善则可能导致企业失败。软件谷以管理要素为牵引，着力优化企业基础服务、人力资源服务、文化环境建设。一是企业基础服务。通过各种方式积极帮助企业对接区谷各部门，协调解决企业在落户、用工、财税、上市、年检年报、社保、员工子女教育、诚信约束管理等管理方面遇到的具体问题。编印《软件谷企业服务手册（入谷指南）》，站在企业经营管理流程的视角，从基础产业服务、科技创新服务、人才及创业服务、企业管理服务、金融服务、商务配套服务、社会中介、政策扶持等方面，编入企业可能遇到的各类问题及对接部门联系方式，帮助企业"找对门"。积极推进园区服务标准化工作，2015年软件谷成功获批国家级服务业标准化试点园区。二是人力资源服务。软件企业是典型"人脑＋电脑"模式，其人力资源引进及管理水平对企业创新发展至关重要。为此，软件谷定期举办"精鹰归谷"大型人才招聘会、软件谷企业高校行等、精准对接"V聘汇"等活动，搭建企业低成本、高质量的人资招聘平台。鉴于不少成长型中小企业缺乏完整的人力资源管理理念和体系，软件谷推出“软件谷HR智享会”品牌活动，邀请人资专家、人社部门分享最有价值的人力资源管理经验，深受企业欢迎。为更好地解决高端人才和企业员工在大城市的居住生活问题，软件谷建成了17万平方米的人才公寓，大大提升了软件谷企业在人才引进中的吸引力。三是文化环境建设。软件谷每年牵头开展各种文体交流活动，包括举办软件谷T16足球联赛、软件谷乒羽联赛等赛事活动，举办软件谷七夕嘉年华相亲晚会、软件谷青年狂欢节、软件谷“爱在雨花 邂逅名企”、软件谷“爱在软件谷 相约牛首山”青年交友联谊会、软件谷企业家“鱼乐无限”休闲游、软件谷科创企业“为绿色护航”义务植树等主题交流活动，联合残联举办“百企千人”健康行(盲人推拿)活动，每年累计有3万多软件人才参加，营造了活跃的人文关怀氛围。

5. 突出以促进互动协同的合作服务

互动协同是创新集群的重要内涵。在一个园区，只有创新创业主体之间有着丰富的交流、互动、合作，才能够促进知识的扩散、资金的流动和市场的分享，这样的园区才称得上真正创新集群。软件谷深刻认识到这一点，通过科创平台建设、互动网络建设、技术社群建设三个主要方面，提升园区互动协同水平。一是科创平台建设。软件谷着力打造产学研协同创新平台，先后引进北京大学南京创新研究院、南京大学软件学院软件谷分院、东南大学光传感/通信综合网络国家地方联合工程中心、南京软件谷移动互联网研究院(与清华大学信息研究院合作成立)，实现清华大学、北京大学、南京大学、东南大学四大名校产学研平台齐聚软件谷，助力谷内企业协同创新。这些重大平台一方面有利于弥补园区高校院所匮乏的短板、促进产学研协同创新，另一方面也有望通过高端技术的产业化不断催生新的产业形态。二是互动网络建设。软件谷通过各种举措促进创新主体间加强互动。首先是打造线上互动平台。软件谷推出“软件谷优创在线”微信订阅号，即时发布各类活动信息、政策、项目最新资讯，接受在线报名，有效扩大了服务覆盖面；面向园区企业不同类型的人员设置了“软件谷科技人才工作”、“软件谷企业活动群”、“i创业南京”等QQ群以及“软件谷HR社群”、“软件谷UP创投汇”、“软件人才培训联盟”等微信社群，促进在线交流互助。其次是加强线下互动。科技人才局以“软件谷创新创业系列主题活动”为统领，每年牵头举办上百场活动，形成“创业 UP”、“TIC 科技创新公开课”、“HR 智享会”、“人才月”、“T16 足球联赛”等多项活动子品牌，为企业提供专业服务的同时搭建各类企业间交流互动的平台。此外，软件谷推进创新创业活动海报进楼宇，直观地把服务信息传递到谷内广大企业和软件人才中，营造活跃的园区氛围。三是技术社群建设。软件谷深刻认识到技术交流对于提升软件人才能力素质、企业创新能力、园区产业层级的重要意义，鼓励开展各类技术交流活动，注重与各类技术社群合作。近年来，软件谷科技人才局联合南京大学软件学院、南京敏捷开发者俱乐部等单位举办“中国(南京)软件开发者大会”，成为南京软件开发界的头号技术盛会，原定 500 人的会场挤进 700 人，最低 400 元的入场券一票难求。与南京敏捷开发者俱乐部、DevOps 中国社区、南京大数据联盟、臭鼬实验室等技术社区强化合作，支持他们在软件谷举办 α 论坛、臭鼬实验室技术拆解会、大数据产业论坛等各类技术交流活动，努力把软件谷打造成为国内软件产业技术的高地。

2.3.4 经验分析与启示

1. 有效供给。供给侧结构性改革强调企业要创造市场需要的有效供给，同样，园区运营机构也要努力提供企业需要的有效供给，必须紧扣企业需求痛点。供给有不有效，服务优不优质，一个重要的标志是园区提供的服务是否是企业自愿参与。所以，园区在提供创新创业服务、开展创新创业活动的过程中，始终坚持“专业供给、自愿参与”的原则，各种服务、活动在宣传到位的前提下由企业自愿报名，企业的一些个性需求也按需提供服务。

2. 统筹协同。企业创新发展需要的要素是多方面的，其关键要素就是前面提到的人才、资本、知识、管理，这也是内生增长理论所给出的启示；然而，企业失败的原因却不需要那么多，以上任何一个要素的缺失都可能导致企业翻船。因此，园区提供创新创业服务，坚持了全面、系统、协同的原则，为企业各方面的需求做好“供给菜单”，在做强优势的同时注意补短板。同时，在实际操作中尽量避免因为部门设置等因素造成的人为割裂，加强资源共享，降低企业接受服务的成本。

3. 点面结合。园区提供服务要注意区分企业的共性需求和个别企业的个性需求。一方面要注重搭建平台、做好面上服务，通过优良的服务体系建设、服务氛围营造，通过各类培训、对接、政策解读、人才招聘等服务方式，回答好大多数企业所关心的共性问题，解决好大多数企业所面临的普遍难题，使得多数企业可以便捷、低成本地享受到园区服务，放开手脚聚焦发展；另一方面，根据个别企业的具体痛点按需服务，切实帮助企业协调解决所遇到的具体问题、攻克具体屏障，既为企业“锦上添花”，更为企业“雪中送炭”。

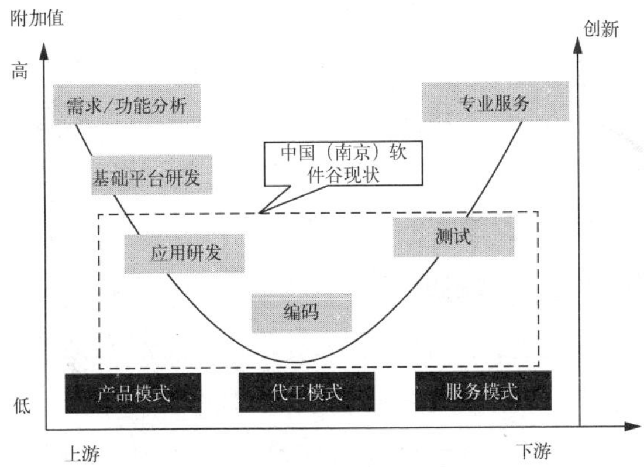

图 2-3　南京软件谷产业附加值发展示意图

2.4　“开放合作”的苏州工业园创新生态系统

苏州工业园区位于长江三角洲中部，东邻上海，南连嘉兴、湖州两市，西傍太湖，与无锡相接，北枕长江。园区选址于古城东部，基于东部片区地势平坦，河湖水系纵横，有著名的金鸡湖、独墅湖，环境优良，能为新区开发建设提供良好的基础；其次，该区域具有较好的区位优势，占据策略性区位，往东延伸至上海，因此，将苏州工业园区选址于上海与苏州古城之间，使之成为联系二者的重要纽带；此外，该区域公路、铁路、航道系统比较发达，具有良好的交通优势，用地内有多条可通航河道，吴淞江经上海市接入黄浦江，河道与京杭大运河相连。此外，选择东部片区有利于平衡苏州市空间格局，平衡城市扩张，进一步突出古城中心地位。苏州工业园区是中新两国政府间最重要的国际合作项目，也是迄今为止同类项目中最大、最综合的，园区1994年2月经国务院批准建设。

苏州工业园区一直遵循精明增长的规划理念，按照“先规划后建设、先地下后地上”的原则，确定城市规划的法定地位，并参照新加坡建设管理经验，实行动态开发，定期对规划建设进行检讨和反思，及时调整发展中不足。苏州工业园区前后经历了四次主要规划编制活动：1994 年《苏州工业园区首期开发区总体规划报告》、2001 年《苏州工业园区第二、三区总体规划报告》、2008 年《苏州工业园区（苏州东部新城）分区规划（2008—2020）》、2012 年《苏州工业园区总体规划（2012—2030）》。2010 年 7 月两国领导人共同确定园区未来 15 年发展方向：苏州工业园区以发展金融产业包括股权投资为重点的服务型经济，以纳米技术产业为引领发展新兴产业和创新性经济的创新思路也得到了中新两国领导的一致认同。

2.4.1 园区产业发展概况

苏州工业园区已经成为地区和国家经济格局中具有战略意义的重要增长极。GDP 由 1994 年 11.32 亿元提高到 2016 年的 2151 亿元。在苏州市域范围内，工业园区的经济增速也远高于其他县市。经济保持平稳较快增长，地区生产总值年均增长 10%（不变价），并加速由“速度园区”向“效益园区”迈进。公共财政收入占地区生产总值比重逐年提高，产业结构调整显，呈现主导产业高新化、服务业现代化、战略性新兴产业规模化态势。2016 年，高新技术产业产值占工业总产值比重为 66.2%，工业增加值占 GDP 比重达 54%。

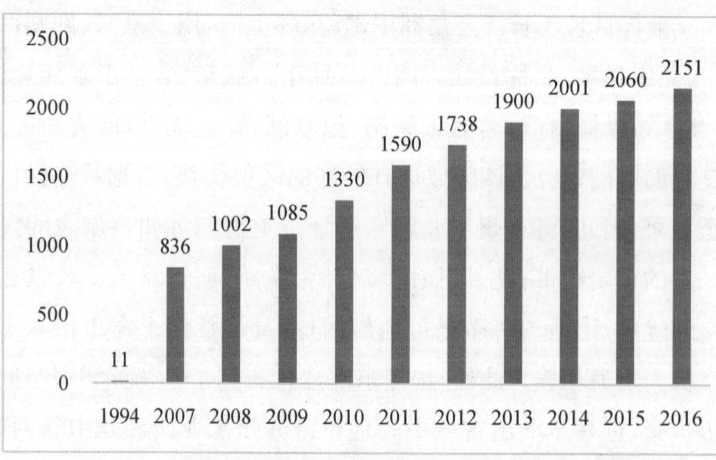

图 2-4 园区 1994—2016 年 GDP 增长情况（亿元）

资料来源：苏州工业园区统计年鉴

随着国家实施"一带一路"战略和长江经济带战略，国家整体区域战略空间格局正在发生重大变化。长三角区域一体化进入深层发展阶段。苏锡常、苏通、沪苏通等都市圈战略将全面推进。"上海全球城市—区域"战略格局日益清晰，大上海都市圈将更加紧密。上海全球科技创新中心将产生重大区域效应。从战略全局看，整个区域经济格局呈现新的战略态势。园区作为苏州国际化大都市核心功能区域，战略优势日益凸现，将迎来全新的同核同城机遇。这既有利于园区拓展战略空间与增强城市服务功能，同时又带来区域城市竞争加剧的巨大挑战。

经济综合实力显著增强，转型升级取得突破性进展。认真实施转型升级战略，推进产业结构战略性调整，全力提升经济发展水平，经济发展继续呈现稳中有进的良好态势。

创新动力显著增强，创新体系建设取得突破性进展。坚持增强创新动力机制和创新活力，全面提升科技创新能力，基本形成"集聚一流创新要素、营造一流创新环境、实现一流创新产出"的创新发展态势，"科技新硅谷"特征日益清晰。财政对科技的投入显著增加，年均增长 30%；全社会 R&D 投入占 GDP 比重，2016 年达到 3.36%，研发机构总数达 480 家。创新要素加速集聚。累计科技领军人才 1592 人，被授予国家级"海外高层次人才创新创业基地"。东沙湖股权投资中心集聚投资机构 110 多家，管理资金规模达 530 亿元，园区成为中国创投资本集聚度最高的区域之一。创新环境日益改善。建成各类科技载体 380 多万平方米，技术服务平台 20 多个，国家级创新基地 20 多个；纳米科技等一批协同创新中心加快推进，园区成为全球八大微纳制造聚集区之一；人才服务、技术研发、产业促进、科技服务、知识产权等创新创业政策日臻完善。园区被列为"江苏省科技金融服务中心"。创新产出绩效显著。企业知识产权创造快速增长，授权发明专利由 2011 年的 739 件大幅提高到 2016 年的 2631 件，累计授权发明专利突破 10231 件；万人有效发明专利拥有量由 39 件提高到 88 件，高居全省首位、全国前列；万人当年新增发明专利授权达到 33 件。已集聚 2000 多家高科技企业，成为战略性新兴产业的生力军。

城市功能不断完善，城市现代化建设取得突破性进展。坚持"产城融合"发展、区镇一体化发展，按照现代化、国际化、信息化要求，全力推进东部综合商务新城建设。基础设施建设上新水平，园区整个基础设施实现区域全面对接、全域覆盖。商务新城加速繁荣，城市功能开始凸现，城市CBD、独墅湖科教创新区、综合保税区、中新生态科技城、阳澄湖半岛、月亮湾等"十大主战场"项目建成，相继建成斜塘老街、奕欧来精品购物村等一大批重点商贸项目；东方之门、中南中心、苏州中心、九龙仓等重点工程相继开工或建成。金鸡湖景区创建成为国家5A级景区，阳澄湖半岛创建成为全国首批国家级旅游度假区，园区成为全省唯一的全国旅游标准化示范区。智慧城市建设成效显著。成为全国首个"数字城市建设示范区"、全省首个"两化融合示范区"，智慧城管、智慧交通、智慧医疗、智慧环保、智慧社区等重点信息化民生工程相继建成，初步形成"宽带园区、协同园区、宜居园区、亲民园区"和"云彩新城"的"四区一城"智慧城市发展模式。城市生态环境持续改善。万元GDP综合能耗由2005年的0.386吨标煤，持续下降至2016年的0.254吨标煤，已达到世界发达国家水平；区域环境质量综合指数达97.4，初步形成"一环、三湖、四园、六带、十二苑"的生态园林新城区框架，先后成为全国首批国家生态工业示范园区、国家首批低碳工业园区试点园区、国家级循环经济示范试点产业园区和全国第三批生态文明建设试点地区。

中新合作不断深化，改革开放取得突破性进展。新加坡—中国（苏州）创新中心正式成立。中新金融创新合作取得突破，跨境人民币4项试点业务稳步推进。借鉴新加坡社会管理先进经验，完善园区社会管理中新合作试点实施方案。积极实施"走出去"战略。苏相合作区、苏宿工业园、苏通科技产业园、霍尔果斯经济开发区、苏滁现代产业园以及苏虞生物医药产业园、CSSD新型城镇化等对外合作开发项目进展顺利，拓展园区发展的战略空间和影响力。全面深化改革和开放创新。率先推进审批制度改革、工商登记制度改革，稳步推进海关监管改革。积极推进服务贸易创新，探索建立全国唯一的"海关特殊监管区域外汇监测服务系统"。推进金融开放创新，开展外商投资企业资本金结汇管理方式改革试点、跨国公司资金集中运营试点。深化推进国资国企改革。实施国企分级分类管理，初步形成"国资办—投资控股公司—国有企业"三级监管架构；持续推进国有企业战略性重组，完成原镇属企业清产核资与重组；开展国有企业经营效益"解包还原"工作，厘清国有企业市场性业务与政策性业务边界；有序发展混合所有制经济。

2.4.2 苏州工业园区的创新系统

1. 覆盖企业、产业和多层面的创新活动

苏州工业园区的企业创新能力无疑是令人瞩目的。2016年，园区万人有效发明专利拥有量88件。共计84家世界500强企业和829家省级认定高新技术企业落户园区。创业企业方面，园区引入了200多家留学生创业团队和10家"创新型科技孵化器"，对创业团队进行指导，科技型企业"携程"、"康宁吉瑞"等都是在园区成长起来的。

在产业创新上，苏州工业园区针对集成电路、动漫与游戏、纳米技术、下一代通信等重点发展产业，打造了20余个科技公共服务平台推进产业共性技术的突破。依靠政府财力对高校和研发机构止步于原理样机的基础研究进一步向前推进，使研究成果更利于最终转化。对于成熟的共性技术，如动漫的撞染技术、纳米的材料制备技术、集成电路的测试技术等都放在公共平台上，供企业付费使用（相当于企业共担成本），这不仅降低了企业研发负担，还催生了一批存在知识互动的关联性企业。例如园区内的苏州纳米城就借助苏州纳米产业研究院、美国加州大学洛杉矶分校的技术研究院等对专业技术的突破：包括微纳米制造（如纳米加工制备）、能环（如纳米电池清洁技术）、纳米新材料（如纳米颗粒、纳米结构材料）、纳米生物技术（如定向药物输送，纳米诊疗）等，带动了整个纳米产业的发展。

从社会创新看，创新在支撑条件和思想认识方面都得到了很好的保障。园区众多科研大楼内除高水平实验室外，还有配备齐全的购物、用餐、健身场所，科研人员甚至不用离开大楼就可完成所有研发与休闲活动；从政策引导看，为鼓励和保障园区创新活动，苏州市政府从企业引进到金融服务到人才补助，制定了一条龙的配套措施，例如：高层次和紧缺人才政策、创新创业后续资金扶持计划、中小企业统贷平台等；从创新文化看：首先，苏州政府特有的创新服务定位与工作人员的"亲校、亲商"理念营造了良好的基础创新氛围；其次，苏州工业园区注重从外部"引智"，对不同文化具有高度兼容性。

2. 开放共享特征明显

苏州工业园区的共享性在表现形式上体现在遍布的各类免费设施：园区主要公共场所都覆盖免费无线网络，并且自2013年起，园区95%的公交全部配备免费无线；园区配有免费乘坐的公交车，各类公园、绿地也免费向公众开放；园区内的苏州独墅湖图书馆建筑面积2.4万平方米，藏书80万册，并与国家图书馆、上海图书馆等众多公共及高校图书馆建立电子平台对接。为惠及园区所有人口，2012年起图书馆设15个社区分馆，全部免费开放；在独墅湖高教区内，苏州工业园区打破传统的"围墙"，采用所有高校和科研机构共用食堂、教学楼和健身馆的布局方式，学生和科研人员都可跨机构授课、选课。此外，工业园内咖啡厅、网球场、攀岩馆等也一应俱全。

设施的共享在更深层次带来的是知识的共享。这些免费和共用的生活设施促进了园区人才与外界及彼此间的沟通，同学、同事、朋友之间的非正式交流随处可见，这种交流与高度一体化组织的内部交流有本质上的不同，它不受束缚，并带来了最新的市场信息、管理经验、技术诀窍，同时也带来了更为异质化的知识碰撞，激发了创新灵感。当然，各类公共技术服务平台也为园区企业分享产业共性知识带来便利。

3. 创新协同性持续增强

苏州工业园区的个体协同体现在各类研究机构、学术院校、创新公司的跨产业高效对接。首先，园区非常重视对各类创新主体的引入：2014年，园区拥有各类研发机构356个，金融和准金融机构514家，这样高密度的集聚本身就方便了创新主体的对接。其次，为促进不同主体的跨产业沟通，园区设立30余个开放实验室，供所有企业和研发机构共同使用，如此某个产业的研究成果就更可能被相近产业发现而实现跨产业协同；为最大限度减少主体之间的搜寻成本，园区还拥有完善的对接机制和网上服务平台。此外，工业园区还引入优质的医院和学校，提供高质量的医疗、教育和科研服务，目前整个园区设有数十家中小学，并引进了美国加州伯克利大学、乔治华盛顿大学等一批名校资源。这些科研院校集聚的高端人才相比原住民更具创新能力和创新精神，并且随着时间的积累，原住民也逐渐被创新文化感染和熏陶，园区的创新文化得到加强。

4. 集群式创新促成强大生态力量

20多年来，苏新工业园遵从了一条"工业集群—高技术产业集群—企业、产业、社会协同创新的区域创新集群"的园区升级路径，具有明显的"产业发展、科教发展和社会发展"的阶段特征。

1994年苏州中新工业园区成立，首期主要是发展金鸡湖板块，定位是在国际直接投资（FDI）的带动下，承接国际产业转移，主动参与国际产业分工。园区规划借鉴了新加坡城市规划经验，基础设施全部按照"九通一平"的高标准，将"生地"转为"熟地"，园区的工业规模迅速扩张，到2001年，苏新工业园累计引进外资项目764个，世界500强企业中的美国通用、艾默生、法国欧莱雅等39家企业先后入驻园区，形成了电子资讯、生物制药、精密机械几大支柱产业，奠定了园区的企业创新基础。

随着知识经济时代的到来，苏州工业园区产业升级的压力日益增加。2002年，园区选择了"硅谷"作为标杆，致力打造"高技术产业集群"。在这一阶段，园区重点发展和培育电子信息、精密机械、生物制药和新材料这四大产业集群，到2006年底，四大高技术产业集群的形态初步形成。为了改善园区的人力资本基础，苏州市政府不惜巨资，在研究生城内引入国内外著名高校的研究院和分校区及国内著名的研究院所，而苏州研究生城后来也成长为融研发与生产为一体的创新综合体——独墅湖科教创新区。伴随着越来越多的国内著名高校的研究院或分校区入驻独墅湖，苏州工业园区又逐步在其周围引入相关产业及中介机构，构建起各类创新主体协同合作的平台。

随着园区人口的集聚及经济多元化发展，苏州工业园区在其"十一五"规划中对自身进行了重新定位：在保留"具有国际竞争力的高科技工业园区"的基础上，增加了"现代化、园林化、国际化新城区"的新定位。在其后苏州市城市总体规划（2007—2020）中也将园区定位为东部新城和市域CBD。随后，园区将行政中心东迁至金鸡湖湖东地区，带动湖东地区的商贸开发，标志着园区开始从一个单纯的生产空间向融生产与生活为一体的综合空间转变。如今，苏州工业园区已远非诸多地区所见到的那种员工白天在这里用智力劳动换工资，晚上去其他区域消费和生活的产业集群，而是成为一个融社会创新精神、城镇基础设施与产业的创新能力为一体的创新生活宜居区域，实现了从工业园区向区域创新集群的转变。苏州工业园区会随着“园带镇”功能进一步释放区域创新集群的知识资本，伴随着大阳澄湖地区的开发，在更大区域范围内实现人的发展、社会发展和产业发展的协同与可持续。

2.4.3 经验分析与建议

苏州工业园区之所以成为迄今为止中外同类项目中最大、最综合的产业园区，其重要原因之一就是遵循“开放创新”战略，积极促进中外合作；原因之二是以共享性的服务设施营造区域集群的创新氛围，加速深层次知识共享。在苏州打造的“企业创新层——产业创新层——社会创新层”这样一个富有层次、循序渐进的创新生态系统中，开放与共享在每一层次的构建与完善中都得到了更深刻的体现。

1. 开放创新提供创新生态系统的源泉

知识经济时代，仅仅依靠内部资源进行高成本的创新活动，已难以适应快速发展的市场需求以及日益激烈的企业竞争。近年国家提倡的“一带一路”战略和长江经济带战略，正是对开放创新思想的卓越应用。无疑，开放式创新已成为创新主体的主导模式，创新资源在更大范围内的配置与流动过程中，集聚要素能量，提供创新生态系统的源动力。

“中外合作”的苏州工业园区的成功经验已证明：良好的创新生态系统的各要素必须要与外界交流，只有新的人才、先进的技术、更优的资本等要素流入创新体系中，才会最大可能的带来并激发创新活力。在与外界交互过程中，吸收区域外乃至国外先进经验，必然能够有效提升本区域创新能力，在开放中共同繁荣。

2. 共享服务设施营造创新生态系统的创新氛围

共享性主要体现在服务设施的共享，打破传统的“围墙”，使大范围的、来自不同领域的人才交流成为可能，这种共享服务设施直接带来更深层次的知识共享。来自不同企业不同行业的技术人员通过这样一种平台进行非正式交流，可以增加园区人才与外界之间沟通的频率，这样就可以以极低的成本了解市场态势，互通前沿技术，促进创新的产生。积极推动共享性服务设施实际上是在形成一个共享性兼开放性的技术沟通平台，促进知识共享与传播，有利于留住人力资本的同时，还能够使得大量的创新思想在正式研发活动之外迸发，从而营造良好的区域创新生态系统的创新氛围。

3. 尖端人才是打造创新生态系统的关键要素

在区域创新生态系统中，尖端人才作为强大的智力资本是带动创新发展的关键要素。尖端人才的引入，不仅会在一般层面上带来区域的研发与创新能力的提升、新技术的加速转化与运用、企业和产业创新能力的提高等优势，更可以在深层次上转变整个区域的创新意识。来自苏州的经验表明，如果常住人口的创新意识没有根本性的变化，在原有的社会结构和住民文化的基础上将难以建立起足以支撑产出领先性的区域创新生态系统。我们认为，政府要大力引进尖端人才，他们会集聚区域其他的技术与研发人才而迸发出最大的创新能量。政府还要打造良好的平台来留住尖端人才，真正实现人才要素的集聚。要着力培养创新人才对本地的归属感，将其变为本地居民，改变区域常住人口的结构及转变创新意识，让集聚的人才要素发挥出最大的创新能量，推动创新生态系统的良性发展。

推动创新生态系统的开放性与共享性发展，还要注重打造体系完善的创新平台，使得“资金——技术——人才”链的各环节的需求都可以在这样的平台中得到及时而充分的满足。也要重视创新生态系统中要素的充分协同，需要加强园区各部门的功能协同，克服政策“碎片化”问题，以此提高创新积极性与向心力，加快区域创新生态系统的发展。

第3章 他山之石:国内外创新生态系统的成功实践

创新生态系统是创新系统化与网络化演进的新体系、新模式,是推进转型、驱动创新的新动力、新方向。国内外在构建有活力的创新生态系统过程中探索出了颇为丰富的创新实践模式,打造了诸多集聚内外资源、推进非线性交互、发挥系统功能协同的成功案例,使创新生态系统真正成为国家或地区核心竞争力爆发的驱动力。系统总结国内外具有代表性、展现丰富内涵的创新生态系统案例,借鉴学习和分享各地在创新生态系统探索中的轨迹、经验,可助力江苏在新时代创新发展中实现新的跃升。

3.1 美国硅谷的创新生态系统

提到美国、谈起创新,必离不开硅谷,硅谷塑造了美国引以为豪的创新品牌。在成功的创新生态系统中,汇聚要素的规模和质量是至关重要的支撑力量,正是有了优质的资金、人才、技术等要素资源,创新力量才有了迸发的强度,围绕创新而形成的合力才更有力度。

3.1.1 硅谷创新生态系统的成功要素

硅谷吸引了全球具有冒险精神的风险资金、敢于具有奇思妙想的创新人才、持续不断涌现的技术以及创新的公司,让创新的活力始终活跃。硅谷创新生态系统是由普通合伙人组成风险投资基金,并向通过严格的筛选程序选择出的具有发展潜力的企业进行投资,为了控制投资风险,风险投资基金会深度参与所投企业的经营管理。硅谷地区的创新能力得益于市场众多可供利用的科技资源、持续交替壮大的科技型企业、政府鼓励创新的新政策和不同区域的主体间互动合伙制的协调创新能力。大学和科研机构是硅谷创新生态系统的核心要素。硅谷依托著名的斯坦福大学，持续产生引领世界的新思想、新技术。诺贝尔经济学奖得主加里·贝克尔认为硅谷附近的斯坦福大学的教授和大学毕业生是创新的重要要素，他们推动了充满活力的新创办公司的建立、发展。企业与大学之间密切的合作，公共和私人的风险性投资以及鼓励研究者创办公司的技术，形成了硅谷创新生态系统的核心功能。

3.1.2 硅谷创新生态系统的发展历程

硅谷创新生态系统经历了四个阶段：半导体时代、个人电脑时代、互联网时代、社交媒体与多元化时代。

半导体时代的硅谷创新生态系统具有三大特征：科学家创业者成为创新核心；科技园在大学第一次建立；开始出现风险投资。20 世纪初，美国国防工业成为硅谷发展的直接推动力。1958 年仙童公司与德州仪器公司分别发明了集成电路，使得半导体工业在 20 世纪 60 年代到 70 年代出现爆发式增长。科学家创办企业、大企业衍生企业和发烧友创业企业作为三类创业企业成为这一时期典型的物种要素。二战以及朝鲜战争时期，硅谷成为当时美国国防工业的集聚地。美国的国防工业为硅谷发展提供了资金支持和技术保障。此外，硅谷的发展离不开斯坦福大学的强有力的支持与参与。1951 年，斯坦福大学创建了斯坦福大学工业园，成为高科技公司集聚地。硅谷电子工业的发展由斯坦福电子工程学院一手扶持起来，斯坦福毕业生或斯坦福教授创办企业数不胜数。风险投资在湾区得到了快速发展，是硅谷培育最好的物种之一。《小企业投资法案》、知识产权保护意识形成对产业的发展也起到了重要作用。创新种群经历了由农业—无线电产业—半导体产业的变迁。19 世纪末，硅谷成为全球最大的水果生产和加工区。1909 年，西里尔·埃尔维尔在帕罗奥图创办了联邦电报公司(FTC)，其真空管扬声器与振荡器获得了海军的订单。1939 年，比尔·休利特和戴维·帕卡德创办了惠普公司。进入 20 世纪 50 年代，肖克利半导体实验室吸引了一批年轻工程师，其中 8 个人创办了仙童半导体公司，此后从仙童公司又衍生出英特尔、AMD 和国家半导体公司等 38 家领军企业。创新群落表现为初步形成了创新生态圈。新思想体现在百万富翁促使一批科学家和工程师创业，承认且注重人的价值等方面；信息流动则体现在自发形成的发烧友社区、科学家和工程师群体的交流等方面；要素循环体现在自给自足的企业群体的初步形成、企业快速代谢机制的形成等方面。从创新生态整体发育情况来看，一种不同于传统的创新模式开始萌芽。硅谷的创新生态在军方订单、斯坦福大学和早期风险投资机构的共同作用下，实现了技术进步，以及创业群体和风险资本的聚集。

个人电脑时代的硅谷创新生态系统的特征则表现为：以车库创业者为核心；工程师文化、发烧友精神和反叛精神并行不悖；风险投资日趋成熟；创业及创新围绕消费市场进行；创新创业获得的巨大财富反哺于创新创业；吸引全美及欧洲的科学家等。进入 20 世纪 70 年代，随着微处理器的发明和现货芯片领域日益激烈的竞争，硅谷的半导体工业逐步转向了更专业化的芯片领域，从而开启了个人电脑时代。这一时期创新物种开始转换，并更替为施乐硅谷研发中心、工程师创业企业、车库创业企业。美国政府制定了优化风险投资环境的一系列政策和发展计划。斯坦福大学成立技术许可办公室(OTL)，负责把发明推销给工业界。风险投资形成了一系列规则完善的退出机制。律师、投资银行成为硅谷这一时期衍生的新物种。创新种群经历由半导体产业——电脑产业的演变。1971 年，英特尔推出了世界上第一台商用微处理器，开启了个人电脑时代的新纪元。1972 年，惠普、德州仪器、卡西欧和准将公司等公司推出了基于英特尔处理器的小型计算器。1973 年，施乐硅谷研发中心研制的 Alto 投入运行。1976 年，乔布斯和沃兹奈克设计出了苹果 I 代电脑。同一时代软件厂商和 PC 兼容机厂商之间形成了互补的网络效应。创新群落呈现出由多方合力铸就形成的创新生态圈。新思想体现在：风险文化开始根植于硅谷、发烧友文化的形成、出现嬉皮士运动并产生反体制情绪三个方面。信息流动体现在：通过横向网络共享技术；PC 企业与软件企业之间的互补网络效应；发烧友社区的成熟；大学与企业联系更加紧密等方面。要素循环体现在：首次移民浪潮；工程师的水平移动；技术人员挑选企业；风险投资市场的成熟；工程师自行更新技术、带着新技术不断创业；专注于跨平台、面向用户的新技术等方面。创新生态整体上形成了初见雏形的创新生态体。创业者通过不断优化产品，赢得消费市场，进而创造了巨大的财富。同时，巨大的财富一部分进入了风险投资，继续支持技术创新和创业，形成了有效的正反馈机制。

互联网时代的硅谷创新生态系统呈现为：以技术创业者为核心；财富神话、另类艺术与无政府主义并行不悖；创新创业围绕新的商业模式进行；天使投资的诞生和风险投资的黄金时代；更加注重研发而不是发明；吸引全世界的技术人才等。20 世纪 90 年代初，硅谷再次陷入了发展困境。伴随外部环境的改变，硅谷再次发生了一次重要革新，这次革新以网络经济的迅速发展为主题。创新物种中天使投资成为创新创业之母。互联网的崛起让硅谷的创业浪潮变得更加多元化，并使得企业数量出现了爆发式增长。企业包括大学生创业、技术人员创业、移民创业三类。1995 年，美国政府默许了整个互联网上的商业活动合法化。“斯坦福创业企业”已经成为硅谷的重要标志，众多的师生依靠在斯坦福的职务发明创办企业。天使投资作为一类群体正式在硅谷出现。创新种群经历由个人电脑——互联网产业的变迁。进入 90 年代，硅谷在计算机硬件设施领域也已实现了全球领先。该时代形成三大产业特色：技术人员引领；服务于普通大众日常生活；软件外包业向印度班加罗尔等地区辐射。创新群落形成了充分流动的创新生态圈，新思想体现在：眼球观念、注意力经济、长尾思维，互联网免费商业模式；硅谷理念向全球开始扩散；强大公司认可先进技术，帮助而非扼杀小公司；竞争从技术创新转移到商业模式；大量看似稀奇古怪或者仅仅是“有意思”的想法不断涌现，有些成为创造奇迹开始。信息流动体现在：1993 年硅谷合作网络的成立；公司的快速创建与关闭释放人才和资本；鼓励实时的毁灭式创新。要素循环体现在：大量亚洲人才涌入硅谷；天使投资的成熟、风险投资的黄金时代；大多数新技术和产品由创业公司发明。从创新生态整体来看，创新生态体基本育成。

社交媒体与多元化时代的硅谷创新生态系统呈现为：与全球进行高端链接的开放创新生态体特征。社交化时代的阶段性特征包括以具有改变世界的创业者为核心；充满未知与机遇（云计算、位置服务、社交应用）；创新创业围绕新的想法进行；非常成熟的天使和风险投资；更加注重应用型研发和整合资源;吸引全世界的"异端"与被全世界所学习和模仿。硅谷通过与创新高地进行高端链接,共同合作研发,实现产业国际化。2000年互联网经济泡沫破灭,硅谷经济再次陷入低潮。硅谷再次发力,成功实现了突破,进入社交媒体与多元化时代。创新物种始于创新梦想,硅谷不断涌现更具时代特色的创业者,包括拥有改变世界梦想的创业者、连续创业者,并出现企业型孵化器。政府制定各种有效的法律政策,为高科技公司服务。MIT媒体实验室研究成果吸引了大批硅谷企业积极参与。一批硅谷的大学人员通过运用新的数字媒体把知识辐射到全球。硅谷的各类投融资机构将资本与其他创新要素紧密联系在一起,形成"簇群社会"。创新种群经历由互联网产业——社交媒体产业的变迁。创新不再局限于互联网等领域,在可穿戴设备、基因技术和清洁技术等领域也保持高度的创新创业热情。创新群落形成运转成熟的区域创新生态圈。新思想体现在:开放成为共识;WEB2.0的催生;众包、众筹开始出现;开放式研发普及。信息流动体现在:移动互联网的交互作用越来越大。要素循环体现在:全球人才涌入硅谷,创意超过技术;新技术和新模式由创业公司发明和推广;天使投资的成熟,众筹模式的出现,大众特别是年轻创始人成为天使投资人。

3.2 以色列特拉维夫的创新生态系统

自2009年以色列作家索尔·辛格的《创业的国度》一书问世以来,短短几年时间里,以色列作为"中东硅谷"、"创业国度"和"创新中心"的形象便在世界范围内获得了相当的关注度。2012年,以色列高科技创业和风险投资界资深人士埃利泽·马诺所写的《从创业国度到智慧国度》一书中,图文并茂地详细解释了以色列的高科技创业生态和成功因素。作为以色列创业与创新的中心,特拉维夫地区在推动创业、鼓励创新与营造创业生态这一方面表现最为突出。特拉维夫的成功得益于三个方面的努力:

一是政府提供优质软硬件服务是特拉维夫创新生态系统成功的重要因素。政府所起到的巨大作用不容忽视。2010年由特拉维夫市政府成立的全球城市办公室,为了精准提炼本市的城市DNA进行了不少尝试,最终决定将特拉维夫打造成国际领先的商业和创新中心。在接下来的几年中，特拉维夫全球城市办公室为服务创新与创业的城市定位，开始着手从三个大的方面推动城市软件与硬件的建设：首先，打造创新性、数字化与无障碍的城市环境特拉维夫政府斥资建设覆盖全市的公共无限 Wi－Fi 网络，提供廉价的公共办公空间；减轻物业税负担；开放政府数据库与档案，举办市政手机应用程序竞赛等等。特拉维夫市政府这些政策与活动的目的，是为了让高科技创业者身处一个开放、无障碍且资源共享的环境中，在公共平台与空间里充分发挥集聚效应、共享资源、增进思想的交流与碰撞。

二是通过城市品牌的全球营销，吸引国际人才与投资，也是一种重要手段。特拉维夫市政府和全球城市办公室在过去几年中一直努力促成一项为吸引外国高科技创业者来特拉维夫工作的“创业签证”，并为吸引外国创业者和公司前来本地开设办公室提供优惠条件和服务。特拉维夫每年举办的国际创新会议 DLD 是以色列最大的国际高科技会议，会议期间有特拉维夫地区创业公司开放日，让更多人走进创业公司了解他们的产品和团队。同时，特拉维夫全球办公室也推出了以“特拉维夫创业城市之旅”为主题的创业生态参观访问，让更多人了解特拉维夫地区的创业生态和机遇，让国际人才与投资者参与其中。鼓励市民参与，推动交流与互动，是特拉维夫的另一条宝贵经验。特拉维夫政府认为，科技创业与创新并不局限在高科技从业人员之间，而是可以渗透进城市生活的各方面，因此如何能让更多的市民、特别是年轻人参与其中，是推动高科技创新的重要方面。为此，特拉维夫市政府在建设智慧城市方面也做出了很多努力，这其中不仅包括推出城市公共服务的手机应用、数字居民卡，还为城市青年居民建立了“社会实验室”，为青年创业者提供会议空间、有经验的职业导师、工作与学习小组等。①

三是制度创新构成了以色列创新系统的独具特征。创造有利于创新发展的管理制度，为创新活力提供可靠保障，实现要素互动的共同准则，推进集聚、共享、交互。以色列的创新生态系统具备三大要素：一是新创公司或科创公司成为创新的排头兵。这类公司成为创新生态系统中的活跃者和主

① 关鹤．全方位政策营造创业生态[N]．文汇报，2014－10－16(004)．

导者，其业务核心是研发出新技术。虽然以色列只有700多万人口，但却集聚了5000多家以研发为发展核心的新创公司，数量仅次于美国。中国创新动力不足或创新成效不彰，与类似新创公司或科创公司严重不足有着莫大的关联。二是风险投资资本的大力支持。风险投资资本是创新生态系统中的营养素，为创新主体的创新活动提供资金保障。在以色列，新创立公司几乎都可以获得风险投资的青睐。2016年以色列高科技企业融资总额高达48亿美元，比2015年的43亿美元高出11%，其中全球私募股权基金在以色列共完成68次投资，投资总额达35亿美元，同比增长14%，创历史新高。三是技术产业化水平较高。以色列通过新技术售卖、创业公司兼并、创业板上市等方式促进科研成果的转化应用，将研发与产业化应用通道打通，实现创新生态系统的内外融合和自我转化。聚焦内在创新，方向非常正确，“不同的创业创新生态系统决定了创业创新的聚焦度、创业创新的实现机制以及创业创新成果的转化率”①。

3.3 印度班加罗尔的创新生态系统

班加罗尔被誉为“印度硅谷”，由于其集中了大量的高科技与现代产业而早在20世纪80年代就被冠以“印度电子之都”、“全球10大高科技城市”等诸多美名。近年来随着生物技术的发展，班加罗尔又成为生物技术发展的“麦加之地”，进驻到该市的生物技术企业占到印度的40%。更重要的是，制造业和生产服务业的迅猛发展带动了诸如零售、奢侈品、银行、会计、法律、广告、建筑、私营教育和医疗等生活服务业的逐渐成熟。从这个意义上讲，班加罗尔正塑造着发展中国家乃至全世界创新型城市建设的楷模。然而同时，随着人口数量的不断增加，班加罗尔作为城市的职能已经不再能满足创新的要求。交通拥堵问题、供水供电不足问题、空气和水体污染问题、城市贫富差距问题等等，都直接或者间接地指向投资环境的恶化，甚至已经开始阻碍到城市下一轮创新的步伐。也可以认为，这座昔日的创新型城市

① 唐烨，陈宪：对标以色列，打造上海创业创新生态系统[N].解放日报，2015-07-09(016).

正在全球化和地方化的冲击之间，以及创新与城市的职能之间，逐渐地走向迷失。

班加罗尔的成功在于对于硅谷和新加坡的积极政策的模仿，其具有适宜的人居环境、优越的基础设施、顶尖的人才集聚、丰富的知识储备，随着印度政府的大力推动和全球价值网络构建等举措，世界500强企业争相设立研发中心，使得班加罗尔的创新系统环境愈益完善①。印度孵化器大致可分为三种类型，即高校政府合作型、私人基金投资型以及外资型——在高校孵化中心，有经验的创业者、高校教师会为学生创业者提供经验分享和创业指导，学生的创新想法也可在第一时间得到高校的资源支持。以印度理工学院孟买分校的SINE为例，它是全印最早的孵化器之一。目前，SINE孵化的78家企业中已有36家成功完成融资。私人基金投资型孵化器则更像“房地产开发商”，为初创公司提供办公空间是其主要优势。2015年9月，塔塔家族的掌门人拉坦·塔塔(Ratan Tata)联合多个政府机构成立印度最大的孵化中心T-Hub。在提供低成本的共享办公空间外，T-Hub还会在公司管理和法律咨询方面帮助初创企业发展，这些都是创业公司在发展初期会遇到的最大难题。至于外资注入型，美国、英国、法国、中国资本都曾输入班加罗尔。例如，法国加速器NUMA曾与班加罗尔共享空间企业Cobalt合作推出城市加速器，将以知识产权为核心，为创业者打造提供办公空间、基础服务的生态环境。中国阿里巴巴也曾计划联手印度GLOBALS公司在班加罗尔建立创业孵化器，专注于移动互联网和移动电子商务产业的初创项目。

科技研发的热潮也是推动班加罗尔成功的要素之一。戴姆勒奔驰(Daimler-Benz)、博世(Bosch)、施耐德电气(Schneider Electric)、三星(Samsung)、埃森哲(Accenture)、简柏特(Genpact)……在这里设立研究团队的跨国公司数不胜数。印度创业市场备受追捧，其初创企业的密度已居世界第三。“我们正与超过200个机构进行合作，以充分发挥技术融合的优势。”神经科学专家Taslimarif Saiyed说，他从德国来到了细胞和分子平台中心(CCamp)主持日常工作。Taslimarif Saiyed认为班加罗尔是理论和实践碰

① 王程韡.反思创新型城市：以印度硅谷班加罗尔为例[J].科学学研究，2011，04：634-640+618.

撞的地方。这个中心内也活跃着一批初创企业,有的在寻找可以诊断动物疾病的工具,有的在探索把藻类转化为生物燃料的方法,还有的受到了肝细胞再生的启示,正在研究人眼再生技术……

3.4 上海张江的创新生态系统

作为信息时代高新科技创新型城市的典范,上海浓缩了各类创新资源,包括研究型大学、新创企业孵化器、金融机构、广告与市场营销公司、开发新产品的人才库和客户群等。近10年来,上海一直积极构建创新生态系统,成千上万创业者散布在这座城市的不同角落,让张江迈入了具有世界一流的科技创新水平的行列。

3.4.1 张江创新生态系统成功的源泉

张江的创新生态系统之所以如此熠熠闪光,源于大量科技资源和人才资源的集聚、良好的创新环境、众多涌现的风险投资、政府的大力支持。在上海,张江地区是最具代表性的科技和人才集聚的地区,成为创新生态系统核心要素资源汇聚区域。上海市张江高科技园区,被誉为中国的硅谷,创建于1992年7月,含张江高科技园区、康桥工业区、国际医学园区,承载着打造世界级高科技园区的国家战略任务。张江园区规划面积79.7平方公里,其中37.2平方公里于2015年4月经国务院批准纳入中国(上海)自由贸易试验区。风险投资家、机构投资者和创新企业家构筑起张江模式发展的运营主体。风险投资者通过吸引养老金基金、大企业、保险公司和银行的投资,将资金投入到新设立的创新型企业。这些企业在成立之时往往都是小企业,这些企业获得风险投资后,以未来的收益作为保障反馈风险投资者。在张江模式中,创新至关重要,通过持续不断的创新,保持企业旺盛的生命力。在张江,真正好的、有市场的创新产品或创新技术成为稀缺的资源。

3.4.2 张江创新要素基本特征

张江创新要素具有三大基本特征:

一是创新要素集聚浓度不断提高。2015年底,张江共汇聚了高新技术企业3883家,从业人员达到81万,高新技术企业总收入13612亿,净利润

1334 亿元。截止 2017 年，张江高科拥有近 10 万平方米的孵化器，用做大量的项目储备，目前孵化物业空间内有超过 300 家孵化企业。目前，张江园区从业人员近 35 万人，其中大专以上学历程度达 56%，拥有博士 5500 余人，硕士近 4 万人。拥有中央“千人计划”人才 96 人，上海市“千人计划”人才 92 人，上海市领军人才 15 人，留学归国人员和外籍人员约 7600 人，涌现出武平、常兆华、于刚、陈天桥等一批自主创新领军人物。

二是资本促使要素互动频率提升。截至 2017 年 3 月 25 日，张江高科累计投资创业投资类项目 99 个。其中，已上市企业 26 家(包括完全退出 8 家)，预披露企业 2 家，拟上市企业 12 家，改制企业 1 家。总投资规模为 37.89 亿元。投资项目以集成电路、信息技术、生物医药及器械以及金融等三个重点方向为主，分别占总投资额的 26%、23%和 16%。张江高科的产业投资主要分为直接投资和委托投资两类，其中通过 FOF 模式参与了 14 只基金的投资，比如武岳峰基金、金浦基金、经纬资本、源星资本等，实施从天使、VC、PE 到产业并购的全投资链布局；基金投资规模累计 17.30 亿元。“直投＋基金双轮驱动”从而形成“投资一批、股改一批、上市一批、退出一批、储备一批”的产业投资良性滚动循环。

三是创新功能不断完善。为了打造全球科创中心，张江试点政企合一的“一元管理体制”，到中期管委会和开发公司分开。如今，张江已经发展成熟的科技园区，需要政府的统筹协调，依靠市场机制的驱动，采用“多元管理体制”。2015 年 6 月，“张江高科”的众创平台“895 营”正式开营。“895 营”逐步淡化传统孵化器房东和房客的关系，更多地强调以“投资＋”的孵化理念，以“虚拟＋实体”的孵化形式，全方位对接创业资源为服务手段。“895 营”由创业营、成长营、上市直通车三大板块组成，报名企业覆盖了种子期、成长期、IPO 项目等在内的不同发展阶段。通过帮助企业匹配与其相适应的创业陪练、天使投资、投贷联动金融服务、对接企业上市的多层次资本市场通道、人才服务、宣传推广、市场拓展等各类资源，为创新创业企业提供全周期、全方位的集成服务。凭借“895”这一载体，“张江高科”从招商引资的“空间提供商”转变为创新创业链的“时间合伙人”，逐渐在资本市场上塑造了“科技投行”的新形象。脱离了“房东”和“房客”的单一关系，很多企业愿意与“张江高科”探索建立“血缘关系”，也正因为这样，企业对房租和商务成本的敏感度大大降低，“张江高科”作为园区开发主体，有效实现了与众多园区创新主体的和谐共处。

在张江创新生态系统中，囊括了政府机构、大学教授、研究人员、企业家、投资风险家以及各类中介机构、非正式社区组织等在内的不同主体，各主体各司其职，在系统中发挥着各自的功能。作为创新环境的创造者和培育者，上海政府致力于张江基础设施建设，兴办各类职业与技术类教育，为企业培养各梯级的人才。大学则是人才培育的基地，依托国家级上海光源工程项目，引进了上海科技大学、复旦大学软件学院、北大微电子研究院等全国一流科研机构和大学。通过教育资源的快速集聚，一方面可培养大量可用人才，另一方面也可通过学校的科研资源和平台，推进学校老师和学生创办企业或在企业任职，从而将大学科研方向与市场需求进行有效结合。在这一方面所开创的制度突破与创新至今仍被津津乐道，比如允许学生暂时休学创业但保留学籍、允许教授实质参与或指导企业研发、学校慷慨释放知识产权使用、对教授创业提供直接资金支持等。这些微观措施对张江创新生态的持续发展，对保持创业文化的作用不可低估。各类投资人在创新生态系统中也发挥了举足轻重的作用，1.5 万个天使投资人成为张江创新事业发展的伯乐。由于绝大多数投资人都有在科技公司任职的丰富经历，因而投资人对创新的把握有着独特的视角，他们通过合约的方式实现了企业家与投资人间的相互学习和扶持。从这个意义上讲，资本也是创新力的重要来源。在张江，企业新陈代谢效率很高，由于风险高和竞争度高，企业必须通过多途径学会生存，因此企业也就拥有了试错、纠错的机会，并进而产生了鼓励创新容忍失败的文化，也成就了一大批愿意承担风险的企业家。此外，张江还拥有一大批支持创新活动的间接参与者，构成了创新生态系统的外层主体，如律师、会计人员、行业专家、培训咨询人员、孵化器、监管者等，这些参与者通过风险投资网络、专业技术网络、非正式社交等三个网络支撑系统的运行，在系统相互交叉基础上，通过互联网放大系统的功能。在这种开放式生态系统下，小企业如雨后春笋般大量涌现，据统计总部设在张江的中小企业约有 1 万家，3/4 的公司为 5 人以下的小公司。创新要素集聚、交互增强、功能弯身使得张江基于创新实现源源不断地创造着财富及就业机会。

3.5 深圳的创新生态系统

近年来，深圳市经济发展稳步增长，经济结构日趋优化。2008年受世界金融危机影响，我国经济面临严峻考验，经济增长速度逐渐回调，经济增长速度从2009年的9.2%下降到2014年的7.4%，2016年深圳经济增长速度攀升至9.0%，2017年达到8.8%逐步恢复高速增长。从三次产业的构成来看，深圳经济以二三次产业为主体，三次产业所占比重高于二次产业所在比重，以硬件制造为代表的二次产业和以现代服务业为代表的三次产业，推动经济结构逐步优化。

深圳市逐步建立起以基础研究为引领，以应用研究为主导，根据市场和产业发展的需求，以企业为核心，政府支持为特色的创新生态体系。形成了由重大基础设施、重点实验室和工程中心组成的基础研究体系，由工程实验室和技术中心组成的技术开发体系，由公共技术服务平台和孵化器组成的企业服务孵化体系。截止到2015年，深圳市共有创新平台1283(除孵化器外)个，建设了国家计算机深圳中心、国家基因库两家国家重大基础设施，重点实验室242家(其中国家级14家)，工程中心286家(其中国家级7家)，工程实验室315家(其中国家级7家)，技术中心214家(其中国家级20家)，公共技术服务平台138家，孵化器154家。另外以光启研究院、华大基因、清华大学深圳研究院和中科院深圳先进技术研究院为代表新型科研机构在自主创新和创新成果产业化等方面成效显著。

创新可以推动产业转型，产业也可以服务于创新。目前深圳市已经形成以高新技术产业为主导，以四大支柱产业为支撑，以六大战略性新兴产业为发展方向的现代产业体系。2016年，深圳市四大支柱产业合计增加值为12239.05亿元，占全市GDP比重为64.78%，其中：金融业增加值2780.07亿元，比上年增长15.9%；物流业增加值1949.03亿元，增长9.4%；文化产业增加值1116.43亿元，增长7.4%；高新技术产业增加值6393.52亿元，增长 13.0%。深圳是全国第一个获得联合国教科文组织“设计之都”称号的城市。工业设计、平面设计等设计产业全国领先，获 iF 国际设计奖数蝉联全国首位。主要产业园区包括深圳国家动漫画产业基地、田面设计之都创意产业园、中芬设计园等。代表性本土企业包括华强文化科技、嘉兰图设计等。2016 年全市六大战略性新兴产业合计增加值达到 5695.24 亿元，占全市 GDP 比重为 36.42%，其中生物产业增加值 264.58 亿元，比上年增长6.4%；互联网产业增加值 630.05 亿元，增长 15.5%；新能源产业增加值 402.83 亿元，增长 8.6%；新一代信息技术产业增加值 2808.79 亿元，增长 13.9%；新材料产业增加值 419.69 亿元，增长 6.8%；文化创意产业增加值 1698.13 亿元，增长 14.5%。以四大支柱产业和六大战略性新兴产业为主体的创新产业的稳步发展，未来产业的率先布局，完善了创新产业链体系，夯实了深圳创新生态体系的发展。

自主创新的核心是科技创新，科技创新的主体是科技型企业，科技型企业的规模与质量决定了科技创新的质量与水平。2016 年深圳市科技型企业已超过 4 万家，一批高成长性的创新型中小企业发展活跃，全市国家级高新技术企业达到 5524 家，其中销售额超千亿元的有 3 家，超百亿元的 17 家，超十亿元的 157 家，超亿元的 1203 家。依托科技创新，不少企业发展迅猛，同时也成为创新型企业的“孵化器”。经过多年的发展，华为成为全球最大的电信设备商，其创新溢出也逐渐显现，大量从华为离职的员工依托华为的创新文化自立门户创办了一批创新企业；以极具互联网创新思维的腾讯集团，其创新溢出效果也非常明显，如 3W 咖啡、脸萌等均由腾讯离职员工创办。相当规模的科技型企业和大量创新企业诞生，为深圳市自主创新能力的提升创造了条件。

自主创新的最终落脚点是人才，人才是自主创新的核心要素，经济、科技竞争的实质是人才的竞争。庞大的人才资源是深圳自主创新的竞争力源泉。截止到 2016 年全市技能人才总量 280.57 万人，同比增长 7.6%；其中初级工 99.90 万人，中级工 122.85 万人，高级工以上 57.82 万人。全市专业技术人才总量达到 132.94 万人，同比增长 8.16%；其中高级职称的有 11.38 万人，中级职称的 31.48 万人，初级职称的 65.91 万人，其他专业技术人员

24.18 万人。高层次专业人才方面，2016 年认定高层次专业人才 651 人，其中，杰出人才 4 人，国家级人才 36 人，地方级人才 212 人，后备级人才 399 人；累计认定高层次专业人才共 3011 名，其中杰出人才 9 名、国家级领军人才 185 名、地方级领军人才 1333 名、后备级人才 1484 名。

近年来，深圳深入实施创新驱动发展战略，发挥科技创新的引领作用，全社会研发投入占 GDP 的比重，从 2012 年的 3.81%升至 2016 年的 4.1%，研发投入强度全球仅次于以色列。战略性新兴产业增加值从 2012 年的 3878.22 亿元增长至 2016 年的 7847.72 亿元，年均增速 15.9%，占 GDP 的比重逐年提升，从 29.9%增长至 40.3%，对 GDP 的贡献率提高至 53%左右，加快建设现代化国际化创新型城市和国际科技、产业创新中心。

在创新产出方面，高强度的研发投入，涌现出大量的创新成果。华为公司在第四代移动通信 TD-LTE 技术上的核心专利已经占到全球的 25%；光启在超材料领域的专利申请量占到全球的 85%以上；华大基因的基因测试能力约占全球的 50%；大疆科技无人机占领全球民用小型无人机 50%以上的市场份额；中科院和深圳市政府联合建设的中科院先进技术研究院，其科研成果已经占了整个中科院系统的 1/10，还培育了上百家企业。根据世界知识产权组织发布的最新报告显示，深圳华为技术有限公司 PCT 国际专利申请量超越日本松下公司，成为 2014 年度的最大申请者，美国高通公司排第二，深圳中兴通讯排第三，深圳腾讯科技、深圳华星光电、京东方、深圳华为终端分列第 17、23、34 和 46 位，中国企业进入全球前 50 名的 6 家企业中有 5 家来自深圳。

3.6 中关村的创新生态系统

3.6.1 高端要素聚集态势明显，创新创业生态系统初步形成

高端人才加速聚集，成为年轻人创新创业的乐土。2016 年，中关村“人才特区”建设成效显著，从业人员 231.6 万人。从学历结构看，2016 年，中关村拥有本科及以上学历人员占从业人员的比重为 53.2%，占比较“十二五”初期提高 4.1 个百分点。其中，硕士和博士学历的从业人员达 26.3 万人和

2.5万人，分别占10.6%和1.0%。中青年成为双创的中流砥柱。2016年中关村创业者平均年龄为39.1岁，其中30岁及以下创业者占22.4%。随着创业品质的提升，中关村优秀企业家和创业新锐在国内外的影响力进一步增强。程维、王兴等18人入选"中国40位40岁以下商业精英"榜单，占全国的近五成；28人入选2017年《福布斯》发布的"亚洲十大领域30位30岁以下杰出青年"榜单，占我国入选创业者的近五成。① 科技金融创新不断深化，科技与资本对接机制逐步完善。中关村创业投资、上市融资、债券融资、科技信贷等融资体系不断完善，知识产权质押、信用贷款和担保贷款、小额贷款等科技金融服务不断创新。2016年中关村发生股权投资案例1961起，已披露股权投资金额1054.0亿元，均占全国的近四成，稳居全国首位；新增上市企业20家，其中境外上市6家，截至2016年底上市企业总数达300家，累计首发融资约2900亿元。

创新创业服务体系日益完善，服务新模式不断涌现。中关村聚集了一大批创新型孵化器、信用评级机构、知识产权机构、行业协会、开放实验室等创新创业服务资源。中关村创新创业服务不断迭代升级，截至2016年底，形成了以97家创新型孵化器、29家大学科技园、26家特色产业孵化平台为代表的创新与创业相结合、线上与线下相结合、孵化与投资相结合的双创服务体系，创新创业服务机构达1000余家。中关村一批成功企业家、天使投资人、平台型企业等社会资本投资创建了天使汇众筹、京东众包、科技寺众创、百度开放云众等创新型孵化器；以中关村创业大街为代表的 创业聚集街区和以回龙观双创社区为代表的创业社区持续完善中关村创新创业生态圈，腾讯众创空间、乐邦乐成、优客工场、极创实验室、亮中国等一批标志性众创空间和创新型孵化器项目落地全国首个"双创社区"—回龙观创新创业社区。

3.6.2 自主创新能力快速提升，率先形成创新驱动发展格局

创新投入快速增长。2016年，中关村创新人员和科技经费投入规模均创历史新高。中关村企业拥有科技活动人员企业科技活动人员65.7万人，

① 赵弘. 中关村指数报告[R]. 北京：中关村创新发展研究，2017.

较上年增加约 6 万人；企业科技活动经费支出高达 1972.4 亿元，同比增长 11.1%。按照科技部火炬中心的新核算标准，2016 年中关村企业研发支出达 574.6 亿元，同比增长 15.5%；占北京全市企业研发支出的 85.3%；占全部国家级高新区研发支出总额的 10.36%，位居全国高新区首位。从创新投入强度来看，2014 年每千名从业人员拥有科技活动人员达 264.4 人；中关村 R&D 经费内部支出占增加值的 10.7%，高于同期北京市创新投入强度 4.7 个百分点。从企业层面来看，2014 年中关村科技活动经费超亿元的企业达 251 家。

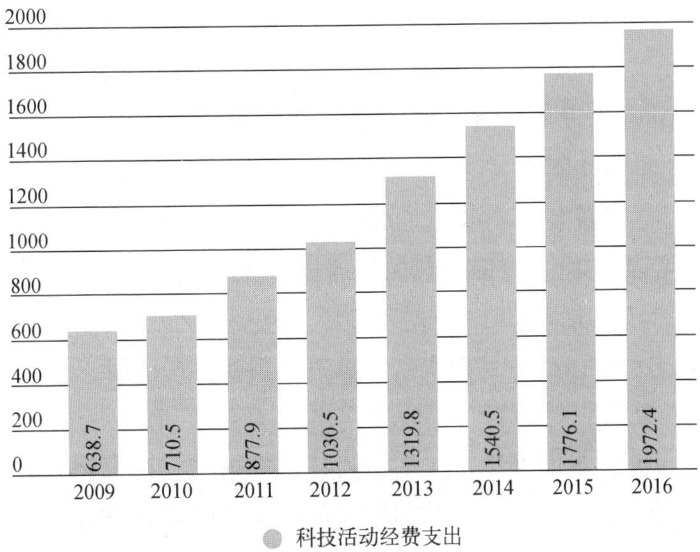

图 3-1　2009—2016 年中关村企业科技活动经费支出(亿元)

创新成果高质高效。2016 年，中关村企业专利申请 69217 件，获得专利授权 36336 件，分别占北京市的 36.6%和 36.1%。从专利类型来看，59.4%为发明专利申请，2016 年中关村企业发明专利申请 41127，同比增长 8.7%；发明专利授权共 14782 件，占中关村企业专利授权总量的 40.7%。从创新效率来看，2016 年中关村企业万人发明专利申请数 278.8 件，连续五年攀升；中关村每百亿增加值发明专利申请量为 657.6 件、每百亿增加值发明专利授权量为 236.4 件、每百亿增加值有效发明专利量为 987.8 件。

图 3－2　2009—2016 年中关村企业专利申请与授权量(件)

技术交易实现突破。2016 年,中关村技术交易异常活跃,企业输出技术合同 54710 项,合同成交额 3067.5 亿元,比上年成交额增长了 5.8%,占北京市技术合同成交额的 77.8%。从技术合同类型看,近年来,中关村技术外溢带来的成效日益突出,约有近八成的技术合同流向京外,跨区域技术辐射能力持续增强。其中,流向津冀两地的技术合同 3012 项,较上年增加 447 项;成交额 136.4 亿元,同比增长 52.6%。创新协作纵深发展。中关村担当京津冀协同发展先锋,一是探索京津冀三地制度共享机制。中关村积极争取国家食药总局的上市许可人制度试点推广至天津、河北,为京津冀生物医药产业协同提供制度保障。二是加强技术辐射带动津冀产业转型升级。2016 年,中关村企业输出到津冀的技术合同达 3012 项,成交额 136.4 亿元,同比增长 52.6%。截至 2016 年底,中关村企业在津冀两地设立分支机构 850 家,较上年增加 126 家。三是“双创”平台落户津冀两地。中关村知名的创新服务企业已经走出北京,在天津、河北担当创新创业服务平台建设的生力军。截至 2016 年底,36 氪、北服创新园、创业公社等 20 多家孵化器在津冀设立分支机构 93 个。四是围绕“4＋N”重点区域,加快天津滨海—中关村科技园、保定。中关村创新中心等合作园区或基地的建设。截至 2016 年底,天津滨海—中关村科技园共有 45 个项目集中签约,总投资规模超过 350 亿元。

战略性新兴产业集群日益壮大,现代服务业支撑示范区创新发展。中关村“六大优势产业”和“四大潜力产业”继续保持良好发展态势,整体实力不断增强。2016 年,人工智能、石墨烯、分享经济等新技术、新产业和新业态在中关村竞相崛起，部分领域已经抢占全球新经济“制高点”。例如分享经济方面，中关村拥有2000余家涵盖出行、住宿、知识分享、生活服务的分享经济企业，引领全球发展新潮流。滴滴的跨境出行合作网络已触达北美、东南亚等地的1000多个城市，服务全球六成人口，将中国移动出行模式惠及全球。高技术产业、现代服务业等“高精尖”产业快速发展，2016年，中关村高技术产业实现总收入1.7万亿元，同比增长11.6%；现代服务业实现收入3万亿元，同比增长11.4%，近五年占比始终保持六成以上，成为中关村经济发展的压舱石。

3.6.3 潜力企业持续涌现，领军企业引领作用不断增强

创新创业企业成长潜力凸显。近年来，中关村新创办科技型企业逐年增加，2016年，中关村新创办科技型企业24607家，约是“十二五”初期的5.8倍。企业规模实力不断增强。2016年，中关村瞪羚企业创新能力不断增强，中关村拥有5054家瞪羚企业，实现总收入4526.2亿元，同比增长23.5%，增速约是中关村整体水平的2倍。

领军企业市场主导地位持续增强。2016年，中关村全年收入超过亿元以上企业共3273家，较上年增加306家，越来越多的高成长性企业新晋跻身“百亿企业俱乐部”，收入过百亿企业达73家。其中，中关村独角兽企业达65家，比上年增加25家，总数占全国一半，仅次于美国硅谷，成为全球独角兽数量排名第二的区域。65家独角兽企业总估值2137亿美元，其中小米(460亿美元)、滴滴出行(338亿美元)、美团点评(180亿美元)3家企业估值超过百亿美元。

企业京外布局节奏加快。2016年，中关村企业设立京外分支机构达12068家，较上年增加805家。其中，境内分支机构达9053家，遍布国内所有省级行政区。同时，2016年中关村企业发起的境内跨区域并购案例256起，较上年增加4起，占中关村企业境内并购案例总数的近五成。中关村企业频频聚焦前沿技术开展并购。如绿盟科技收购大数据公司阿波罗云，将自身的网络安全技术与阿波罗云在基础网络领域的技术优势相结合，实现可运营的安全云。随着中关村企业在京外的不断拓展，企业对外辐射收入也不断增长。以上市企业为例，2016年中关村上市公司(不包含退市、停牌

及过会未发行的企业)合并报表营业收入 3.5 万亿元,其中对外辐射收入超过 2.6 万亿元,占上市公司合并报表总收入 73.4%。

3.6.4 国际资源配置能力日益增强,国际化发展步伐加快

国际资源引入质量不断提升。2016 年,中关村外籍专家人数达 9779 人,同比增长 14.6%。截至 2016 年底,"《财富》世界 500 强"企业中,共有英特尔、微软、IBM、西门子、三星、埃森哲、惠普、索尼等 130 家企业在中关村示范区设立子公司或研发机构,硅谷 Plug & play、以色列 Trend lines 等企业和国际顶尖孵化器纷纷落地中关村,苹果、微软等知名跨国公司和科技巨头纷纷在中关村设立分支机构。

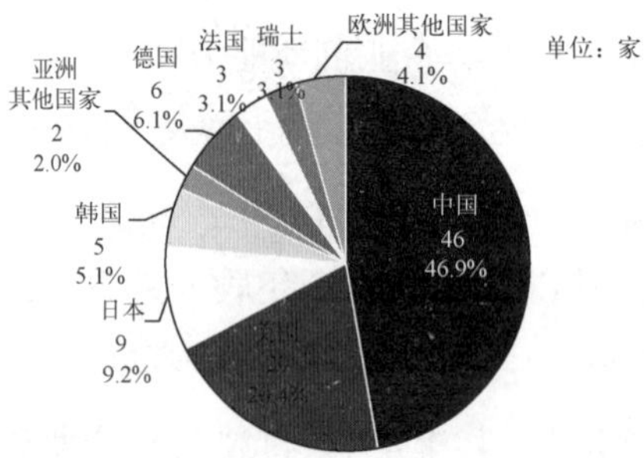

"世界 500"强企业来源地	在中关村设立了子公司或研究机构的典型企业
中国	联想集团、中国中铁、中国航空工业集团、北京汽车等 46 家企业。
美国	惠普、谷歌、IBM、英特尔、思科、甲骨文等 20 家企业。
日本	日立、松下、索尼、佳能、东芝、富士通等 9 家企业。
德国	戴姆勒、西门子、宝马、拜耳医药等 6 家企业。

图 3-3 在中关村设立子公司或研究机构的"世界 500 强"企业按国家分布

国际拓展能力显著提高。2016 年,中关村企业实现出口 257.9 亿美元,占全市 47.9%。2016 年,企业境外专利申请量再创新高,PCT 专利申请量达 3187 件,占北京全市的 47.9%;企业获得的欧美日三方专利授权量有 1852 件,同比增长 75%。

海外并购交易和境外直接投资持续活跃。2016 年,中关村企业延续了去年海外并购热潮,共完成海外并购案例 52 起,较上年增加 15 起,并购金额为 685.6 亿元,同比增长 15.7%。如鼎汉技术收购德国艾思玛铁路 100%股权,通过并购完善公司车载辅助电源序列的产品,实现业务协同并提升研发技术实力,进一步打开国际市场。

第 4 章　从创新生态系统到创新力场：一个新概念的提出

创新生态系统的实践发展和案例分析，给人以很多的启发，但也给人以思考。什么样的创新生态系统才能更好地推进一个地区创新能力的提升，形成更加强大的创新活力，占据创新发展的高峰。这就需要我们去探究创新生态系统的内在本质，在理论和实践上创新和突破，从而把握创新生态系统的生成和演化机理。本章提出创新力场这样一个新的概念，在于更深刻地理解创新生态系统发展的特点及规律，从而更好地指导创新驱动发展的实践。

4.1　创新生态系统的生成背景

随着科学技术的不断发展，经济全球化程度不断提高，各国在经济、政治、文化和社会等方面均出现了全球融合的态势，但各国并未表现出“均质化”的特征。相反，以城市为核心单位、以创新为核心竞争力的区域经济发展更多地受到人们的关注（如美国硅谷等）。随着专业化水平的不断提高，发挥地区竞争优势，提高地区创新水平是现代经济发展的重要问题。创新生态系统（Innovation ecosystem）的提出和兴起，既是创新理论的演进，也是创新政策的实践选择。近年来，创新生态系统之所以成为创新理论研究和实践探索的热点领域，有其特定的理论渊源和时代背景。

4.1.1　创新理论的演进

从创新理论发展脉络看，网络与联系正成为创新效率提升和创新价值实现的关键因素。1912 年，Joseph Schumpeter 第一次提出了创新的概念[①]，之后的一个多世纪来，创新这个概念被不同学科、不同领域和不同研究视角的学者赋予了不同的内涵，创新模式也在经历了技术推动、需求拉动、技术—市场交互作用、集成创新等四个主要阶段之后，进入了以网络模式（第五代）和以开放式创新为主要特征的第六代创新模式阶段，创新主体之间、创新要素与外部环境之间的互动、共生与协同，成为推动创新价值实现的关键因素[②]。创新过程越来越表现为跨区域、跨国界、跨学科，纵向或横向，正式或非正式，具有高度动态特性的网络状的知识联系结构要素融合，参与创新的主体也愈发多样化，这些都促使人们从环境出发去探究创新产生的背后因素，需要人们运用生态学的方法和理念来动态地看待科技创新。

4.1.2 创新政策的实践

从全球创新发展实践看，科技创新正成为决定国家、区域兴衰的战略焦点。世界各国都不约而同地把科技创新作为发展的核心战略予以推进，例如日本发布了《第四期科学技术基本计划（2011—2015）》，提出要以技术革新为重点，提高潜在增长力，强化科技支撑新兴产业和提高国民生活质量的能力；欧盟公布了《地平线 2020》规划，以国际前沿和竞争性科技难点为主要内容，将利用科技创新促进增长作为明确的思路；美国发布了《美国竞争力与创新能力（2012）》报告，奥巴马政府连续颁布《美国创新战略：促进可持续增长和提供优良的工作机会》、《重整美国制造业政策框架》等战略规划，优先支持生物医药、先进制造、气候科学、网络安全、自然资源管理、空间探索等前沿研发，梳理提出了一批依托强化创新能力提升国家竞争力的长期举措；英国发布了《加速经济增长》报告，围绕"从概念到商业化"，瞄准能源、健康与医疗、高端制造等优先方向、关键领域建设技术创新中心；德国推进工业 4.0 战略，得到德国科研机构和产业界广泛认同，核心就是大力发展智能工厂、智能生产、智能物流，推动制造业向智能化转型，使德国成为新一代工业生产技术的主导国家，巩固其制造业的全球领先地位；韩国发布《第三次科学技术基本计划》，致力构建"创造经济"生态系统；新加坡专门聘请"竞争

① Joseph Schumpeter. Theory of Economic Development. the United States: Harvard University Press. 1934.
② 陈劲，李飞. 基于生态系统理论的我国国家技术创新体系构建与评估分析[J]. 自然辩证法通讯，2011，33(1)：61-66.

战略之父"波特设计总体方案，确立研发创新导向，大力发展知识型经济，实施21世纪产业计划和21世纪科技企业家计划，经济发展活力持续增强；俄罗斯发布了2020年前创新发展战略，大力推进国家创新体系建设，全球各国之间的科技创新竞争日趋激烈。在企业创新模式方面，苹果是创新生态系统的典范，以iTunes、iOs为软件平台，以iPod、iPad、iPhone为硬件载体，以大量APP为内容应用提供，建构起独特的竞争优势，苹果以一个创新"顶级掠食者"的姿态形成了一个"创新生态帝国"。在这样的背景下，谁拥有更高的创新效率和更优的创新生态系统，谁就能抢占科技制高点，谁就能率先实现创新驱动发展。

4.1.3 区域竞争的变更

当代区域(国家)的竞争实际上经历了三阶段的演进。第一阶段为要素竞争。在20世纪80年代前，城市、区域或国家之间的竞争更多是要素竞争。各类创新要素是城市竞争力的核心来源，谁拥有高等级的生产资源、创新要素，谁就能在竞争中取得胜利。例如，18世纪第一次工业革命期间兴起和发展起来的一批城市如曼彻斯特等就在很大程度上得益于其良好的区位(靠近河流和棉花产地)条件并拥有得天独厚的自然要素资源。第二阶段为结构(体系)竞争。20世纪80年代，C. Freeman在考察日本国家创新体系时，提出了创新体系的理论。创新体系理论的提出，说明单纯拥有创新要素也未必拥有竞争优势，一个城市或区域的竞争力，不仅仅取决于创新要素的数量和质量，更取决于创新要素的组合和结构，也就是取决于创新要素与创新要素有机链接所形成的系统结构。第三阶段为功能(生态)竞争。21世纪初，美国提出创新生态系统的理念[①]，标志着竞争研究的视角从系统的结构转向了系统的功能。这一阶段，是否拥有核心竞争力、能否取得创新竞争的胜利，不完全取决于是否拥有结构完备的创新系统，还取决于创新系统的功能发挥程度。结构化、可复制的创新系统开始为生态化、独特性的创新生态系统所取代。因此，创新生态系统的提出标志着国际城市或区域之间的竞争已经由传统的要素型竞争、结构化竞争转向为功能性、生态化的竞争。

① Council on Competitiveness. Innovate America: Thriving in a world of challenge and change[R]. Washington. DC: Council on Competitiveness. 2004.

4.1.4 国家战略的呼应

2012年7月召开的全国科技创新大会明确提出要大力推进和深化国家创新体系建设,同年11月召开的党的十八大则明确提出要实施自主创新战略,深化科技管理体制机制改革,推动科技和经济紧密结合,加快建设国家创新体系。党的十八届三中全会则对包括科技体制机制改革在内的全方位改革进行了全面部署,并确立了推进国家治理体系和治理能力现代化的改革总目标。2016年5月召开的全国科技创新大会提出大力实施科教兴国战略和人才强国战略,坚持自主创新、重点跨越、支撑发展、引领未来的指导方针,全面落实国家中长期科学和技术发展规划纲要,以提高自主创新能力为核心,以促进科技与经济社会发展紧密结合为重点,进一步深化科技体制改革,着力解决制约科技创新的突出问题,充分发挥科技在转变经济发展方式和调整经济结构中的支撑引领作用,加快建设国家创新体系,为全面建成小康社会进而建设世界科技强国奠定坚实基础。党的十九大报告特别强调了创新是引领发展的第一动力,是建设现代化经济体系的战略支撑。提出要加快建设创新型国家,建设科技强国、质量强国、航天强国、网络强国、交通强国、数字中国、智慧社会等目标。

许多学者从不同层面对创新生态系统开展了研究,对创新生态系统的概念内涵、构成要素、类型特征进行了探讨,但关于创新生态系统区域特点的研究仍属于薄弱环节。实践的发展,需要面向区域特色、政策设计,从国家战略和区域发展战略的角度加以深化和发展,更好地探究创新生态系统的提升问题。

4.2 创新生态系统的内涵

4.2.1 创新生态系统的含义

创新生态系统是创新范式演进的结果。“创新”一词最早是由美国经济学家熊彼特(1912)提出。他提出的创新是一种毁灭式的创新,主要有开发新产品,使用新的生产方法,发现新的市场,发现新的原料或半成品,创建新的产业组织五个方面。创新自被提出以来跨越了三个阶段,创新范式1.0到创新范式 3.0，将创新朝着更注重全面化、全方位化推进，下面借鉴李万，常静等(2014)①对创新范式 1.0 到 3.0 的对比进行分析(见表 4-1)。

表 4-1 创新范式的对比

	创新范式 1.0	创新范式 2.0	创新范式 3.0
时段	线性范式	耦合交互创新	创新生态系统
理论基础	新古典经济理论和内生增长理论	国家创新体系	演化经济学及其发展
创新主体	强调企业单体内部	政产学研用	产学研用“共生”
价值战略重点	自主研发	合作研发	创意设计与用户关系
价值实现载体	产品	服务+产品	体验+服务+产品
驱动模式	技术	用户/人	多主体驱动
创新模式	集中式内向型创新	考虑外部性协同创新	生态系统化跨组织创新
创新出发点	在内部纵深结构的研究战略下研究专业技术	以用户为中心，以社会实践为舞台的用户参与的创新	多主体参与，多要素互动的过程中，作为推动力的技术进步与作为拉动力的应用创新之间的互动推进科技创新
创新特点	创新扩散、外部性效应	以共同创新、开放创新为特点	一方面以用户导向的创新，另一方面以生态位思想为基础对技术演化作了新的诠释，继而发展出战略生态位管理等
创新驱动模式	需求+科研双螺旋	政府+企业+学研需求+科研+竞争三螺旋	政府+企业+学研+用户；需求+科研+竞争+共生四螺旋

资料来源：《创新 3.0 与创新生态系统》(李万等)

创新生态系统是多个子系统的集合系统。创新生态系统是以企业、大学和科研机构为中心，科研与生产相结合，集外部环境、内部科研、硬件条件、软件条件和人才为一体，形成“政府(公共机构)——企业(产业)——大学科研——用户”的四螺旋创新范式，包含多方主体，协调外部环境，注重整

① 李万，常静，王敏杰，朱学彦，金爱民. 创新 3.0 与创新生态系统[J]. 科学学研究，2014，(12)：1761-1770.

体发展，实现利益共赢。2016 年 11 月 10 日，世界经济论坛中国理事会发布了《中国创新生态系统》报告。根据中国创新生态系统的现状，良好的创新生态系统包括高等院校、科研院所、科技企业等创新主体，能够提供投资和资本的金融机构和生态系统所依存的稳定的宏观经济环境，还应有适于科技资源配置和流动的体制机制，鼓励创新的包容性文化以及适当的知识产权保护力度等。

创新生态系统是一个共生、共享、共赢的系统。创新生态系统的服务对象不仅包括行业、企业，只要是可以利用创新生态系统资源的任何主体都可以成为受益者，例如政府、消费者、高校及科研院所。企业、高校、科研院所以及金融机构等其他机构或企业形成一个各类资源的集中营，能够对系统内资源进行再配置，形成更高效的资源利用机制，促进经济社会的发展。因此，创新生态系统就是指创新的各个机构、企业的资源整合再分配，任何个体都不是孤立存在的，通过资源、知识的交换与其外部环境形成相互联系不可分割的整体。创新范式新一轮的变革与升级从工程化、机械化的创新体系迈向生态化、有机化式的创新生态系统，其本质是一个由相互连接的组织构成的网络，这些网络围绕一个核心企业或平台，同时由生产方和用户方参与者构成，在此基础上通过创新实现价值创造和共享。

创新生态系统是一个不停演进的动态系统。创新生态系统集合了创新过程和创新系统的高度动态性，把创新要素间的动态的复杂交互型的关系组合看作一个有“生命”活力的生态系统，①成员通过协同合作、交互运行和市场竞争，达到共同演进。新的政策和制度变化可以使创新生态系统以新方式生长，创新系统中不同行动者之间的交互作用使各主体相互联系、共同演化。② 一个健康的创新生态系统并不是为了实现固有网络形态下的最优产出，而是通过资源、知识网络、有效的学习和共同选择的互补能力，实现主体与环境的动态演化，最终形成自适应、自调节和自组织的复合体。③

---

① 朱学彦，吴颖颖．创新生态系统：动因、内涵与演化机制[A]．中国科学学与科技政策研究会．第十届中国科技政策与管理学术年会论文集——分 4：创新与创业（Ⅰ）[C]．中国科学学与科技政策研究会：，2014：8.

② 曾国屏，苟尤钊，刘磊．从“创新系统”到“创新生态系统”[J]．科学学研究，2013，(01)：4－12.

③ 陈健，高太山，柳卸林，马雪梅．创新生态系统：概念、理论基础与治理[J/OL]．科技进步与对策，2016，(17)：153－160.

4.2.2 创新生态系统与其他相关概念的对比

创新生态系统与其他创新概念有着明显的差异。见表 4-2。

表 4-2 创新生态系统与其他相关概念的对比[41]

相关概念	联系与区别
创新网络	创新生态系统本质上是一种网络组织，是更广泛多样的网络形式的一种，具有层次化结构，其所处的外部环境也称为又交易关系构成的网络，因此生态系统由许多子网络构成，同时又是更大范围的网络的一部分。
创新系统	创新系统是对组成系统的诸要素、要素之间的关系、系统结构、系统流程及系统与环境之间的关系进行动态的、全面地组织的过程，以促进系统整体功能不断升级优化。所以创新生态系统和创新系统都是动态的，全面的，但生态系统更重视市场机制及文化等非正式的因素。
产业集聚	产业集群可以看作一个新的产业空间组织，产业集群把区域经济视为相互依赖的企业和机构的地理集聚，集聚强调的主要是地区的集聚，而生态系统则在同一地点；集聚强调的是产业间的互动与竞争，而生态系统强调的是多主体的互动；集聚侧重于生产方，而生态系统既包含生产方也包含需求方和第三方。
商业生态系统	商业生态系统就是由组织和个人所组成的经济联合体，其成员包括核心企业、消费者、市场中介、供应商、风险承担者等，在一定程度上还包括竞争者，这些成员之间构成了价值链，不同的链之间相互交织形成了价值网，物质、能量和信息等通过价值网在联合体成员间流动和循环。
产业创新生态系统	产业生态系统是由产业群体与其支撑环境组成的一个整体，通过要素、信息及资金的传递，相互关联、自我调节，从而使整个产业群体发挥更大的作用[53]。强调的是产业间的互动，创新生态系统有不同的范围和层次，产业创新生态系统属于层次较低的一级。

资料来源：根据相关文献整理。

4.3 从创新生态系统到创新力场

创新生态系统具有自组织性，是一个有机的系统，需要不断与外界进行信息、资源和能量的沟通，因此开放性是创新生态系统的特征之一。同时，复杂多变的内外部环境会促使创新生态系统产生不断变化，因此具有动态性。企业、高校及科研机构主导的各类创新要素及资源之间相互关联、相互影响，形成一个复杂多变的熵。创新生态系统的核心是创新主体间以及主体与创新环境的相互作用问题，探寻创新生态系统网络要素作用机理，同样可引入经典物理的力场理论，它在分析系统内要素效应、作用关系等用传统研究方法很难明晰的问题上具有明显优势。因此，本文尝试引入创新力场概念，以力场理论构建创新生态系统的网络作用模型，探寻其作用机理和演化路径，以期为创新生态系统开拓新的研究视角。

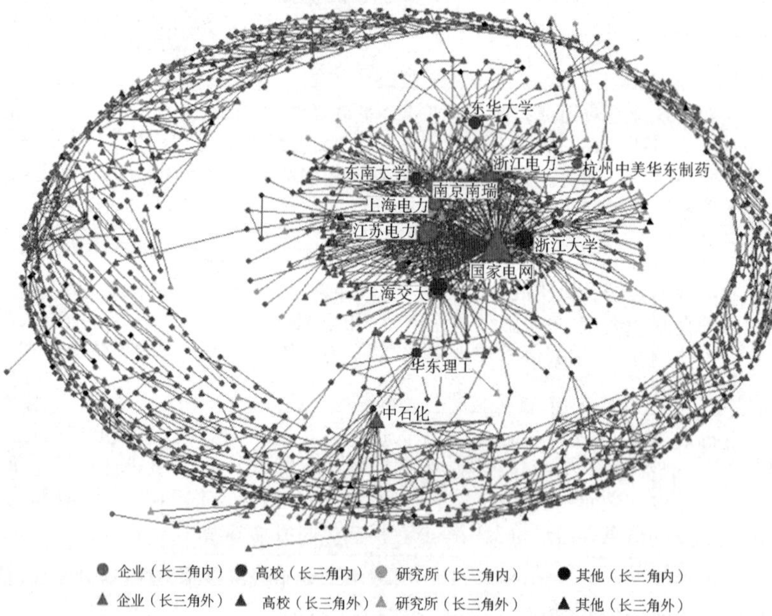

图 4-1　2014 年长三角城市群整体创新网络

资料来源：周灿等. 区域创新网络模式研究——以长三角城市群为例[J]. 地理科学进展，2017，36(07)：795-805.

创新生态系统是在一定的时空范围内，由创新物种、创新种群、创新网络和创新环境复合组成的动态、开放的生态系统，系统强调创新要素间的协同作用，以及创新资源的有效配置、组合和共享。当协同作用的创新有机体和无机要素在一定的区域空间里聚集叠加并达到一定规模，在系统中发散、相互作用和碰撞，形成某种动态的、具有指向性的力场特征时，便随着时间发展出现不同的场态效应。因此，创新生态系统具有力场特征：强调一定的时空范围；在一定的区域内集聚了诸多资源要素；要素间动态的相互作用和联系，从而实现一定特征的分布。

4.3.1 从要素到要素动能

要素是系统构成和存在的基础单元，创新生态系统也不例外，创新资源要素是创新系统存在的基础。根据演化经济学，人类的创新活动究其实质是较为特殊的一种生命过程，在很大程度上，创新服从于生物学规律，用生物学隐喻可以更深刻地揭示创新过程①。创新的过程被揭示为物种、种群乃至群落对环境变迁、扰动形成的应答过程。创新生态系统组成的基本要素是物种（如企业、大学、科研院所、政府等），物种联结形成了各种群落，物种和群落在共生竞合的相互作用中动态演化，并形成系统整体演化。

表4－3　创新生态系统的生物学解释

创新生态系统	生物学含义
创新活动单元	物种
某类创新单元集合	种群
多种创新单元群居	群落
新奇的思想、技术、模式等	变异
学习、模仿	繁殖
市场竞争	选择
资源禀赋	生境

资料来源：李万等. 创新3.0与创新生态系统[J]. 科学学研究；2014，(12)：1761－1770。

这里，我们再分析一下创新生态系统构成要素的其他相关研究：

作者、年份	创新生态系统构成要素
Martin Fransman(2008)②	五要素构成理论：产业体系、硬件、软件、创新型人才以及外部环境等五要素
Estrin J(2008)③	研究群落、开发群落、应用群落
陈宝明(2013)④	各企业、科研机构、高等学校、各类中间组织甚至政府、个人等创新主体以及产业发展的技术条件、科技政策等

① 杨虎涛. 演化经济学讲义——方法论与思想史[M]. 北京：科学出版社，2011.

② Martin Fransman. Innovation in the New ICT Ecosystem[J]. Communications & Strategies, 2008, 68(8): 89－109.

③ Estrin J. Closing the Innovation Gap: Reigniting the Spark of Creativity in a Global Economy[J]. Business Horizons, 2008, 52(5): 513－514.

④ 陈宝明. 产业技术创新生态系统[N]. 经济日报，2013－10－30(15).

续 表

作者、年份	创新生态系统构成要素
赵放、曾国屏(2014)①	拥有“相似知识或技术”的创新企业集合、技术发展所依赖的组成元素
曹如中、史健勇、郭华、邱羚(2015)②	主体要素、功能要素、环境要素
刘雪芹、张贵(2016)③	有形资产“硬件”、无形机制“软件”

创新螺旋理论模型对创新要素构成作了更多的拓展。根据创新三螺旋理论模型，描述了在知识商品化的不同阶段，大学(科研机构)、产业(企业)和政府之间的多重互反关系。三螺旋模型由三个部门组成：以大学为代表的知识生产机构，包括高科技创业公司、大型企业集团和跨国公司在内的产业部门，包括地方性的、区域性的、国家层面的以及跨国层面等层次在内的政府部门。三螺旋模型理论认为，政府、产业(企业)和大学(科研机构)的“交叠”才是创新系统的核心单元，其三方联系是推动知识生产和传播的重要因素。在将知识转化为生产力的过程中，各参与者互相作用，从而推动创新螺旋式上升。Henry Etzkowitz(2000)等学者提出的大学—产业—政府“三重螺旋”创新生态系统，强调大学—产业—政府三方行为的网络协同和功能叠合，即通过相互交织方式生成“大学—产业—政府”关系网络④。杜勇宏(2015)指出三螺旋创新生态系统由具有三螺旋创新体制的创新群落以及市场驱动力、科技驱动力和政策驱动力等外部驱动力构成。在三螺旋创新生态系统中，大学起到了知识链的作用，而企业则是产业链，政府则是政策链。大学、企业和政府之间相互作用，相互影响，促进区域创新水平不断提升。创新合作需要借助外部驱动力来使各创新主体不断维持创新合作⑤。

① 赵放，曾国屏.多重视角下的创新生态系统[J].科学学研究，2014，(12)：1781-1788+1796.

② 曹如中，史健勇，郭华，邱羚.区域创意产业创新生态系统演进研究：动因、模型与功能划分[J].经济地理，2015，(02)：107-113.

③ 刘雪芹，张贵.创新生态系统：创新驱动的本质探源与范式转换[J].科技进步与对策，2016，(20)：1-6.

④ Etzkowitz, Henry, Loet Leydesdorff. The dynamics of innovation: from National Systems and “Mode 2” to a Triple Helixof university-industry-government relations[J]. Research Policy, 2000, 29(2): 109-123.

⑤ 杜勇宏.基于三螺旋理论的创新生态系统[J].中国流通经济，2015，(01)：91-99.

卡拉雅尼斯和坎贝尔将“媒体和文化为本的公众”或“公民社会”作为第四螺旋，提出了大学—产业—政府—公民社会“四重螺旋”创新生态系统①。之后在“四重螺旋”创新生态系统基础上，增加了“自然环境”(natural environment)，生成了“五重螺旋”创新生态系统。在知识创新社会，“三重螺旋”创新生态系统强调“知识经济”，“四重螺旋”则强调广域的“知识社会”，“五重螺旋”强调包容自然环境的社会生态圈，关注社会与自然的协同演进。武学超(2015)指出在“五重螺旋”创新生态系统中，所有子系统都扮演着自身关键角色，并相互影响、协同演进。就一个国家而言，对“五重螺旋”某一特定螺旋系统进行目标投资后，就开始了知识资源“外部效应”的生成和生态循环，进而对其他所有子系统产生正外部效应②。

表 4-4　硅谷创新生态系统中“引擎”企业为代表的创新种群及演化路径

时间	代表性“引擎”企业	创新种群中的核心技术	主要特点
20 世纪 50 年代	惠普	国防电子技术	开始形成硅谷创新网络的雏形。惠普公司成功后，致力于向本地区其他公司提供更多的帮助，参与了许多公司的创立和发展，并与它们分享所学到的东西，使电子公司联合起来共同研究解决问题的办法，强化了硅谷电子公司间的合作，使得在整个电子工业中形成了一种非同寻常的合作与创业精神。
20 世纪 60 年代	仙童公司	半导体	从肖克到半导体实验室衍生出来的仙童公司繁衍变化出众多半导体公司，其中包括英特色，AMD 等日后成为引领世界信息科技潮流的全球性公避开，有力地推动了硅谷成为全球半导体的创新与生产中心。而衍生公司也在不断分化出新的公司，使得硅谷地区企业衍生的传统不断发扬光大，培育了广泛联系和开放的风气，最终使其发展成了形式多样、适应性强的工业生物圈。

① Carayannis E. G., D. F. J. Campbell. Mode 3 and quadruplehelix: toward a 21st century fractal innovation ecosystem[J]. International Journal of Technology Management, 2009, 46(3/4):201-234.

② 武学超. 五重螺旋创新生态系统要素构成及运行机理[J]. 自然辩证法研究, 2015, (06):50-53.

续 表

时间	代表性“引擎”企业	创新种群中的核心技术	主要特点
20 世纪 70—80 年代	英特尔、苹果	个人计算机	以英特尔、苹果公司为主导的个人电脑产业在此阶段呈爆炸式增长，计算机产业取代半导体产业成为硅谷的主导产业创新种群。1990 年，硅谷计算机行业有 5 万多家公司，专用设备、元件、子系统和软件生产商、网络和通讯产品生产商、计算机辅助设计和工程系统生产商及彩色显示器生产商等组成了多元化的网络。
20 世纪 90 年代	雅虎、谷歌、脸书等	互联网	硅谷逐渐转变成为以网络经济为主体的“网谷”。网络经济的繁荣，带动了软件业的兴盛，使得硅谷的经济重现生机，思科、雅虎、谷歌等网络硬件，软件公司和建立在网络基础上的信息服务公司成为新时期引领全球高科技产业发展的“领头羊”。
21 世纪初	特斯拉等	新能源	进入 21 世纪，硅谷产业迎来转型升级，致力于打造以绿色经济为核心的“绿色之谷”。2003 年特斯拉公司这一新能源汽车领域的先锋，带来硅谷地区第一轮的产业变革和新的创新产业休群的兴起。

可见，对创新生态系统中要素及其构成的分析具有大量的理论探索和实证分析，为我们拓宽对创新生态系统要素的认识，深化对要素作用的分析有重要意义。

但实践提出的问题是要素资源尽管具备，但创新系统的作用并没有能显现和发挥。江苏作为创新资源要素集聚的区域，其创新资源要素与创新的预期成果并不匹配，创新投入的要素与产出也不尽能正相关。究其原因，可以从要素动能的角度分析。

要素动能侧重于要素对于创新的动力和能量。首先，以动能区分创新要素。不能把所有的企业要素、技术要素、政府政策因素都视为创新要素。譬如，有些僵尸企业，占据着资源，没有创新的产出，对创新要素动能的生成是负效应，这就迫切需要从供给侧结构改革的角度，去除这些落后产能，让其内在有价值的要素融合到创新活动中。

对于企业来说，不能把生产要素、经营要素等同于创新要素。有些企业生产经营低价值的产品，能够满足一定层次的市场需求，但其中没有一件自己的专利，更甚于没有任何的技术研发支撑，这样的企业尽管是创新要素，但是缺乏动能的创新要素。从创新要素动力能量的角度分析，就可以更直接地触及创新要素的本质，更好地指导创新要素的组织和整合，使创新生态系统富有力量。

其次是以动能区分创新要素的层次。不能把一般要素、低层要素混同高端要素。技术顶尖、具有原创性、有领军作用的高端人才，在创新系统中是极为重要的要素，可以产生强大的创新动能。华为、海尔的发展实践就验证了优秀企业家在创新生态系统中的巨大作用。从动能角度看，高端要素的动能与低层要素的作用是难以置换的，这就是俗话所说：千军易得，一将难求。现实中也有这样的现象，一个区域、一个企业聚集了很多高层次人才，科技创新的基础要素包括设备、资金投入也很充分，但因为缺少顶尖的科技专家、优秀的领军型企业家，诸多的创新要素缺乏动能，在创新活动中只能表现平平，缺少力量。“有高原无高峰”现象的存在与此也相关。

再次是以动能区分创新要素成长基因。有动能的创新要素，具有很强的生长壮大潜能。之所以是创新要素，在于其内在的变化生长基因，在环境中成长壮大。如生物界的种子，种子植根于土壤，在阳光雨露下茁壮成长，成为参天大树，其内在基因十分重要。创新要素应该是优质的种子，动能更多的来自于成长，来自于未来，来自于发展。

从要素转向要素动能，从创新生态系统转向创新力场，关注的聚焦点体现在以下三个方面：

一是具有创新力的顶尖人才。顶尖的企业家、科学家是创新中的最大动能，是创新力场的内核要素。经济科技发展的实践显示，优秀的企业家是世界一流企业产生和发展的关键。可以说，没有比尔·盖茨就没有微软，没有任正非就没有华为，没有马云就没有阿里。企业家也是创新家，正如熊彼特所说的，企业家必须具备三个条件：要有眼光，能看到潜在的利润；要有胆量，敢于冒风险；要有组织能力，能动员社会资金来实现生产要素的重新组合。这些条件并不是轻易能够具备的。

二是敏锐活跃的资本。就如硅谷一样，强大的创新能力来源于庞大的创投资本，这些资本不是沉寂的、缓慢流动的，能够有多种渠道，很便捷地融入创新活动。

三是高端的原创性技术。只有拥有核心技术，才可能具有创新的力量，才能形成创新力场。从国内一些区域来看，由于缺乏原创技术，产品竞争优势、产业发展水平等都受到制约，创新的高度和渗透影响也就都不够。正如我国有些产业、有些园区，尽管已经发展多年，具备了相当的规模和市场占有率，因为缺乏核心技术，大而不强，大而不优，不能形成创新力场。

从要素转向要素动能，突出了要素力的作用及其影响，支持创新力场的形成。静态来看，强调要素的作用力；动态来看，强调要素的渗透力、影响力。创新力场的力源于力场发起者的场波，并受周围环境因素作用影响。这种力可以称为要素力，它体现为不同时刻力场对创新资源、创新要素的吸附和整合，体现为不同创新要素之间的合作、竞争、知识流动及追赶拉拔。在不同要素力的叠加下，可以引发资源优化配置及组织关系的格局演变，而当场内信任、目标、利益一致时，可产生场波共振，进而迸发出巨大的场力，对整个创新生态体系产生深刻影响，形成要素动能。创新力场中的要素是力场的发起者，创新生态系统中任何层面、任何形态的要素如企业、高校科研机构、政府、中介服务、用户等，均在系统内相互作用、自行演化。

4.3.2 从结构到关系交互

系统具有一定的结构形态，创新生态系统的各要素也会由一定的结构来组成。结构揭示了创新系统中各要素的关系、相互作用以及稳定性的存在。从区域创新生态系统的角度分析，企业、研究机构、政府政策、社会文化等要素会形成一定的组合，成为创新生态系统的内在结构。静态看，这种结构形成以后有很强的稳定性，生成的结构与其外在功能特点也密切相关；动态看，结构由于内在要素的关系变化、交互的信息、能量的变化、外来要素的变化，结构会呈现演变趋势和特征。创新生态系统突出了结构的生态性变化特征，强调其自组织性和开放性，但更深一步，其演化特征在于其关系交互。

创新生态系统中任何要素都不是单独存在的，是与其他要素交互影响、互相促进的[①]。在自然生态系统中，不同物种之间通过吃与被吃的相互关系形成的食物链、自然选择或竞争而关联在一起，不同的食物链组成食物网，不同物种间的关系主要包括竞争、共生、捕食等不同类型。创新生态系统类似，不同创新物种之间也会因各种创新行为而发生关联[②]。

赵进(2011)指出协同演化关系包含生态系统内部企业间、产业种群间、产业种群与外部环境间的协同演化关系，种群之间的相互关系主要包括互利共生关系和竞争共生关系[③]。互利共生关系是指两个创新物种之间相互有利的共同居住或存在的关系，竞争共生关系是指在创新生态系统中种群间既竞争又协作，促进了相互依赖和协同[④]。

生态系统内部企业间通过生态位不断重叠与分离，实现集群企业在竞争中不断进化，形成稳定的产业种群；产业种群基于相互间不同的生存关系(竞争/合作)，不断相互适应，共同进化；产业种群与外部环境间物质、能量和信息在不断循环，系统内各要素都在不断进化，具有“多层嵌套、多项因果”的特点。汪志波(2012)根据演化模型提出创新生态系统内部通过横向和纵向的利益关系形成以技术、产品和市场等为构成要素的有机整体和利益生态链网，产业内技术创新活动既有竞争又有合作，互相依存，实现多赢[⑤]。薛军等(2013)认为创新主体间存在多层次、多样化的创新关系(联系)，不同主体的创新活动联结在一起，形成资源纽带关系和知识的或者技术的关联[⑥]。李万(2014)指出创新生态系统关系是各个要素主体(如企业、政府、中介机构、分包商、金融机构等)之间的相互沟通、合作、交流而形成的创新网络。张贵、刘雪芹(2016)基于生态场理论发现场内追赶竞争力、合作外溢力、环境根植力及外力以正向动力或负向阻力形式作用于生态系统的内部网络，推动整个创新生态系统不断螺旋上升和演化[⑦]。

---

① 王娜，王毅. 产业创新生态系统组成要素及内部一致模型研究[J]. 中国科技论坛，2013，(05)：24－29＋67.

② 张仁开. 上海创新生态系统演化研究——基于要素、关系、功能的三维视阈[D]. 华东师范大学博士学位论文，2016.

③ 赵进. 产业集群生态系统的协同演化机理研究[D]. 北京交通大学，2011.

④ 张爱平，孔化威. 创新生态——让企化相互“吃”起来[M]. 上海科学技术文献出版社，2010. 8.

⑤ 汪志波. 产业技术创新生态系统演化机理研究[J]. 生产力研究，2012，(03)：192－194.

⑥ 薛军，张宇，汤琦. 城市创新生态系统的评价研究[R]. 上海市科学学研究所内部报告，2013. 10.

⑦ 张贵，刘雪芹. 创新生态系统作用机理及演化研究——基于生态场视角的解释[J]. 软科学，2016，(12)：16－19＋42.

Jackson(2012)指出国家创新生态系统是以技术发展与创新为目标的参与者形成的经济动态关系，主要涉及“创新的生产”和“创新的应用”两大类的活动[①]。赵放、曾国屏(2014)指出国家创新生态系统由中心组织与外围组织构成，相互依赖、相互作用。

Cook，Braczyk & Heidereich(1996)指出区域创新系统主要由在地理上相互分工与关联的生产企业、高等教育机构和科研机构等构成。黄鲁成(2003)基于生态学理论和区域创新理论表示区域创新生态系统是在一定的空间范围内技术创新复合组织与技术创新复合环境，并经创新物质、能量和信息流动而相互作用、相互依存形成的系统[②③④]。刘志峰(2010)指出区域创新生态系统由创新主体、创新客体、创新手段和创新机制等组成，其中，创新主体是核心要素，具有思维性和动态选择能力，创新主体的能动性发挥离不开其他要素的支持，各要素之间相互配合、相互作用[⑤]。

林婷婷(2012)认为，产业技术创新生态系统包含产业内技术创新群落与技术创新环境，通过创新物质、能量和信息流动相互作用、相互依存[⑥]。伍春来等(2013)认为产业创新生态系统由产业内部实施和影响技术创新活动的机构和制度构成[⑦]。何向武等(2015)认为产业创新生态系统是指区域内的产业在各种创新群落间及与创新环境间，通过知识传播、技术扩散、信息循环，形成具有自适应与修复、学习与发展功能的开放复杂的系统[⑧]。

Nambisan & Baron(2013)认为在企业创新生态系统中，各企业围绕某种创新或创新平台来协同合作，不断形成一种松散互联、相互依赖的企业网络[⑨]。

---

① Jackson D J. What is an Innovation Ecosystem? [EB/OL]. http://www. erc-assoc. org/docs/innovation ecosystem. Pdf，2012.

② 黄鲁成. 区域技术创新生态系统的特征[J]. 中国科技论坛，2003，1，(1)：23－26.

③ 黄鲁成. 区域技术创新系统研究：生态学的思考[J]. 科学学研究，2003，4，(2)：215－219.

④ 黄鲁成. 研究区域技术创新系统的新思路：关于生态学理论与方法的应用[J]. 科技管理研究，2003，(2)：29－32.

⑤ 刘志峰. 区域创新生态系统的结构模式与功能机制研究[J]. 科技管理研究，2010(21)：9－13.

⑥ 林婷婷. 产业技术创新生态系统研究[D]. 哈尔滨：哈尔滨工程大学博士学位论，2012.

⑦ 伍春来，赵剑波，王以华. 产业技术创新生态体系研究评述[J]. 科学学与科学技术管理，2013，(07)：113－121.

⑧ 何向武，周文泳，尤建新. 产业创新生态系统的内涵、结构与功能[J]. 科技与经济，2015(4)：31－35.

⑨ NAMBISAN S, BARON R A. Entrepreneurship in innovation ecosystems：entreneurs'self regulatory processes and their implications for new ventures success[J]. Entrepreneurship：Theory & Practice ，2013，September：1071－1096.

张运生(2008)指出高科技企业创新生态系统由一个核心企业和众多外围企业构成，核心企业专注于自身核心技术，而外围企业同时围绕核心企业相关技术进行配套技术开发。这种结构比较紧凑，成员之间的共存共生关系比较明显，通过频繁的互动和协调实现系统整套技术的同步开发和升级①。张利飞(2009)表示创新生态系统中高科技企业以技术标准为创新耦合纽带，在全球范围内形成的基于构件/模块的知识异化、协同配套、共存共生、共同进化②。蒋石梅等(2015)指出企业为了满足客户日益多样化和复杂化的需求，在进行产品或服务的创新过程中，与影响其创新活动的其他组织或个人建立各种合作关系，协同演化、相互依赖、共存共亡③。

以上研究者关注到创新生态系统要素关系的交互，但未能充分系统阐释要素的互动力源泉。创新力场的视角更加突出其关系交互，抓住关系交互这一结构和功能变化的内因来分析，对于创新如何形成活力、达到成果有重要意义。可以说，关系交互是创新的媒介，体现了创新的频度，影响着创新的质态。创新生态系统促进知识和创新资源在各主体间流动，进行创新。创新生态系统的层次性既表现为纵向性，又表现为横向性。从纵向上看，创新生态系统内包含多个不同层级的创新网络。同时在纵向上也分为不同等级。这些不同层级的创新网络共同构成了创新生态系统的层次体系。处于不同层级创新网络的创新内容、发展目标也不尽相同。通常情况下，低一级的创新网络是高一级创新网络创新活动的基本构成要素，为更高层次创新网络的行为提供创新资源和相关服务。更高层级创新网络所具有的结构特征、技术手段和创新能力均是低一级创新网络所不具备的。从横向上看，各区域创新生态系统因其主要功能不同，可以看作是创新生态系统中相互独立且又相互制约的子系统，各子系统又都具有自身独特的网络结构。通过创新系统中的关系交互，可以更好地深入到结构运行和机理中，把握其产生力量的原因，发现其场效应的重点，从而更积极地加以推进。从关系交互的视角来透视，更多地聚焦于三个方面：

① 张运生.高科技企业创新生态系统边界与结构解析[J].软科学，2008,(11):95-97+102.
② 张利飞.高科技产业创新生态系统耦合理论综评[J].研究与发展管理，2009,(03):70-75.
③ 蒋石梅，吕平，陈劲.企业创新生态系统研究综述——基于核心企业的视角[J].技术经济，2015,(07):18-23+91.

一是强化关系交互的广度。有些区域创新系统，要素交互的线条很有限，虽然资源也不少，但交互广度不够，难有创新产生。一些大学和科研院所也存在类似问题，人才近亲繁殖，信息交互固化在狭隘特定的圈子中，关系停留在固有的路径之上，关系交互有很大的局限性和封闭性，这样的系统是很难形成创新力的。从一些区域创新生态系统来看，一些地方推进了人才加资本加技术加服务等创新生态系统构建工程，但其内在缺乏交互，有些要素甚至缺少沟通、连接，表面上看起来有很多创新要素，实际确是没有创新活动。只有系统更充分地保持开放，关系交互的广度才会不断拓展。

二是强化关系互动的深度。硅谷及深圳的创新实践证明，创新要素之间的交互深度，是产生强大创新力场的重要条件。硅谷流行“圈子”文化，本质就是各种创新要素资源借助人际交往的圈子，加深相互交流，信息、知识、经验等得到很好交互，从而产生创意、创新点，形成创新力量。浅表层的创新交互，难以实现创新资源的整合与合作，难以促进创新力量的增强。关系互动的深度更多地体现在合作的可能性，信任的程度、关系的持久度上，这会形成创新深层的动能。

三是强化关系互动的密度。创新生态系统中，创新要素相互连通、频繁交互是创新实现的重要条件。创新链上各环节及要素，要能整合成为一体，就要通过频繁的、高密度交互，来发现创新机会，磨合创新活动的缺陷，合成创新链条，实现创新成果。而且，创新链还要与价值链、资金链等在系统中反复交互，形成密切的关系，才能形成创新的力度和创新场的效应。大数据分析也验证了这一点，经济发展好、创新水平高的区域，其信息数据的传输量也是比较高的，说明区域的关系互动频次也是高的。

创新生态系统关系交互具有其独特的机制，其关系交互的广度、深度、密度对创新力场的形成非常重要。创新力场中的创新要素间存在一定的创新差异程度，即相互之间形成创新共生体的阻碍程度，它受两者间创新能力差异、创新相关性、技术互补性影响。每一个创新组织自身都拥有一定的创新存量，即内部资源积累。在叠加要素力作用下，容易出现创新能量的流动和创新主体间的碰撞、交互，可提升创新组织的内部资源积累，扩充可获得的外部创新资源，即提升创新势能和创新存量，形成关系交互。创新要素间以力的非线性叠加方式相互作用，以人的主观能动性进行选择性感应和目的性优化作用方向，从而促进了创新资源的集聚、组合变换和要素的创新创造。力场的存在“活化”了生态系统，使得要素间可以相互碰撞，实现由要素力到组织关系的创造性重构，进而发生催化出现创新涌现。

4.3.3 从功能到整体协同

系统功能是任何一个系统的价值所在，也是系统的目的性所在。系统功能是系统自身各要素的相互作用及其与外部环境相互作用的结果。随着科学技术的快速发展，市场需求的巨大变化，系统不断复杂化，其功能也日益强化。创新生态系统作为一种开放、多元、共同演进的复杂网络结构，其生成目的在于形成独具特色的功能，从而可以达到系统的目标。Carlsson 等(2005)指出创新系统具有构建知识库、促进创业实验、创造激励、创建市场(适当的市场条件)、促进正外部性、创建资源(金融、人力资本)等功能[①]。Hekkert 等(2007)认为创新系统具有创造技术知识、衔接要求、公共资源与私人资源的优先选择、规制、市场形成、通过网络进行信息交换、倡导联盟组织的发展、为创新提供资源等功能[②]。王娜、王毅(2013)指出系统一致性决定了创新生态系统的绩效，系统内部和外部的一致性代表了系统的一致性，是系统协同发展的表现。杨荣(2013)在回顾创新系统功能学术观点的基础上，对创新生态系统的功能进行设计，指出创新生态系统用具备创业活动、知识生产、知识扩散、搜索指导、市场形成、资源配置、利益分配、系统稳定、合法性、正向溢出效应等十项功能[③]。何向武等(2015)认为创新生态系统具有基本功能(能量流动、物质循环、信息传递)、自适应与修复、学习与发展功能。张仁开(2016)认为知识生产、知识应用、知识扩散是创新生态系统的基本功能，发展驱动和文化引领则是创新生态系统的衍生功能。

人们对一个创新生态系统可以从多个角度进行质量评价，或者说进行

---

① CARLSSON B, JACOBSSON S, BERGEK A. Dynamics of innovation systems—policy—making in a complex and nondeterministic world[R],2005.

② HEKKERT M P, SUURS R A A, NEGRO S O, SMITS R E H M, KUHLMANN S. Function of innovation systems: a new approach for analyzing technological change[J]. Technological Forecasting and Social Change,2007,74:413-432.

③ 杨荣. 创新生态系统的功能、动力机制及其政策含义[J]. 科技和产业,2013,(11):139-145+172.

评估，以发现系统运行中的特色与不足。健康度评价方面，苗红、黄鲁成(2007,2008)提出了区域技术创新生态系统健康的概念，并从系统的组织健康程度、系统的整体功能、系统的外部胁迫三个角度考虑，建立了区域技术创新生态系统评价指标体系，并以苏州科技园区为例对其健康状况进行了评价①②。李福、曾国屏(2015)认为创新生态系统在生存与发展的运行过程中，进一步延伸出共生力、组织力、平衡力和生长力四种力量的相互作用。并根据其生存机制和发展机制健康运行机理，建立以持续能力和竞争能力为领域层，以及共生力、平衡力、组织力和生长力为子领域层的评估指标体系，建构创新生态系统的“四轮驱动”健康评估模型③。

适宜度评价方面，周青等(2008)构建了由创新群体、创新资源、经济环境和技术环境四个测度要素构成的评估指标体系，同时甄选生态位评估模型对区域技术创新生态系统适宜度评估指标进行测算④。张慧(2012)通过内生态系统、外生态系统以及内外生态系统融合指标建立了区域创新生态系统评价指标体系，对 15 个城市进行创新现状进行评价⑤。上海市科学学研究所的薛军等(2015)基于生态学的理论基础，从活力动力系统、自组织系统、平衡系统等几个维度，设计了创新生态系统评价的 NDMEFE 模型⑥。

从创新生态系统的发展和演进来看，江苏创新生态系统目标的实现，需要提高创新生态系统的功能，这就需要更多地关注创新生态系统的整体协同。功能协同才能使创新能力更加有效、更有竞争力、更有高度，这是创新生态系统演化发展的内在规律所决定的。创新生态系统的协同演化是其功能提升和发展的重要方面。曹如中等(2010)研究了创意产业创新生态系统的演化过程，指出创意企业的初创、成长、成熟以及衰落的整个过程都必须与周围环境(包括其他企业、政府机构、科研院所和各种中介)相互作用并协同进化，促使创意企业群落内部结构与功能发生相应的变化⑦。赵进(2011)

---

① 苗红，黄鲁成. 区域技术创新生态系统健康评价初探[J]. 科技管理研究，2007，(11)：101－103.

② 苗红，黄鲁成. 区域技术创新生态系统健康评价研究[J]. 科技进步与对策，2008，(08)：146－149.

③ 李福，曾国屏. 创新生态系统的健康内涵及其评估分析[J]. 软科学，2015，(09)：1－4+28.

④ 周青，陈畴镛. 中国区域技术创新生态系统适宜度的实证研究[J]. 科学学研究，2008，(S1)：242－246+223.

⑤ 张慧. 基于产业生态理论的区域产业技术创新系统研究[D]. 青岛科技大学，2012.

⑥ 薛军，张宇，汤琦. 城市创新生态系统评价指标探索[J]. 中国科技资源导刊，2015(1)：42－48.

⑦ 曹如中，高长春，曹桂红. 创意产业创新生态系统演化机理研究[J]. 科技进步与对策，2010，(21)：81－85.

指出协同演化包含生态系统内部企业间、产业种群间、产业种群与外部环境间的协同演化。罗国锋、林笑宜(2015)明确创新生态系统存在着遗传、变异、衍生、选择等四个演化机制,系统不断从外部输入新物质、能量、信息,将其有机结合,形成新的创新机会,从而孕育新的"物种"并逐渐优化创新生态系统,促使其不断升级,实现在原有创新生态系统基础上的吐故纳新,由量变到质变,最终形成全新的创新生态系统①。

对创新生态系统从功能到整体功能协同的转变,应更多地聚焦于以下几点:一是整体协同实现价值增值。系统的功能实现来源于各创新要素、各子系统的运行促进了目标价值的提升。要实现创新高峰的呈现,创新生态系统中各部分要能为创新高峰形成增加价值。企业创新生态系统、区域创新生态系统往往都存在着不协同造成的整体价值损耗现象,从而制约了创新高度的实现。系统的功能协同演化,则可以促进整体价值的大幅提升,其实现的创新高度也会有大幅度增长。创新生态系统通过政策、文化、制度等功能协同与社会结构、环境的互动影响,与本区域内环境密切联系、良性互动的长效机制,导致创新生态系统吸收区域资源能力,共享产业资源,实现优势互补、共融共生。

二是整体协同提升创新高度。创新高度在于创新系统各方面力量的强度。正如中国的"两弹一星"事业,是一项庞大的系统工程,能够在很短的时间、很艰苦的条件下达到伟大的创新高度,很重要的在于参与的各个方面倾力协同,从而形成了强大的向心力量,极大地带动了中国高技术及其产业的发展,显示了强大的凝聚力。系统功能协同是创新力场的依托,协同水平高,创新所能达到的水平才能高。江苏要能在创新上高人一级、胜人一筹,就必须形成强力协同的创新系统。企业、科研机构、政府政策融入系统中时,一定要产生提高创新高度的协同力量。实践中,创新高度目标不能实现,很大的因素是各要素、各子系统协同的力度不够。科技创新,不是科研院所、科技部门的事,汇聚到科技创新系统中的各要素、各子系统协同功能的发挥,能否形成向心力量,目标一致,对产生的结果影响很大。现代经济

① 罗国锋,林笑宜.创新生态系统的演化及其动力机制[J].学术交流,2015(8):119-124.

环境下，与创新活动相关的要素、子系统越来越多，现实中往往都在使劲，都在发挥力量，但最终的合力并不强，产生的力量和影响也不足，问题就在于其内在的协同功能未能实现。这就要将对创新生态系统的功能关注更多地转向整体协同功能，通过价值增值、创新高度、磁场效应来透析协同功能的实现程度，从而有效推进创新力场构建。

三是整体协同形成磁场效应。创新生态系统中功能协同，就会涵养创新文化，激发创新潜能，促进创新成功，形成强大的磁场效应，并形成强大的正反馈机制。硅谷几十年的发展，就很明显地展示出这一方面。各类创投基金活跃在硅谷，各类具有奇思妙想的创新创业人才也汇聚到硅谷，对创新资源吸聚的场效应非常明显，为世界瞩目。

整体协同的创新生态系统具有强大的力场现象，涌现性现象、蝴啾效应是协同的重要表现。系统功能之所以往往表现为“整体大于部分之和”，就是因为系统涌现了新质的缘故，这是系统的适应性主体之间非线性相互作用的结果。系统结构和系统环境以及它们之间关联关系，决定了系统整体性和功能。系统整体性与功能是内部系统结构与外部系统环境综合集成的结果，这一过程是活的主体相互协同作用的产物。从功能转向功能协同，就是要将创新系统中各种力有效地发挥出来，将各种潜能有机地发挥出来，形成一个整体力量和影响，从而迈上创新的高峰。产学研用的结合与此相似，也需要相关各要素、各环节的协同运行。现实创新活动中，产、学、研、用的取向往往各具特点、各自用力，协同不够，并不能达到整体系统的功能。“三个臭皮匠，顶上一个诸葛亮”，其内在的协同机理能否很好发挥作用是其关键。

创新生态系统具有自组织演化的特性。创新功能一方面为网络内各创新主体提供最短路径的学习交流渠道，提高了交流频率与学习质量；另一方面，创新功能在一定程度上促进创新产业集聚与主体间的劳动分工，提高创新网络的运作效率。开放性的创新生态系统接受外部知识、技术和资源的能力，一般来说开放性越高越容易获取外部资源，并能有效促进创新生态系统向高级演化。创新系统的不断发展，组织间的分工协作、知识和创新要素在各行为主体间合理流动和配置，内部网络的演化也随之发生变化，企业间分工协作关系将趋向合理，呈现出动态中相对稳定的特征。

4.4 创新力场的概念模型及其演化机理

4.4.1 创新力场新概念模型

前述基于理论和实践的分析，可以构建出创新力场的概念模型。创新力场在创新生态系统的发展演化中生成，更加突出要素动能、关系互动、整体协同三个方面。如图 4－2 所示：

- 创新力场
  - 要素动能
    - 顶级人才
    - 活跃资本
    - 原始技术
  - 关系互动
    - 互动的广度（开放程度）
    - 互动的深度（合作信任）
    - 互动的密度（频率）
  - 整体协同
    - 价值增值
    - 创新高度
    - 磁场效应

（以上合为）创新生态系统的 4.0 版本，实现创新整体效能提升

图 4－2 创新力场概念模型

面对爆炸式的创新，面对纷繁复杂的创新，面对无处不在的创新，创新已成为国家及区域发展竞争之锐器。而要实现创新的成就，形成强有力的创新力场是目标和路径。

创新力场的提出，一是基于对创新制度、创新结构、创新过程、创新活动等一系列理论分析和理论的思考和提炼，一是基于对丰富多彩的创新实践的观察分析。

创新力场的核心点在于力量的形成、力量的持续、力量的当量。创新的迸发，形成冲击性的力量，我们认为来自于三个方面：

一是要素动能。在现今创新能力和素养普遍提升的条件下，创新要素的强大动力、潜力和能量，是形成力场的基础。一般的功能不足以形成有效的创新力量，顶尖的人才、奇特的创意、庞大的组织和资本等才足以形成创新高峰。

二是关系交互。开放性、动态性已是当今创新活动的鲜明特征，而其内

在的支撑力在于促进了更大范围、更高频率的交互,包括知识交互、信息交互、情感交互、理念交互、技术交互、问题交互等等。创新的可持续发展就在于各种要素关系的深度、高度、强度交互。

三是整体协同。力量的形成在于各个分散的力量汇聚在一起形成庞大的合力。各个方向的力汇聚向一个方向,形成创新聚力。功能的协同,就在于让创新力场始终保持场的优势、力的强势。功能协同的深层机理在于制度的支撑力量、文化的持久力量、协同的力量叠加。从而可以在创新发展上形成涌现性现象、爆发性力量、绵延性力量。

以要素动能、关系互动、整体协同所构建的创新力场,是创新生态系统动态发展深化的呈现形式,也正是国家、区域、企业创新活动所追求的目标和效果。创新力场的力来自于三方面的互动,要素动能在开放交互中壮大力量,深度的交互关系才能促进各项功能的协同,协同之中要素的动能才能得以提升。创新力场的场,来自于三方面的有机融合,动态的融合、优化的融合、自演化性的生态融合。这样的场是有生态的复杂性、有机性、协同性、响应性,在内外环境、能量、要素的交互中,形成场的吸附能力和扩散影响能力,有效应对内外环境和条件的不确定变化,实现创新的不断涌现,构筑创新生态系统的生命力。

4.4.2 创新力场是创新生态系统的升级版

创新力场与创新生态系统相比而言,可谓是创新生态系统的升级版。创新力场将创新活动的视角转向动能要素、互动关系、协同功能,更深一层地透析了创新生态系统的内在机理,深化了对创新生态系统的理性思考和理论认识,更好地回应了创新实践提出的挑战,为解决"有系统无力量、有生态无优势、有活动无价值"等创新系统构建发展中的现实问题提出了方向和重点,为创新生态系统中的重要要素的组织、政府政策的制定及其效果的衡量评估提出了思路和标准。

一是两者思考的方式有所不同。创新力场在强化了动态性、开放性思考的同时,突出力和场的概念。从力场的视角测度区域创新系统,会发现创新系统中的各种力,或是无力,或是乏力,有些要素的力或许是无效的,或者是反向力,与整个系统目标并不一致;也可以发现创新活动的场,或是无效应，或是无效果。比如当前很多地方出台了一系列引进人才的政策，投入了大量资金和人力，但能否有力度形成吸才的场的效应，则需要深入一步审视。

二是两者研究的重点不同。创新力场突出对创新力的研究，强化对创新场的分析，更为深入地抓住创新生态系统演化中的重点和痛点，用力和场衡量引领的创新生态系统，可以在实践中形成更为强大的动能，解决创新平平、难以突破的局面。

三是两者解决问题的侧重点不同。创新力场更加突出了创新生态系统的目标、结果、取向，致力于解决创新的高度、创新的活跃度、创新的价值实现和创新的层次问题，较之创新系统对要素、结构、功能、特性等分析描述，更为深入，更有前瞻性。

创新力场理论的提出，基于创新制度的分析和研究，总结了创新活动发展的深化历程，吸纳了有关创新理论、系统组织、演化理论、生态系统理论等诸方面的研究成果。创新生态系统研究全新的视角，帮助我们从纵向历史的发展实践，横向的区域创新比照，现实区域创新活动的特征、状态、成果，对创新生态系统这一不断深化发展的实践性理论成果有了更为深入的认识和思考。创新生态系统的构建和发展，其主旨就是在于形成创新力场。区域创新力场的培育和发展，才是区域创新活动发展的有益指导和方向。

创新力场是在理论与实践相融合的基础上提出的。提出创新力场的概念，亦是希望能够更好地引导当今的创新实践活动，调整设计更有效的创新政策，营造更有利的创新环境。

创新力场始终要有力的衡量。要素的动能、关系的交互、功能的协同都要给创新增添更多的力量。力量高于质量，质量重于数量。把创新力放在创新生态系统的首要位置，政府在创新政策设计和创新资源组织时，要始终抓住力量这个参数，将缺乏力量的要素资源关系，交由自然去处置，任其自由延伸和扩展。

创新力场始终要有场的融合。场的形成在于各方面资源关系的交互融合，跨界协同。场是一个空间概念，各种结构可以跨界融合发展，从而更有磁性、粘性、活动。场是一个无形概念，无形的力的凝聚是场的内核，由此场就有突破空间界限的能力，将更多、更广、更远的资源、信息、数据、功能吸纳融合于场中，形成更强大的场力。深度的融合，有助于打破机械的、僵化的结构划分，打破过多的平台功能融合障碍。如江苏众多的发展平台，同一产业众多的发展载体等所造成的分割和消耗，使得创新力更充分、更积极地迸发出来，形成创新力场。美国的硅谷如此，以色列的创新亦如此，深圳的创新力场、中关村的创新力场，都正展现出强大的融合力量、创新力量、磁场效应，在社会经济发展中展现巨大的力量。

4.4.3 创新力场演化

通常，不同组织间所掌握的创新资源的深度、广度存在着差距，即创新存量不同，从而导致了创新位势差的存在，这种差距使得落后企业不断学习、模仿先进企业的技术、知识，吸收其先进的思想，攀比其创新成果，继而产生了创新竞争的力场。

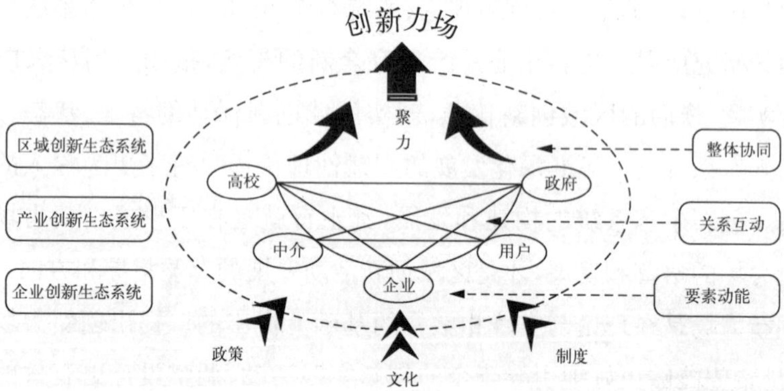

图 4－3 创新力场演化示意图

创新组织总是无法拥有某一创新工程所需的所有知识、技能和资源，即存在创新能力缺口，这个缺口需要从其他创新组织处获得相关资源来弥补；由于创新的复杂性和创新产品的快速更迭性，创新要素无法按照市场需求快速研发出新产品，即存在着效率缺口。创新能力和效率缺口的出现，会使创新组织周围存在许多将其他来源的知识、资源推向该主体的力，创新组织自身也会对拥有缺口资源和能力的创新源产生吸附力，这种吸引力表现为组织间的创新协作。

创新生态系统强调创新主体与环境之间的相互作用，它表现为创新需根植在网络与制度中，根植在拥有技术、资本、人才、合作伙伴、思想和文化的雨林环境中，良好的创新生态环境会对创新要素产生吸附和影响，它作用于创新的全过程，作用于创新者的思维判断、价值取向，作用于环境中的知识流动和创新交流。

创新生态系统具有开放性，其发展还会受到系统外部影响，它主要表现为大的经济政治变动、突破性的产业技术革命、颠覆性的商业模式出现及威胁性的竞争挤压等。从短期看很难判断对系统影响的好与坏，但它确实会对整个创新力场及内部组织产生大的冲击和扰动，从而可能会促进生态系统适应性或颠覆性的变革演化。以 20 世纪 80 年代的硅谷为例，美国政府政策的调整以及日本等国的挑战等使得硅谷一度陷入了发展低潮，但来自于系统内部的产业变革，即软件业的崛起很快使硅谷度过了危机，走向另一个高潮。创新生态系统是一个动态的、不断发展的系统，它的演化成长是在要素动能、关系交互、功能协同的非线性叠加下共同作用的结果。

系统孕育期为创新生态系统发展初期，主要体现为创新要素和创新组织的物理集聚，此时创新物种较少，创新网络尚未形成，环境优势不明显。这一时期场源较少，主体创新存量较低，整个生态内场能量较弱，产生的场势和场力都较小，系统及内部组织都处于创新低势能状态。此时，系统内同质创新物种较多，企业间主要体现为竞争关系，并且随着竞争的愈加激烈，可能会出现恶性竞争。为避免两败俱伤的情况出现，在系统的自组织性和创新能动性下，企业通常会调整合作机制，努力寻求共生。

系统成长期为系统进入快速发展期，随着创新联系的日益增强，系统内知识信息传递频繁，企业间主要由竞争走向合作，创新个体的势能不断提升。在其作用下新的创新物种不断被发明创造出来，出现了孵化器、风险投资公司、创客、科技中介等新型组织。随着协作的深入，整体环境的优化，外部的创新主体和资源不断向系统内流动，力场不断扩展，创新生态系统物理边界逐渐扩大。由于系统的不断成长，系统场源逐渐增多，整个力场内创新能量增强，场效应明显。在各要素不断交互碰撞中，系统开始逐步走向动态平衡，由于系统的自组织性和调节性非常强，系统通常能实现更高级的新平衡。

系统成熟期表现为系统日趋壮大和稳定，前期积累的技术和能量得到集中爆发。创新的基础设施、政策、体制等日趋完善，环境大幅优化。系统内围绕技术、产业、研发等形成了稳定而紧密的协作网络，并基于共同的利益准则和认知形成了长期的信任关系，建立了认可度较强的治理机制。同时，多数创新主体逐渐占据稳定而区别于其他主体的生态位，因此只在小范围内相同生态位主体间产生负向的竞争合作，大多数主体间实现了稳定的竞合共生。这一时期，整个力场能量及场效应达到最大，在系统稳定性增强的同时弹性也随之下降，此时如果自组织调节和力场的综合推动不能促使系统找到新的增长点，系统可能在下一阶段打破平衡走向衰落。

系统衰退期表现为系统成长速度减慢，原有的技术和产业竞争力降低，系统环境逐渐恶化，出现衰落迹象。为了维持生存，部分企业间出现了恶性竞争。原有的创新生态系统变得不稳定，部分创新主体和资源开始向外流动。整个力场能量和场势都在逐渐减小，部分主体会走向衰亡，部分主体会克服影响而重新孕育新技术和新市场，创造新产业和新需求，从而形成更高级的力场。

研究表明，创新力场“活化”了系统内部要素，在要素力的非线性叠加下，创新种群不断成长，创新势能逐渐提升，整个创新生态系统螺旋向上的演化循环是不断形成创新形态、数量、质量，实现力场的放大、突破、迭代的发展过程。可以看出，成功的创新生态系统不仅在于由诸多创新要素构成的系统活力，更在于在一定时空域内创新要素间及同环境相互作用形成的特殊力场，叠加形成的强大场源形成了对资金、人才、技术等的吸引力，场内丰富的要素间恰当的力场作用促进了知识、技术、资源等的频繁流动和有机结合，促进了时空域内高质量的经济发展。因此，可以认为成功的创新生态系统的特质在于其形成的创新力场。

第 5 章　江苏创新力场的构建路径

创新发展到一定阶段，会逐渐形成一个创新生态体系，从而爆发出更大的持续的创新活力，这种创新生态体系和创新活力可以形象的描述为一种具有力的作用和表现的场，也就是本书所述的创新力场。江苏构建有竞争力的创新生态系统、打造创新力场，一定要将着力点放到吸收培养有动能的创新要素、开放促进创新要素的关系交互、突出环境和功能的协同上，形成融合和自组织的生态系统。建设各类平台时，更要注意平台的联通和交互；区域发挥优势推进创新时，更要注重整体的效能和协同；选择性支持产业及企业创新时，更要注重共性的、关键的系统功能的构建，更多地创造力、形成场，用力的向量来衡量和引导创新互动的开展，用创新生态系统推动江苏产业高峰的形成，打造应对不确定性、模糊性、多变性、复杂性的强大创新力量，构建有集聚力、扩散力、交互力、协同力、演化力的创新力场，形成具有江苏特色、有竞争力的创新生态系统。本章侧重从战略的角度分析创新力场的构建方法和路径，从方法论的角度对创新力场孕育发展提出思路。

5.1　更新构建创新力场的思维

5.1.1　构建创新力场的理念

创新思维决定创新理念，创新理念决定创新实践。构建创新生态系统，形成创新力场，关键是要用生态的思维来思考创新、推动创新、发展创新，实现创新系统思维到创新生态系统思维的转变。

从要素思维转向活动思维。当前，我国科技创新大多仍然停留在要素创新阶段，各地发展竞争仍然表现为要素的竞争，各地创新政策的出发点也多表现在对要素的吸引和集聚。这种现象存在的原因归根结底是创新仍停留在系统层面，缺乏创新生态思维，而创新生态系统强调的是演化思维、是动态的、交互的、开放的、发展的，动态是其最大的特征，也是其生命力所在。用活动思维来推动创新，就是要着眼于创新要素的动态发展、集聚扩散、演化共生、优胜劣汰，更多以市场化手段推动创新，在要素的动态交互中实现创新生态系统的演化和发展。

从边界思维转向跨界思维。传统的发展和创新是区域的分割式，这是由地区分割、国家边界和区域划分的现状导致的。随着经济全球化和区域一体化的发展，特别是互联网的蓬勃发展，除军事保密等领域外，创新越来越超越国界，创新活动的全球协同、网络协同、区域协同、离岸协同成为现实，创新的边界日益模糊，创新的融合日益深化，跨界创新的优势日益凸显。构筑创新生态系统也需要摈弃边界思维，树立跨界理念，通过物种的交互和创新的融合，打破国界、区域、企业等组织机构壁垒，让各类创新主体跨界合作，最大化释放各类主体的创新活力，形成创新场效应。

从结构思维转向功能思维。创新生态系统不是一个结构性的系统，而是一个功能性的系统。各类创新主体之间的组织关系不是结构性的连接关系，而是由物种特性决定的动态的功能关系，通过功能作用的发挥形成动态发展的生态链。通过功能思维构筑创新生态系统，关键就是要从加法思维走向乘法思维，通过培育引领性研发机构、扩散型优势高校、研发型龙头企业、顶级掠食者企业、独角兽企业、有吸引力的创新政策、有感召力的区域创新文化等功能强大的创新磁场要素，以强大的功能抢占创新生态链的高端，发挥乘数效应，形成有竞争力的创新生态系统。

从外力思维转向自组织思维。创新生态系统具有自组织的特性，外来物种或者外力会打破原有的生态平衡，但其发挥作用的方式是通过系统内部的自组织特性，最终实现动态的平衡。构筑创新生态系统也有牢固树立自组织的思维，既要发挥外来物种的作用、政府推动力的作用，但其作用发挥绝不是“拉郎配”式的机械组合和外力粘合，而是要通过“鲶鱼效应”式的外力作用,引发系统内部的自组织、自调节、自适应,最终实现创新生态的平衡和创新能力的提升。

从工程化思维转向生态化思维。创新不是设计出来的,创新生态系统也不是设计出来的,构建创新生态系统,必须要克服认为创新生态系统可以模具化生产、模块化组装、产品化定制的工程思维,树立演化发展的生态化思维。生态具有多样性的特征,一个区域的创新生态系统一定是在原有的基础上发展起来的,培育创新生态系统必须要用生态的思维,立足区域创新生态特性,促进创新生态系统不断演化、创新生态环境不断优化、创新生态物种不断丰富、创新生态体系逐步完善,实现创新生态系统的特色化、生态化发展。

5.1.2 构建创新力场的导向

构建创新生态系统就是要面对各种复杂情况的变化,形成应对复杂系统的思路,突出创新"力"的导向,发挥创新"场"的效应,以构建"创新力场"的发展导向,打造有竞争力的创新生态系统。

突出要素的能量。创新需要很多的要素,也需要系统构建和系统的谋划,这些要素是构成创新生态的能量。但在这个过程中我们衡量这些要素的重点,不在于其数量,而在于其质量,更在于其力量。创新生态系统这些要素的力量和能量是我们需要关注的主要方面,当前很多地方都在构建创新园区,江苏也有很多产业园区,也集聚了很多企业和人才,但是很多地区的创新力和能量没有发挥出来,仅仅是一种平淡的数量,产生不了引领力量和迸发力量,产生不了核变力量。

突出联系互动。活力来自于交互和互动,创新的产生、发明的产生、新思想产生、新思维产生都来自于交互。封闭的没有来自于外界的刺激和外界信息交互的环境是无法创新的,很多的创新平台、创新载体,虽然集聚了很多主体,但缺乏内在的互动融合,与外界也没有足够的交互,其创新能力自然是弱的。构筑创新力场一定要具备生动的交互,政府和企业、企业和市场、创新者和企业家、投资者和创新者、知识和资本,只有充分的交互才能产生更多地创新,形成创新活力。

突出整体协同。深圳、中关村的创新都是有一个协同的系统在支持着创新系统的完善和创新活力的增强，这种协同是自生长和自组织的，是一种互补性的、共享性的、互益性的，通过自组织进行循序渐进的演化，而功能的协同是创新获得力量之所在。这种复杂的概念需要我们充分重视和感知，通过协同解决创新碎片化问题，让各种要素自然流变，进而产生创新迸发力，提高创新效率，形成创新张力，达到聚力创新的效果。

5.1.3 江苏构建创新力场的方向

江苏要在更高水平上推动创新发展，需要积极构建竞争力强的创新生态系统，增强创新的体制机制活力，增强创新政策的吸引力，增强各类创新平台的集聚力，增强创新文化的渗透力，在全社会形成浓郁的创新文化氛围，重点应从“战略、流动、交互、协同”四个方面着力。

强化创新战略。一是构建系统性创新发展战略。发挥政府在推进创新生态系统构建中的推动、引导和保障作用，打破政府部门各自垂直管理、政出多门、资源分散的壁垒，统筹推进科技、管理、组织、商业模式创新，实现科技创新、制度创新、开放创新的有机统一。二是强化功能性创新政策供给。加快营造有利于创新的政策环境，减少直接干预手段，减少选择性产业政策，更多地以间接引导方式创造全面公平竞争环境为方向，推动创新政策由资源倾斜型向环境营造型转变，由个体支持型向整体普惠型转变，通过政策协调和政策整合，特别是水平的政策协同，解决创新政策的碎片化问题。三是打造数字经济发展引擎。把数字经济作为推动创新生态系统构建的着力点，做大做强数字经济，加快传统产业数字化、智能化，加快推进“产业＋互联网”融合发展，政企协同发力，以发展数字经济培育发展新动能，促进经济和产业转型升级。

强化要素流动。一是构建区域创新活力指数。把提升交互性和活力度作为创新生态系统发展和培育的重点，在区域创新能力考核中进一步强化对创新活跃度、创新资源流动性的评价，研究建立创新活力指数指标体系，把交互和活力作为创新活动评价的标准或因子，引导各地加快创新资源集聚和扩散。二是打造创新要素流动载体。加快建设技术产权交易市场、人才信息平台、金融资本对接平台、知识产权运营交易中心等资源交互和流动平台，集成价值评估、中介服务、经纪服务等资源，加快建立顺畅的资源流动体系，促进各类创新资源合理配置。三是打破要素流动边界限制。破除江苏各区块创新要素流动的障碍和政产学研之间人才壁垒，制定政产学研之间人才柔性流动的激励政策，提高创新要素流动的顺畅度和效率，以开放的格局运用和整合资源，进一步增强资源集聚度，形成创新的资源优势、人才优势、文化优势和环境优势。

强化平台交互。一是强化区域创新交互。抓住苏南自主创新示范区和南京江北新区建设机遇，要进一步整合创新资源、强化区域协同、强化环境营造、强化生态互补，打造更多依靠内生力量的创新生态发展示范区，打造创新的策源地、引领区、磁力场和重要增长极。二是强化创新载体交互。整合各类创新载体和平台，充分发挥互联网集聚效应，实现各类创新平台之间的无障碍交互和无缝连接，推动相关领域交互发展。比如在推动软件产业发展方面，可支持有条件的地区建设虚拟软件谷，集成对接南京雨花软件谷资源，以资源交互对接实现产业发展优化配置。三是强化产业链互动。加大区域产业互动和资源整合力度，推动产业链、资金链、创新链、服务链交互对接，集中力量实施前瞻性产业技术创新专项和重大科技成果转化专项，重点围绕新材料、新能源、生物医药、高端装备制造等优势产业，着力突破制约产业高端发展的关键核心技术，加快形成一批千亿级、百亿级高新技术特色产业基地。

强化创新协同。一是强化创新主体协同。探索建立政府、企业、高校、科研院院所、服务机构等创新要素的协同机制和利益分享机制，推动各级各类政府部门、科研院所、各类产业园区、金融机构等协同运行，形成政产学研用相结合的创新生态链条。二是强化创新服务协同。推进创新服务集聚区建设，创新服务方式和商业模式，以服务资源集成推动创新资源集聚，强化金融服务对创新的支持，打通创新与资本的任督二脉，大力展创业投资、创新金融产品、建设金融组织，加快形成多元化、多层次、多渠道的科技创新投融资体系。三是打造协同创新联盟。引导各地发挥创新优势特色，打造一批高校带动型、企业带动型、服务带动型协同创新联盟，打破创新“孤岛效应”，产生创新链式反应，形成创新循环系统，同时，加强各联盟之间的交互连接，形成各具特色的创新生态体系。四是强化跨界融合。推进大数据、物联网、云计算等技术的应用，推动跨界融合成为产业发展的趋势，加快整合融合现有产业领域和要素资源，经过相互渗透、融合或裂变，整合连接到一起，实现产业价值链的延伸突破。

5.2 培育创新引领力

创新主体、中介服务机构、创新环境是创新生态系统的重要组成要素。无论是被划分为核心层和影响层两个层面的创新生态系统，还是核心层、中间层和外围层三个层面的创新生态系统，创新主体、中介服务机构、创新环境是创新生态系统的基本组成要素。这些要素相互依赖、相互交流，形成了一个复杂的创新生态网络。但从各类主体重要性来看，核心企业始终处于创新生态系统的中心地位，以顶级掠食者企业为龙头，带动形成覆盖全链条的创新企业群落，并整合提供技术和人才支撑的科研院所和高校，共同形成具有生命力的区域创新生态系统。

5.2.1 培育创新型企业群落

创新是引领发展的第一动力，在创新的“赛场”上，企业是“运动员”，是创新的主体，市场是“裁判员”，实现优胜劣汰，而政府则是“管理员”，提供创新环境。“十二五”以来，江苏将创新驱动作为全省经济社会发展的核心战略，推出一系列政策、措施和机制，为企业创新搭建跑道、营造创新环境。2016 年，江苏区域创新能力再次夺冠，连续多年位居全国首位，特别是企业创新、创新环境两项指标，均居全国第一。随着全球新一轮科技革命和产业变革的加速演进，以及我国进入经济发展新常态，要实现经济提质增效和转型升级，迫切需要培育一批真正拥有核心技术、具有核心竞争力的创新型企业。构建创新生态系统，首先要强化企业创新主体地位，落实激励科技创新优惠政策，实施创新型企业培育行动计划，重点培育一批创新型领军企业，支持民营企业和中小微企业开展创新活动，加快形成以高新技术企业为骨干的创新型企业集群。

强化政策支持，引导创新企业集聚。构建创新型企业群落，应坚持培育和引进两条腿走路，强化政策支持，优化政策环境，形成企业集聚的磁力场，创新型企业蓬勃发展的策源地。加快推动有关财税优惠政策适当向创新型企业倾斜，尤其是加大对经济发展具有重大影响的高科技创新项目的支持力度。根据区域产业特点制定扶持政策，集中力量发展具有比较优势的创新型产业，促进工业企业向创新型企业转化，形成具备区域优势的创新企业和产业集群。

加大创新投入，提高企业创新能力。企业在科技创新方面投入不足，这已经成为企业赢利空间缩小、持续赢利能力下降的主要原因。现阶段，仍需通过政策刺激，如研发费用补贴、税收减免等措施，降低企业研发成本，引导企业加大研发投入，激发企业创新动力。进一步加大对创新型企业的资金支持力度，如成立科技型专项资金，对创新型企业予以资金支持等。加大对企业建设国家重点实验室、工程（技术）研究中心、技术中心等创新载体的支持力度，建立相应的人才引进、培养与激励机制，全面激发企业创新活力。

推进孵化器建设，建立产学研合作长效机制。目前，企业参与科技创新成果转化的动力不足，科技成果转化率低于发达国家。提高科技成果转化率，需要进一步完善和推广“创业苗圃—孵化器—加速器—产业园”科技创新创业孵化链条建设，借鉴国外先进经验，完善产业孵化园功能，发挥辐射带动作用，更好地为创新型企业提供服务与支持。进一步加强以企业为主体的产学研合作机制建设，完善企业、政府、科研机构三方合作机制。充分发挥政府的纽带作用，促进创新资源流动整合，鼓励企业将研发需求与科研机构优势创新资源相结合，形成稳定的、面向市场的、接地气的产学研合作机制，促进科技成果产品化、商业化。

拓宽融资渠道，破解企业资金难题。由于创新型企业需要的资金投入较大、抵押物较少，融资困难已成为创新型企业特别是中小微创新型企业发展面临的主要问题。需要进一步拓展创新型企业融资渠道，包括扩大科技型基金规模、提高科技贷款额度、降低科技贷款门槛、发展创业板与新三板市场、拓展直接融资方式等，尽快建立以政府投入为引导、企业投入为主体、金融贷款为支撑、吸引外资和社会集资为补充的多渠道、多层次的投融资体系，为创新型企业发展提供资金保障。

5.2.2 构筑科研机构创新高地

江苏区域创新能力走在了全国前列，推动了经济加快转型升级，很大程度上得益于江苏拥有数量众多的高等院校，拥有中央、地方、央企和国防系统等多方面、多领域的科研院所，这是江苏创新发展的独特优势。在构建江苏特色的创新生态系统、加快推进经济转型升级过程中，也必须要充分发挥这一优势，强化科研机构与市场融合，打通科技成果转化渠道，加快构建产学研紧密结合的创新生态链条。

发挥各类科研机构在推进创新中的策源地作用，打造创新技术高地。发挥科研机构技术资源优势，完善以市场需求为导向的科研项目立项机制，围绕经济社会发展的难点和热点展开科研攻关，重点在基础研究上下更大功夫、在核心技术研发上下更大功夫、在应用技术研究上下更大功夫。建立省、市、区（县）三级科技成果转化用地协调机制，引导科研机构将科技成果在区（县）转化落地，打造区域性创新绿洲。

发挥各类科研机构在支撑创新中的磁力场作用，打造创新政策高地。通过深化产学研合作，加快科技体制改革，推动创新体系建设，推进应用型技术研发机构市场化、企业化发展。推进科技成果管理改革，赋予科研机构更多成果自主处置权，释放科技创新潜力。提高项目承担单位经费使用自主权，建立科研人员职务成果转化收益分配机制，释放创新活力。

发挥各类科研机构在培育创新中的推进器作用，打造产业创新高地。发挥省产业技术研究院示范带动作用，通过构建更多的一体化研发转化平台，支持科研机构与企业联合共建重点实验室、工程（技术）研究中心、技术转移中心和产业技术创新战略联盟，推动科技成果产品化产业化。建设科技企业孵化器，为科技型中小企业提供孵化服务，培育壮大创新型中小微种子企业，打造创新草原。

5.2.3 打造科教创新源泉

谈到硅谷的成功，必然要谈到斯坦福大学的贡献，这所大学不仅为硅谷企业提供受过良好教育的员工，并为现有员工提供再教育机会，而且还直接和间接地支持创办了很多高科技企业，被称为斯坦福创业企业。这批由斯坦福大学人员和技术开办的企业，其收入占硅谷经济收入的比重高达

50%—60%。我国台湾地区的新竹科技工业园区，建在台湾交通大学和清华大学周边，而且还专业配套建设了台湾工业技术研究院，著名的台积电集团，最早的技术和人员都来自该研究院的一个研究所。

江苏拥有高校141所，其中原“985工程”重点建设高校2所，原“211工程”建设高校11所，全日制在校大学生近190万，在苏两院院士97人。但总体上看科技创新水平总体上还需要不断提升，在科教资源转化上，还存在着科技发展与经济社会发展脱节、高校学科方向与地方主导产业契合度不高、复合型人才和高端成果缺乏等亟待破解的难题。江苏要在新一轮发展竞争中抢得先机，就必须打开科教优势向现实创新发展优势转化的通道，在构建区域创新生态系统中发挥创新源泉作用，为区域创新持续提供技术、人才、平台供给，引领区域创新能力提升。

发挥科技资源优势、推动产学研深度融合，是贯彻落实全国科技创新大会精神的重要举措，也是建设创新生态系统的重要抓手，对于加快推动科技与产业精准对接，促进更多科技成果转化，具有重要的现实意义。首先要强化机制创新，推动地方与高校院所深度融合，加大资源整合力度，建立紧密的利益关系，充分调动双方积极性，促进高校院所与地方产业融合发展、合作共赢。其次要加快科技成果转化，大力培育新兴产业，推动各区（园区）与高校院所开展精准对接，围绕产业实际需求，加强科技创新的有效供给，加快实施一批产学研合作和重大科技成果转化项目，促进更多科技创新成果就地或离岸转化。再次要加强组织协调，推进地方（园区）和高校院所签订一批战略合作协议，共建一批重大科技创新平台载体，共同推动重大科技基础设施建设，共同培育发展一批新兴产业，不断深化合作内涵，提升合作水平，为经济转型发展提供强大动力。

高校要紧扣区域产业创新发展优化学科设置，使学科发展与产业发展相向而行、贴得更紧，防止出现“两张皮”现象。江苏苏南地区科技创新已经形成了比较强的整体优势，苏中苏北地区也有不少有影响力的产业集群，各地都可以依托地区特色禀赋和资源优势，发展特色产业，以重点企业为核心，以点促链、以链结网，建立协同创新网络，争取每个市形成一到两个有特色的产业技术创新中心。高校要围绕“新经济”“新范式”发展要求，与地区特色产业发展相衔接，推进学科设置改革，发展新兴交叉学科和应用型学科，在专注的领域内瞄准世界前沿、强化技术攻关，为特色产业发展提供技术支撑和创新动力。

高校要进一步强化科研成果转化，优化科研成果处置，发挥高校科研、技术、人才优势。客观定位和认识科研与产业发展得关系，在科研超前于产业发展的领域，着力发挥科研对产业发展产生引领作用；在产业发展超前于科研的领域，发挥产业对科研提供命题作用，以科研成果转化为抓手，促进科研与产业协同创新、双向促进。要建设技术成果交易市场和产权交易服务平台，完善成果价值评估体系，在成果处置、薪酬分配等方面给予高校院所更大自主权，促进技术成果供需对接。推进自主创新引导基金、产学研专项资金与科技融资结合，完善多元投入体系，更好地发挥财政资金在科技成果转化中“四两拨千斤”的作用。

发挥互联网等新技术的集聚放大效应，抓住互联网发展“时间窗口”，依托科教优势加快发展云计算、大数据等信息技术，推进信息化与工业化深度融合，充分运用网络集聚扩、离岸集聚孵化等方式，实现人才、科研、管理等各类资源网络化协同，从而释放出“科教资源＋互联网＋实体经济”的叠加优势。建立政府数据开放平台，加快政府和公共服务部门数据资源向社会开放步伐，利用大数据创新社会管理，探索“互联网＋科研服务”，充分发挥大数据驱动创新发展和管理决策的作用。

突出与市场对接，发挥市场导向作用，构筑以市场为导向的产学研合作机制。新技术、新产品、新产业归根到底不是政府规划出来的，而是在一定的创新生态系统中生长出来的。把科教优势转化为创新发展优势，必须发挥市场在科技资源配置中的决定性作用，构建创新主体协同互动、创新要素高效配置的创新生态系统。强化众创空间建设，完善高效便捷服务体系，持续开展大众创新创业政策第三方评估，不断提高政策实效，着力打造创新主体育苗基地。重点做好大学生、留学归来创业人员、大企业高管和连续创业者、科技人员等创新人才培育工作，大力弘扬创新文化，为创业者提供充足的阳光雨露，让创新的种子快快萌发、长成大树、变为森林。

5.3 构建创新生态网

在自然生态系统中，真正维系物种繁荣的基本条件是氧气、水、能量，对创新生态系统来说，更多地要聚合创新创业人才、创新创业孵化器、创新创业资本等要素资源，将资金、人才等创新要素资源广泛聚集起来，聚合起来发生化学反应，构建一个生命力旺盛、根植力强大的生态系统，促使各类创业创新要素共生互助、聚合裂变，释放更大的能量。

5.3.1 发挥平台集聚作用

科技创新平台具有整合创新资源，培育创新主体、提升服务能力等功能，成为推动区域经济转型升级的核心科技支撑要素。统计数据显示，我省拥有省级以上高新区39家，其中国家高新区16家，居全国第一，苏南自主创新示范区、南京江北新区上升为国家战略和新区，拥有省级以上科技创新平台近4000家，数量居全国前列。但是这些平台和载体在集聚资源过程中，大多还处于创新链条的底端，生产要素集聚较多、创新要素集聚偏少的现象仍然普遍存在，引领创新前沿的研发型平台和载体缺乏。

要重点支持建设众创空间、孵化器、加速器等载体，大力引进知名高校、科研院所设立研发机构和技术转化基地。加快公共研发机构建设，推进大中型企业研发机构全覆盖，促进企业研发资源共建共享。搭建技术转移和知识产权运营交易平台，推进产业技术联合研究中心、公共技术服务中心、公共检测平台和金融服务平台建设。

集中力量建好公共技术服务平台，拓展服务功能，扩大服务范围，提高服务质量，重点推动省级以上科技企业孵化器在发展战略性新兴产业、破解产业技术难题、开展行业共性技术服务中充分发挥支撑作用。强化企业研发机构提质升级，建设一批国家级的重点实验室、工程研究中心、企业技术中心，增强企业研发能力，并建立开放共享机制，为社会提供技术服务。

建设创新创业平台，借助“互联网＋孵化器”，打造开放式生态系统，支持举办各种创业路演、创业大赛、创业论坛、创业辅导与培训等创业活动。支持龙头企业参与建设孵化载体，引导社会力量创办中介服务机构，提供包括共性研发、人才服务、技术、产权和标准、信贷担保和融资支持等创新创业服务，积极引进和培育无形资产评估、项目策划、成果转化等中介机构，打造一体化创新创业生态圈。

5.3.2 发挥人才引领作用

人才是创新生态系统的最小分子，也是最有创造力的基础创新资源，引进一个高端人才，可以创新一项业务、带动一个团队、形成一个产业。据公开资料显示，江苏全省人才资源总量达1076万人，还有大批工作在产业一线的高技术高技能人才，创新发展的优势可见一斑。但是我省人才优势还多停留在数量优势上，人才总量不少，但高端人才特别是顶尖人才还不多，质量优势和结构优势并不明显。吸引和集聚人才、发挥人才对创新发展的引领作用是构筑创新生态系统的基础工程和关键工程。要加快构建国际化、高端化、特色化人才集聚中心，打造人才引领发展高地、人才环境建设高地、人才价值实现高地。

加快培育和集聚既懂科技又懂市场的复合型创新创业人才、处在国内外学术前沿的高科技领军人才、能够突破发展关键技术的战略性新兴产业高端人才、掌握绝技绝活的高技能领军人才。整合现有人才发展工程，推进百千科技企业家培育工程、产业人才高峰行动计划、新一轮“双创人才计划”、“333高层次人才培养工程”、用好江苏籍在外高层次人才的“凤还巢”计划、扶持草根创业的“众创人才”推进计划等。

建立健全政府、用人单位、社会多元投入机制，加大财政投入，安排人才专项资金，纳入财政预算，保证重大人才项目实施。完善考核体系，突出工作重点，坚持项目建设与人才引进联动，推进招才引智工作。支持各地结合区域发展实际，制定激励政策，加强与海外人才组织协作，加强与高校院所协作，引领更多人才向生产科研一线集聚。按照向用人主体放权、为人才松绑的原则，充分发挥市场决定性作用，优化人力资源配置，让人才流动更自由。注重发挥用人单位主体作用，鼓励企业做好人才培养工作，以市场为导向制定人才政策，招揽全球人才。

5.3.3 发挥资本助推作用

经济发展带来的金融市场发展能够通过资金、人力、技术等因素影响企业创新活动，企业创新水平的提高又反过来促进经济高速增长。很多人把美国经济的崛起归因于华尔街和美国强大的金融系统，原因是在华尔街和美国强大的金融系统的推动下，美国成长出了一大批创新型的企业，这些创新型企业革命性地引领了行业发展、推动社会变革与经济持久增长。

集聚和壮大创业资本或风险资本是促进创新创业的重要基础，这也得到政府、企业和学界的高度认同。风险资本是主要投资于高科技新兴产业未上市公司的资本，它的特点在于一是由专家管理，二是拥有股权式金融工具，三是专注于新兴的公司，而且往往是那些尚未盈利、尚未销售产品甚至还没有开发出产品但具有增长潜力的公司。风险投资家被称为创业者的教练，可以推动并引导创业者走向成功之路。构建创新生态系统，必须在引进和集聚创业资本和风险投资家等方面取得更多突破。

围绕金融资源的成长注入创新生态的肥料，实现创新创业者与投资者的牵手、解决融资问题是实现创新或创新驱动、经济发展的关键一环。与美国相比，我们的风险投资还刚刚起步，现在一些发展成功的高科技上市公司更多依赖于国外的风险投资。要学习和借鉴美国硅谷的经验，积极为风险资本行业的成长创造条件。放大政府引导基金作用，集聚海内外创业投资基金、股权投资基金、产业基金，鼓励社会资本发起设立股权投资、天使投资、风险投资等创新创业型基金。深化科技金融体制机制改革创新，建立更加有利于各种类型创业投资机构发展、更加有利于创业资本基金成长、更加有利于社会资金投向创业资本的政策。研究制定相应的保护性法规，加快与国际的接轨，营造更加良好的风险投资土壤。

鼓励金融组织体系创新、服务创新和产品创新，增强金融业发展活力。鼓励境内外金融机构在江苏组建科技银行、科技保险机构、科技小额贷款公司、小微企业融资服务中心等各类科技金融服务机构。推动科技金融结合，打造企业成长全周期的金融服务链，通过政策引导、资金参股、风险补偿、税收优惠等手段，搭建科技型中小企业投融资服务平台，为创新创业投融资提供全流程、定制化服务，鼓励发展小额贷款、融资担保、融资租赁。促进投贷联动，鼓励信用互助、科技保险等科技金融创新，全方位支持各类创新模式。

5.4 打造创新生态场

创新生态系统是创新"种子"、"土壤"、"阳光雨露"和"文化"等的系统集成。构建创新生态环境，需要政府、企业和个人等主体相互作用、有效协同，是由领军企业、高校院所、高端人才、天使投资和创业金融、以新型孵化器为特色的创新创业服务、创新创业文化要素组成，集合政、产、研、学、资、介等各类资源要素，形成良性循环。通过加强创新服务，培育更加肥沃的创新土壤，厚植敢于冒险、宽容失败的创业创新文化，让各类创新要素集聚耦合、裂变反应，让"大众创业、万众创新"的活力竞相迸发。

建立一个多要素多层面联动的生态系统，重点是打通科技和经济、社会发展之间的导向通道，建立健全技术创新市场的导向机制，发挥市场对技术研发、路线选择、要素价值的导向作用。打破创新"孤岛效应"，产生创新链式反应，形成创新循环系统，激发全社会创新活力，源源不断提供创业创新源动力、经济社会发展源动力。同时，围绕产业链部署创新链，围绕创新链完善资金链，围绕资金链提升价值链，增强创业创新氛围，真正实现创新驱动发展。

5.4.1 优化区域创新政策环境

创新需要长期投资，同时伴随着高风险和高不确定性，因此创新更易受到政策环境的影响，政出多门、朝令夕改、政策模糊、难以落地等严重影响投资者的投资意愿，不利于形成稳定预期。另外，政策碎片化、统筹力不够、协调性不强的问题突出，导致了整体创新的战略目标不清晰坚定，创新的效能较低，创新的统筹协调、组织管理缺乏力度，创新潜能发挥不足与创新能力不强同时存在。因此，稳定的政策预期、完整的政策体系和整体政策优势对于培育创新生态系统来说至关重要，打造创新生态系统首先要完善创新政策体系，打造创新政策高地。

围绕创新生态系统发展趋势，优化经济、产业和创新政策。把握创新主体由单一构成走向多元格局，由科研机构扩散至产学研各界的趋势，突出创新政策设计的全链条、全覆盖。把握创新理念从技术供给到需求导向，让满足用户体验和个性需求成为创新创业的核心理念，更加注重支持和推动技术创新基础上的商业模式创新。把握创新活动从内部组织到开放协同，让低成本、便利化、全要素、开放式的创新模式不断发展壮大，创新创业要素在全球范围内加速流动，更加注重开放式政策设计，着力构建创新的开放发展格局。把握创新机制从政府为主到市场主导，发挥政府政策引导作用，重点支持专业化机构自发建立新型孵化器提供开放共享服务的孵化模式。

围绕政府职能转变，更加注重优化创新治理。按照“放管服”要求，深入推进行管理和审批改革，减少审批环节，提升管理效率，优化服务水平，形成区域政府治理优势，激发市场创新活力。着力降低制度成本，提升政策含金量，减少创业准入的制度成本，增强创新主体“获得感”，进一步调动全社会创新创业热情。开展对新制订政策是否制约创新审查，及时废止或修改有违创新规律、阻碍新兴产业和新兴业态发展的政策内容。推动已有经济、科技等优惠政策落地生根，在全社会形成创新创业的热潮，让大众创业万众创新蔚然成风，形成政策环境吸引力。

围绕提升创新驱动发展水平，强化创新政策考核和评估，引导创新政策调整和优化。聚焦具有全球影响力的产业科技创新中心和创新型省份建设，建立创新驱动发展考核指标体系，重点考核创新投入、创新能力、创新产出、创新绩效、创新环境、知识产权保护、高新技术产业投资增速等内容，系统评价创新驱动发展水平。发布江苏产业科技创新指数，从科技创新资源、科技创新环境、科技创新投入、前瞻性产业培育、产业国际竞争力等方面，综合评价实施创新驱动发展战略的总体情况，努力塑造更多依靠创新驱动的引领性发展。

5.4.2 优化区域创新服务环境

在创业创新生态系统里，政府应该有所为、有所不为，更加注重制度创新、政策创新和工作方式创新，以此推动企业层面的科技创新、管理创新和商业模式创新，让政府的公共服务与企业的实际需求更加合拍，让企业有更强大的动力推陈出新。

健全创新公共服务体系。加强科技企业孵化器建设，鼓励各地用更强有力的方式支持孵化器发展，进一步强化孵化服务功能，集中打造一些公共服务平台,更有效地服务于孵化企业。建设一批重点领域的产业技术创新服务平台,发挥社会组织在科技评价中的作用,完善科技中介服务体系,构建科技服务产业发展的新机制。建设统一开放的技术交易市场,引导更多资源向创新汇聚,完善创新价值实现机制,强化技术转移转化服务能力。

加强科研服务平台建设。发挥基础数据服务作用,建立专利数据库、企业数据库、文献数据库和公共服务数据库,向社会全面开放,实现信息共享和增值。支持公共科研设备和资源平台建设,搭建公共科技资源共享平台,支持各类创新主体和科研机构资源共享。加快各类技术产权交易中心建设,实现线上线下全面展示、交流、发布创新成果,促进产品、市场、技术、资本、人才等各类生产要素紧密对接、合理流动。

促进创新服务业发展。引导创新服务业规模化、品牌化发展,培育一批名牌创新服务机构。支持设计、研发、知识产权、技术改造类服务企业发展,鼓励面向特定技术领域、特定行业的定制化创新服务。鼓励大学和公共研究机构专业人员进入创新服务行业,创办各类创新服务机构。鼓励国有资本、民营资本、外资和科研单位联合兴办创新服务企业。加大品牌创新服务机构引进力度,吸引国际知名创新服务企业在我国开展业务或创办企业。

5.4.3 营造区域创新文化环境

创新是高收益与高风险并存的项目,社会文化对于创新同样有着重要的影响,激励创业创新,鼓励尝试、容忍失败的社会文化,对于创业创新而言至关重要。加州伯克利大学的教授古斯塔沃·曼索(Gustavo Manso)的文章《激励创新》中提出,与一般性的绩效工作的激励机制不同,最优的激励创新的机制,是需要在早期给予创新者足够的失败容忍,而对于长期的成功给予创新者足够回报,因此对失败的容忍是激励创新性行为的一个重要的基础。

容忍失败的社会文化对于创业创新企业有着深远的影响,硅谷文化是美国创新文化的一个重要体现,硅谷孕育了无数企业,其中包括惠普、英特尔、苹果、思科等巨头公司,硅谷的文化不断鼓励年轻人去创业,并且宽容他们的失败。构建创新生态系统,需要进一步提升我国的创新创业氛围,形成鼓励创新、容忍失败的创新氛围。

创新文化具体体现为以创新为导向、激励创新活动的价值理念、制度安排、社会评价系统和舆论环境。创新文化因而呈现出鲜明的总体性和系统性特征，并正在形成一个基础结构相对完整、基本要素相对齐备、良性互动的内部循环。创新文化的形成发展，离不开政府的引导与培育。创新文化支撑自主创新的主要路径，涉及政府的“创新意识”、企业的“创新本能”、社会的“创新认同”、投资者的“创新信心”，以及创新技术和人才等方面。

树立政府的“创新意识”，要通过长期的创新实践和全社会的创新文化氛围，使创新文化成为各级政府推动科学发展的自觉行为，通过政策供给、财政投入、舆论宣传等措施有效地激励企业的自主创新，营造鼓励企业创新的体制环境，推动形成企业的创新集群和创新链条。

激发企业的“创新本能”，要营造良好的市场环境和文化氛围，提升企业家创新意识，营造企业创新文化，发挥科研人员创新作用，更加强调个人在经济活动中的机会和贡献、鼓励个人创新、建立健全更加科学的产权制度等，培养和造就创新精神，激发企业创新活力和创造热情。

形成社会的“创新认同”，创新产生于适宜的文化氛围里，成长于公众理解和支持的社会环境中。培育“鼓励成功、宽容失败”的社会氛围，弘扬创新精神、团队精神、合作精神，使创新成为人们的共识，使一切有利于社会进步的创造愿望得到尊重，创造活动得到鼓励，创造才能得到发挥，创造成果得到肯定，使创新精神化为全民的共同行动。

增强投资者的创新信心，需要建立富于时代特色的文化价值观，把对创新规律的理解和对创新活动的态度贯穿于体制机制中，通过制度杠杆协调创新主体与社会之间的收益平衡关系，更好地吸引社会资源要素不断投入到创新活动中，提高创新的质量和效益，支撑和培育壮大创新生态。

5.5 本章小结

总之，构建创新生态系统核心是“力”，即提升各类创新主体的核心竞争力；路径是“网”，即聚焦形成交互协同、互联互动的创新生态网络，目标是“场”，即构筑有竞争力的创新力场。创新生态系统是动态的、发展的、交互的、开放的，通过集聚和扩散实现自我调节和发展，通过各类市场主体之间的竞争合作，实现物种选择和优胜劣汰，形成区域创新生态系统。创新生态系统既是自我发展、自我调节、自发形成的，又需要政府在治理、引导、维护方面发挥作用，政府在其中既要发挥阳光雨露作用，通过有竞争力的创新政策，提供普惠性的创新服务，打造创新政策高地，形成区域创新优势，发挥基础的创新集聚作用，引导企业、高校、人才、资本集聚发展。又要发挥管理维护作用，设计创新生态苗圃，培育创新生态乔木，打造创新生态雨林，维护创新生态环境，清除影响创新生态的杂草和害虫，激发和保护良性创新，引导创新生态系统实现良性循环、螺旋上升。通过多方位的互动和协同，通过"培育引领力、构建创新网、形成创新场"，最终构筑起有竞争力的创新生态系统，使江苏成为全球有影响力、全国关注的创新力场。

第 6 章　提升之道:江苏创新力场的现实应对

上一章从实践发展的经验和理论分析,对江苏打造有竞争力的创新生态系统提出了发展的架构。江苏如何面对客观现实,突出重点,有针对性地打造创新力场,需要将别人的经验、理论的研究在江苏这片土地上更好地发挥出来,以更好地回应"有高原无高峰"、处于产业价值链的中低端、区域创新活力动力不足之问。

6.1　集聚优势资源　垒起创新高峰

创新生态系统由各种生物物种(成员)组成,各成员间存在各种复杂的关系,创新过程需要多菌落共同参与。比如说自然界的生态系统,涉及土壤、气候、水源、植被,还有生物的多样性等多个生态元素或生态链,它们之间相互关联,相辅相成,形成了一个大系统。在自然界的生态系统中,维系物种繁荣的基本保障是氧气、水、能量;对创新生态系统来说,需要更多的聚合创新人才、创新孵化器、创新资本等要素,创新要素集聚和交互到一定的阈值,创新的动能积蓄到一定的量,才能产生创新的"化学反应"。

生物多样性研究也表明,一大片连续土壤上的生物生态系统要远优于分散在很多碎片土地上的生物菌落,交互范围越大,发现新物种的几率越高,交互越多,挖掘多样性的机会也更多。中国工程院有关研究报告显示,全球创新下的新兴产业增长率普遍超过传统产业,技术突破和跨领域的交互融合是创造新的经济增长点、重塑世界产业竞争格局的重要因素。开放与交互是创新的本质要求,创新资源不应局限于特定的区域范围,而应该通过多种交互方式拓展创新物种，促进创新生态系统中不断发生物种竞争、群落演替，促进创新资源的充分流动和集聚，让各类创新要素不断地发生耦合、裂变反应，从而提升创新效率。

6.1.1 集聚整合全球高端创新资源

一个地区发展转型的快慢，取决于高端要素集聚的速度。随着经济科技全球化的深入发展，以人才、知识产权等为主要表现形式的创新资源的跨国界流动日益加速、巨头公司全球协同创新的路线也将逐步推进，这给企业整合各类创新资源提供了更好的机会。企业是一个国家、区域或城市创新生态系统中至关重要的种群，但企业并不是唯一的创新主体，拥有各类高端的人才的大学是创新体系中的一大要素，大学在创新生态系统的构建中扮演的角色越来越重要。企业在创新过程中需要跨越传统的边界，需要充分利用外部的创新资源，将企业的内、外部有价值创新资源有机整合起来，逐步构建"没有围墙的研究院"。推动利用各类外部创新资源，有助于企业更快地提升创新能力和水平，也是我国企业走向国际市场、成长为世界一流水平跨国公司的必经途径。

作为全国经济、科技最发达的地区之一，江苏产业基础雄厚，已跻身于国际产业分工体系之中，成为中国乃至全球重要的制造业基地，具备了开展国际产学研合作、吸引全球创新资源的实力。要吸引集聚全球高端的创新资源，就必须从江苏本地创新群落实际出发，立足全球视野和全球未来的坐标系，坚持高端引领，搭建有影响力、竞争力的优势载体平台，构建多层次的创业资本。资本和平台是集聚全球创新要素落地的载体，是吸引高端要素集聚的必要条件和基本保障，是提升"创新浓度"的核心。

一是搭建好创新的载体平台。围绕新材料、生物医药等区域战略性新兴产业、龙头产业和重点产业，分析各自的特色和需求，优化布局，搭建跨区域的创新资源平台、组建应用型研究所对接国际顶尖机构，依托产业逐步形成区域创新的"磁极"。如，苏州工业园区 20 多年来一如既往地通过集聚全球高端创新资源，构筑了园区研发高地和创新源头，目前区域吸引了冷泉港亚洲、中科院纳米所等一流的研究院入驻，聚集了牛津大学、哈佛大学、悉尼大学等 32 所国内外知名高等院校进驻，在校生人数近 8 万人，聚集了微软、华为、同程旅游网等一批高新技术企业。围绕这个独特的“世界名校区”，苏州工业园区已形成一个活跃的“创新生态圈”，高校、科研机构、人才、企业等创新资源不断上演着“螺旋式聚合”。名城与名校深度互动，创新资源不断集聚，创新成果迅速“发酵”，成为苏州工业园区成功的秘诀。常州科教城一方面积极实施高水平的“引进来”战略，搭建高规格的全球创新平台，积极融入全球创新链，加快中以常州创新园的建设，创建中德创新园、中英（常州）科技城、牛津大学ISIS国际技术转移中心等一批“超级服务器”，集聚并整合全球创新要素。另一方面，根据常州重点发展产业需求，积极引入产业链上游的企业，逐步把园区建成中国国际科技合作的示范园区以及以色列在华投资的重要基地，已经集聚了乐康瑞德、滕氏医药等40多家以色列企业，有效弥补了创新资源的短板。依靠集聚全球创新资源，常州科教城步入快速发展的轨道，2016年科教城园区企业实现营业收入115亿元，增长42%；新增授权专利1400件，完成全年目标的140%；新增入驻机构和孵化企业588家，完成全年目标的161%。

二是出台相关政策措施引导和激励融合集聚。政府应建立完善的知识产权保护体系，优化技术转移与孵化政策，助力区域高校及科研院所与企业创新需求的融合。为提升国际产学研合作的层次与水平，有效整合国际科技资源，推进企业与国外各类创新机构建立紧密型合作伙伴关系，江苏省组建了技术交易市场，出台了知识产权强省意见、人才26条、科技40条等系列鼓励创新的政策。江苏已经组建了江苏—澳大利亚维州生物医药产业创新国际合作联盟、江苏传感网产业创新国际合作联盟、江苏纳米产业创新国际合作联盟等一批产业创新国际合作联盟。江苏发展大会既是贯彻落实江苏第十三次党代会精神、聚力创新的举措，也是推动国内外高端创新要素在江苏集聚的新平台，更是为江苏深化改革开放汇智聚力的新载体，通过江苏发展大会聚焦了人、聚焦了高端要素，激活了潜能、链接了资源，营造了富有活力的江苏创新生态系统，强调了创新生态系统的自组织、智慧型成长的特性。同样，以“智汇江苏、共创未来”为主题的中国江苏大院大所合作对接会，也是基于江苏本地菌落需求和重视新兴技术与本土菌群深度融合而精准聚集技术、人才、资源等创新要素于江苏，协同构建竞争力强的创新生态系统的具体举措。

三是构建产学研合作平台。鼓励高校科研院所与企业共建联合研发中心，派驻科研人员融入企业生产研发一线，设立企业高校研发站等，共同开展订单式研发、课题共同研发，在研究方向、研究人员、研究成果上形成互通有无，相互融合，构建研发与合作的磁力场。硅谷成功的关键在于其周边区域拥有斯坦福大学、加州大学伯克利分校、加州大学圣克鲁兹分校等近20家名牌大学，波士顿区域内则分布着哈佛大学、麻省理工学院等世界一流大学，大学不仅提供了新的发明和高水平科技成果，还源源不断地供给了大量高素质人才，大学成为美国区域创新体系形成和发展的关键。德国通过设立"科研校园—公私创新伙伴联盟"，致力于促进企业、大学和其他科研机构之间形成中长期的伙伴关系，促使三者之间的交互与融合。上海市围绕优先发展的生物和生命科学领域，为科技创新者提供空间和场所，提高了创新资源的集中度，发挥了集群优势。围绕同济大学优势学科知识外溢形成的环同济知识经济圈，从一条街、一条带、到如今的一个环，已经形成国内规模最大、产业链完整、集群效应明显的知识型服务业创新集群，依靠的就是集聚与整合各类创新资源，离不开的就是各类资源的交互。在这里，知识、人才、产业与城市空间互动发展，智力要素密集、产出附加值高、低能耗少污染、供给层次多、服务辐射强。深圳充分发挥经济特区对外开放窗口的政策优势，面向全球集聚配置创新资源，加快融入全球创新网络体系。积极推动"深港创新圈"、打造世界级的创新中心，开展科技创新专项合作、加大核心技术攻关力度，积极承接跨国公司研发中心向深圳转移，鼓励跨国公司在深圳设立研发机构、技术转移机构和科技服务机构，积极参加国家重大国际科技合作项目，鼓励企业、高等院校和科研机构参加政府间多边、双边科技合作项目，在项目参与合作中不断培养本地人才队伍。

四是建立政府参与的"产业创新投资母基金"。完善创新的社会投入机制，支持设立一批创业投资引导基金，制定支持天使投资和创业投资发展的财税政策。德国政府2012年推出"2020年创新伙伴关系"计划，投入5亿欧元鼓励创新资源的交互融合，把整个东部地区分散的科学、技术和企业要素聚集在一起，推动德国东部地区科研能力和创新能力的提升，促进东部地区产业结构和技术与产品转型升级，创造更多面向未来的新就业岗位，从而形成可持续发展、跨区域和有国际显示度的创新结构。借助产业创新投资基金，德国巴符州将其区域的9所研究型大学、23所应用型大学、13家马普协会研究院、17家弗劳恩霍夫协会研究所，以及12家州立研究所组成了“巴符州创新联盟”，集聚了企业、高校和科研院所资源，孵化服务了戴姆勒奔驰、保时捷、博世等知名企业，还培育了大批“隐形冠军”企业。江苏也正出台投贷联动、科技保险、债券融资等相关政策强化对科技型中小企业的金融支持，建议在政府投资基金的基础上设立智能制造、新材料等细分领域的产业创新投资母基金，支持新兴产业创新发展。

6.1.2 集聚和培育全球高端创新人才

创新需要优秀的人才，高水平的人才是激励创新最重要的因素、是创新力场发力的根本和关键，加大创新人才资源的供给、面向全球引进和聚集创新人才资源，构建适合区域创新需求的人才生态链是创新生态系统构建的基础，也是决定区域创新竞争和综合实力的决定因素。2016年习近平总书记在考察北京工作时强调“要完善人才发展机制，营造良好的创新生态环境”，只有不拘一格引进人才，聚力构筑平台培养人才，不断优化环境使用人才，才能营造良好的人才“生态系统”，才能促进创新力场真正发力，也才能解决创新的水之源、木之本的难题。

江苏与30多年前相比，在发展的基因和底色没有变的情况下，产业发展有了巨大变化，这种巨大的变化就是靠人才在支撑、在引领、在发力。国内外实践证明高端人才的引进、集聚、成长、生根和结果，既离不开自身艰苦的努力，也更需要人才赖以生存的创新土壤和创新环境，人才的集聚和发展需要平台和多方面的支持。为更好地发挥人才创新能力，建议重点在以下几点开展相关工作：

一是打造综合性的人才招引培育平台。建议政府整合现有的人才公共服务资源平台，建立国际人才市场体系，根据区域产业和企业需求推动人才培训、测评、招募、代理等服务。硅谷高效的人力资源招募网络为高科技公司寻求、测评和招募技术人员提供了很大的助力，斯坦福大学以及伯克利加州大学也为硅谷提供了高素质的研发人员，硅谷不断跨域跨界的人才引进战略也正体现了《美国竞争法》中“对人才维度的回归”的诉求。思科公司预估数据显示，硅谷创新人才近80%来自其他国家，其中印度占40%以上，占比最高，其实这也正在带动印度本土IT产业发展。成立于2006年的苏州科技城一直坚持创新驱动发展的落脚点和发力点在于人才，产业转型升级的关键点与核心要素在人才的观念，坚持“多管齐下”，打出系列引智“组合拳”：其最重要的举措就是搭建综合性的引才服务平台，引进并建设中国苏州人力资源产业苏州科技城分园，汇集了智联招聘南方呼叫中心、人才金港等知名人力资源服务机构；在此基础上又根据重点发展的产业方向，设立公益性行业人才库，配备专职人员进行猎头人才库建设。

二是大力实施人才招引和扶持计划。建议持续推进人才引进和培育制度，完善人才在企业、高等院校、科研院所间的流动，鼓励各类单位探索人才“柔性流动”和“柔性聘用”方式，大力引进国际化高端人才、培育本土实用性人才，构建满足本地产业发展的人才生态链、构建人才横纵向交流平台；结合江苏各地产业特点，围绕打造开发区产才融合新高地，强化开发区“双招双引”融合机制，实施教在高校、创在园区的“双落户”机制，推动形成一批“产业＋人才”特色小镇。在加强公共服务建设的同时，面向高端人才提供针对性、贴身式的服务，在人才入户、出入境、子女入学、配偶就业、社保等方面不断优化政策，设立专门的机构与渠道倾听人才的诉求，帮助其打通创新干事所面临的困境，营造令人才舒心、安心，让人才敢想敢干、奋发有为的创新生态环境。北京中关村积极拓展高层次人才引进渠道，集聚众多海内外高端智力资源，初步形成“高端引领、带动全局”的人才发展格局。中关村地区两院院士占全国的1/3，共有604人入选中央“千人计划”，占全国入选总人数的21%，303人入选北京市“海聚工程”，占北京市入选总数的70%。深圳积极实施人才强市战略，为人才提供施展才华的最佳舞台，通过出台引进高层次专业人才“1＋6”文件、大力实施“孔雀计划”、举办国际人才交流大会等，吸聚了海内外大批高层次人才和项目，助力深圳科技创新的枝头结出累累硕果。苏州工业园区深入实施“金鸡湖双百人才计划”，集聚高端人才，累计入选国家“千人计划”143人，其中创业类“千人计划”57人、占全国比例近7%，大专以上人才总量居全国开发区第一，园区被评为国家级“海外高层次人才创新创业基地”、中国科协“海外人才离岸创新创业基地”，被确定为中组部人才工作联系点。

三是逐步构建创新型人才发展的良好生态。建立科技人才个体与环境密切、良好的互动关系，全方位、全时空、资源多元化培养科技创新人才；高度活跃的创新群落特征是创新物种的多样性以及创新种群的群居性，多样性和群居性不仅造就了工作、生活等日常活动空间的近距离交互，还减少了物流、通勤时间，保障了人才有更多闲暇的时间和宽松的心态去创新。舒适的生态环境和高薪是吸引优秀人才的基本砝码，宜人的自然生态环境也已经成为吸引优秀人才的基本要素。在高层次人才的去留上，薪酬已经不是唯一的关键因素，发展空间、成长机会、创新氛围和公共服务等要素很大程度上影响着人才的流向。典型性代表的江阴市，取得显著成效正是基于其大力实施的“人才引领、创新驱动”战略，以创新“生态系统”集聚海外高端人才，以创新平台建设提升服务品质，以科技金融合作加快裂变发展，使海外高端人才成为创新的主力军，科技型企业成为产业转型升级的生力军，形成了海外高端人才竞相进入的“谷地效应”。

四是积极构建竞争和激励的人才机制。细化省“双创计划”、各市人才计划项目对人才的激励制度，整合发改、经信、科技等相关部门对创新人才的支持政策，根据人才的需求制定针对性的激励政策，激发人才创新活力。江苏省原省委书记李强关于人才重要性的评论“人才的高度，决定了产业的高度和未来创新的高度，人才的引进是江苏聚力创新的重中之重。”也不难理解江苏率先发布《关于聚力创新深化改革　打造具有国际竞争力人才发展环境的意见》，推出了“26 条人才新政”等系列聚力人才创新的政策，其目的一方面是更加注重培养用好本土人才，构建有利于科技人才进行原始创新的环境，突出创新创业导向，创新人才培养模式。另一方面，充分利用全球人才资源库，通过“江苏人才云”大数据平台和在发达国家和地区设立招才引智分支机构，畅通人才对接联系渠道，更加精准引进高层次人才。

6.2　壮大企业群落　培育独角兽企业

独角兽是一种神话传说中虚构的灵兽，形如白马，额前有一个螺旋角，代表稀有、高贵和纯洁。2013 年,种子轮基金 Cowboy Ventures 创始人 Aileen Lee 借用“独角兽”的概念,来形容那些发展速度快、数量稀少、被投资者疯狂追逐的科技型创业公司。当时提出的标准是,创业不到十年,估值超过十亿美元,其中超过百亿美元的被称为超级独角兽。超级掠食者虽然处于食物链的顶端,但并不超然于生态系统之外。如果没有他们,生态平衡将会被破坏,一定程度上说,他们是大自然的保护神。促进江苏省企业创新生态系统发展,就需要催生创新力场的发展,培育独角兽企业,从而培育如同苹果公司的创新“顶级掠食者”,并孕育出一个企业的“创新生态帝国”,这也是促进江苏企业创新生态系统发展、提升江苏创新力场的目标。

6.2.1　构建多层次企业群落　鼓励企业交互融合

美国管理学家德赫斯在《有生命的公司》一书中分析指出,过去 20 年里《财富》杂志评选出来的全球 500 强企业,平均寿命大约只有 50 年。美国《财富》杂志也曾报道,美国大约 62%的企业寿命不超过 5 年,中小企业平均寿命不到 7 年,一般跨国公司平均寿命为 10—12 年,只有 2%的企业存活达到 50 年。从医学上讲,决定人生命健康的内在因素是基因,基因支撑着生命的基本构造和性能。企业的生命基因取决于是否有创新。创新是一个技术开发活动实现商业价值的系统性过程,对企业来说,技术创新是一项涉及多种创新要素的活动,是企业为不断满足市场发展需求和引领市场消费而将新知识、新技术与市场有机联系的机制,其创新分为技术发现、产品开发、产品价值实现三个阶段。促进江苏企业创新生态系统发展,构建多层次的企业创新生态系统,建议重点聚力做好如下几点:

一是强化政府相关金融支持和鼓励。引导创新型企业善于利用发改、科技、经信等相关部门创新支撑项目和奖励资金做好产品的创新;善用知识产权制度加强对自我创新成果的保护,借助相关政策和项目融入创新体系、加强与上下游企业的交互。宝洁公司是世界上最大的日用消费品公司,创造了玉兰油、海飞丝、沙宣、佳洁士等深受用户欢迎的品牌,其创新产品在全球成功上市的比例达到了 64%,支撑这一远高于中国企业 5%新产品上市成功几率的,是宝洁公司创建了与合作伙伴、竞争对手以及大学合作研发的创新体系,不仅是技术本身的创新,还包括了流程、组织结构等方方面面的系统性创新。除了大企业，中小企业在各国经济和创新中占据着重要地位，中小企业能够推动创新、增加出口和扩大就业，是未来经济发展的重要推动力。在大多数国家，中小企业都是创新的关键驱动力，发达经济体中全球化和知识型中小企业的发展表明，创新和出口之间具有相辅相成、互利共赢的可能性。德国不少中小企业都是行业内的"隐形冠军"，技术水平在不断提升，在全球保持了领先地位，主要得益于其不断创新，得益于政府相关扶持项目和资金，也得益于大公司的采购渠道、创新引领和创新氛围营造。

二是借助外力，跨界联动。鼓励企业与高校、科研机构之间形成紧密且持续互动的关系，建立网络合作关系，形成产业集群；鼓励龙头企业在产品、资本"走出去"的基础上，通过自建、并购、合作等方式，在美国、欧洲等科技资源密集的国家和地区设立研发中心，借助全球创新资源的能力，形成创新生态圈。21世纪以来，世界范围内的创新范式从工程化、机械化的创新体系转向生态化、有机式的创新生态系统，创新资源配置从企业内部循环走向外部循环，创新环节分工更专业的企业在创新生态系统的时代获得了更大的话语权和更多的增加值。企业创新生态系统使得系统中的核心企业通过整合创新资源，建立利益分配链，实现与其他相关企业和机构在知识、信息、技术、渠道等方面的共享和相互依存，使中小微企业在系统中获得更好的生长空间，从而使系统中的企业特别是核心企业适应环境的选择并获得竞争优势。美国已经建立了多层次的企业创新生态系统，拥有了完善的企业分工协作体系，分工体系发达、专业化保证了研发及相关活动高效率、研发成果高水平。在这样分工体系下，已经涌现了苹果、思科这样拥有核心技术、创新能力、服务模式先进的创新型企业，构建了专事技术和产品研发的研发生态圈；也形成了捷普、富士康这样规模大、制造能力强的外包企业从事产品加工制造的制造生态圈；还形成了主要向研发与生产型龙头企业提供零部件和服务的中小微企业，此外还有物流等生产性服务的专业化公司，由此构成了完整高效、分工细化、互利共赢的企业创新产业链和价值链。

在生态链中，创新型企业位于产业链和价值链高端，通过技术研发和发包引领整个产业发展；外包企业则处于相对低端的环节，但其加工制造技术水平并不低，外包型企业在全球选择综合成本最低的地区开设工厂，生产优质低价产品，还可以为其他初创的创新型企业提供服务，帮助其将创新的点子、设计等转化为具体产品，也可借助其与产业链上游企业的合作渠道协助初创企业融通资金、开辟市场。从小公司与大公司的关系看，既有竞争也有合作，初创公司和小公司机制灵活、创新效率高，不断推出有价值的研发成果；大公司则通过资金投入、企业并购、培训人才等方式与小公司合作，帮助小型公司成长壮大，既有乔木、更有草皮，形成了生态链完备的企业创新生态链。上海“环同济知识经济圈”中既有高大的“乔木”——产值数十亿的上海市市政工程研究院、同济大学建筑设计研究总院等大型企业，也有产值从几千万到几个亿的“灌木”类中型企业，但其中95%以上则是只有几位至几十位员工的“草皮”、“苔藓”型小微企业。不同类型的企业之间既有密切的业务合作和经济联系，也有频繁的非经济交流与互动。企业之间既存在纵向的产业链分工关系，也有具体环节上的工程性业务平行分包和咨询性技术服务合作，呈现出很强的互补性和共生性。江苏中小企业达到203万户，科技型中小企业数量突破10万户，也已经形成了龙头企业＋中小微企业的创新生态圈和产业圈。南京雨花区形成了以中兴、华为、普天等世界500强企业为龙头，2000多家下游软硬件配套企业的创新生态圈，集聚软件从业人员近22万，实现软件和信息服务业收入近1900亿元，雨花区软件与信息技术产业的蓬勃发展，离不开技术的实践和创新，离不开政产学研的通力合作。

三是借助外脑促进自我提升。应鼓励企业借助技术和产品的合作、引进带动人才引进，从而将原创、前沿技术和技术研发团队留在本企业。解决制约江苏科技发展的关键技术难题，推进江苏产业向高端攀升，一方面必须坚持在立足自主创新的基础上，面向全球获取创新资源，开展联合技术攻关，实现高端跨越式发展。另一方面还应积极实施大规模“走出去”战略，围绕企业产品链和产业链通过收购国外研发机构、投资海外研究院或入股创新实力雄厚的公司等方式，高效整合国际创新资源，就地虹吸国际先进生产要素。为迅速进入高端纺织机械设备市场，全国最大纺织成卷设备的制造商常州金昇集团借助“超级服务器”，到国外去寻找资源、谋求合作，让“最强大脑”为我所用。2011年，金昇集团注资1亿欧元获得创建于1867年机床生产商德国埃马克50%的股份，埃马克是倒置式机床的发明者，在全球布局了200多件专利，占有全球40%的市场份额，拥有很强的创新基因。2013年金晟集团又收购了欧瑞康股份有限公司天然纤维机和纺机专件两项业务，入主瑞士卓郎纺机，整合各类创新资源，借助“最强大脑”在欧洲研发并生产核心部件。金晟集团通过系列走出去战略，获取了埃马克机床创新基因和市场销售渠道，助力了其成为国际天然纤维生产制造商领导者的步伐。

6.2.2 营造环境培育超级掠食者企业

独角兽极其珍贵，可遇而不可求。从行业的角度来看，独角兽企业一般都是百战成钢的行业领军者，或在某个细分领域中一家独大，往往意味着其具有一定的垄断性。垄断是自由竞争的结果，一家公司从诞生到实现10亿美元估值，是企业创新成果转化为产品得到市场认可的过程，也更是许多企业衰落的命运。2016年全球独角兽企业252家，排名前十的企业估值之和占总估值的37.2%，其中百亿美元估值企业15家，蚂蚁金服以600亿美金估值占绝对优势雄踞榜首。在生活服务领域，美团和大众点评的估值达到了180亿美元。而在无人机行业一家独大的大疆创新，估值也突破了100亿美元。新媒体的代表今日头条，则以92亿美元估值，位列榜单第八。

江苏省尽管经济实力雄厚、信息基础设施建设居全国前列、软件行业突出，但独角兽企业孕育情况却并不乐观。2016年中国上榜的131家独角兽企业中，江苏仅占两席：苏州信达生物制药、南京孩子王。前者属于大健康行业，创立于2011年，估值10亿美元；后者属于电子商务，创立于2012年，估值10亿美元。2017年上榜的164家独角兽企业中，江苏省只占7席，84%的独角兽企业聚集于北上杭深。江苏独角兽企业数量较低，一是因为江苏省缺乏如阿里、华为、小米这样平台型的大企业在行业内的带动；二是没能培育足够分量的领军型独角兽企业，缺失引领未来的龙头企业。当前，世界正进入到了以信息产业为主导的新经济发展时期。作为“爆发式成长”的代表，独角兽企业被认为是新经济时代科技创新的集中体现。

江苏提升创新力场、培育独角兽企业的关键应在于：一是抢抓龙头，专注创新。这从独角兽企业特征可看出端倪，尤其是具备发展成掠食者企业的所谓“未来独角兽”，意味着其创新能力极强，市场潜力巨大，虽然这些初创企业或许在市场上并没有绝对高的估值，但却具有成为细分领域掌舵者的潜力。中国许多公司都在开发下一代芯片，为加速人工智能未来的发展奠定基础。在众多竞争者中，寒武纪芯片在其中脱颖而出成为全球行业的引领者。寒武纪开发了一种受人脑启发的处理器芯片，模拟了人类神经细胞和突触，是全球第一款商用深度学习专用处理器，面向智能手机、安防监控、无人机、可穿戴设备等各类终端设备。2017 年 8 月 18 日，寒武纪芯片完成一亿美元的 A 轮融资，估值超过 10 亿美元，其背后囊括了 6 家顶级投资者的华丽阵容，包括国投创业（A 轮领投方），阿里巴巴创投、联想创投、国科投资、中科图灵、元禾原点（天使轮领投方）、涌铧投资（天使轮投资方）。寒武纪计划将其所获 A 轮融资用于推动寒武纪系列处理器在终端和云端的产品化和市场化，促进各类终端设备的智能化，提供高性能低功耗的云端智能处理解决方案，为中国乃至世界的智能产业构筑基石、修建基础设施。可以说人工智能芯片未来将会成为 AI 驱动社会的一个基础，正如 Intel 的芯片支撑了信息革命一样，寒武纪芯片为代表的人工智能芯片将有可能成为人工智能革命的中流砥柱，也很有可能成长为超级掠食者企业。

二是构建政产学研金用的创新服务体系，依托重点产业为独角兽培育酝酿土壤。依托南京雨花软件产业、江宁光电产业、苏州纳米和生物医药等产业，构建政产学研金用的创新服务体系，打造创业生态圈。从行业分布看来，电子商务、互联网软件、金融服务是独角兽聚集的三大行业，总占比近 50%。2015 年我国独角兽企业只有 70 家，2016 年已达 131 家。131 家独角兽企业估值达到了 4876 亿美元，企业平均估值 37.2 亿美元，其中技术驱动型占绝大多数，104 家分布在国家级高新区。行业分布来看，我国独角兽企业分布于 18 个行业领域，主要集中在电子商务、互联网金融、文化娱乐、交通出行四大领域，与全球独角兽企业分布态势基本一致。中国大部分独角兽企业都集中在电子商务和互联网消费领域。CB insights 的科技分析师 William Altman 说：中国中产阶级的崛起，使得越来越多人能够购买这些在线服务，越来越多的人选择在线购物，推动了这些 10 亿美元以上估值公司的崛起。阿里巴巴、百度和腾讯在中国市场的统治地位也很关键，正是因为 BAT 的角逐，这些独角兽才能够一波一波达到越来越高的估值。从 2016 年独角兽企业区域分布来看，我国16个城市出现了“独角兽”企业，但独角兽企业区域集中特征明显，“北上深杭”成为主要聚集地。其中北京(65家)、上海(26家)、杭州(12家)及深圳(12家)，共占中国独角兽企业总数的88%。“独角兽”主要出现在创新创业生态良好的地区，中关村国家自主示范区65家独角兽企业的表现尤为令人瞩目，包括“小米科技”“滴滴出行”“搜狗”“金山云”“科信美德”“融360”等一批估值超过10亿美元的“独角兽”企业扎堆海淀。一个园区独角兽企业数量占全国一半，仰仗的是其良好的创新创业生态系统、依靠的是高层次人才和其他资源的集聚，这一观点从独角兽企业分布上得到了印证。快手公司CEO宿华认为，公司产品和技术优势的建立，与选择在北京这一地点创业有很大关系。“如果不在北京，我和合伙人碰不到一起。如果不在北京，我也不会有机会学习机器学习，接触不到那么多优秀的产品人员、工程师和各行业的人才。”北京的人才聚集效应，让宿华感受颇深。除了独角兽企业，中关村也正形成一批创新掠食者企业，小米(460亿美元)、滴滴出行(338亿美元)、美团点评(180亿美元)3家估值超过100亿美元的超级独角兽的掠食者企业估值占比达到46%。这些估值超过100亿美元的公司生存状态发生了变化：不再像独角兽那样仅凭产品或者技术独来独往，而是致力于完善平台，营造与自身相关的商业生态，从产业角度扩大自身估值，逐步形成创新生态圈的掠夺者。

三是促进企业与其他创新主体的融合交互。加强知识产权保护，鼓励企业与南京大学、东南大学一流高校和一流学科的良好互动，促进企业与全球领先的企业、一流高校、科研机构的合作，为技术驱动型独角兽提供创新技术、创新成果，促进高校、科研院所与企业技术和需求的互动。创立于2011年的苏州信达生物制药是江苏独角兽中的一家，这家企业完成了中国医药行业有史以来最大的一笔融资；它也是第一个把原创生物药，授权给世界500强制药巨头的中国药企。在信达的名字后面，能看到一长串业界第一。在互联网领域，中国的“独角兽”群雄并起，可与欧美等国一决高下，但是，在生物医药领域，2016年全球卖得最好的10种药物里面，生物药占比80%；但中国卖得最好的20种药里面，没有一个是生物药。在中国，不说患者能不能承受如此高的药费，癌症治疗竟然还没有单抗药的影子。甚至有国外专家称，研发前沿生物药，中国差了美国20年。国际上药物研发有所谓的“双十”规律：一种新药从研发到上市，往往要投入10亿美元，历经10年时间。投资大、风险大，国内很多创业者在生物药领域折戟沉沙。要研发便宜的生物药，就需要缩短研发时间，降低成本，这谈何容易。除了要掌握核心技术，更要有创新的模式。开放创新、面向全球，同最好的技术公司合作，利用全球最好的资源来为我所用。过去两年，信达生物给自己找了包括礼来在内的6个强力合作伙伴，借别人的力，办共赢的事，坚定不移地走自己认为正确道路。创新，创新，在通过药品销售获得合理回报下的持续技术创新，信达生物已建立起一条包括12个新药品种的产品链，覆盖肿瘤、眼底病、自身免疫疾病、心血管病等疾病领域，其中2个品种入选国家“重大新药创制”专项，5个品种进入临床研究，3个品种处于临床III期。双特异性抗体是信达生物包括12个抗体新药的产品线中的关键成员。2015年10月，信达生物与美国礼来制药达成三个肿瘤免疫治疗双特异性抗体药物的全球开发合作协议，付款总金额超过10亿美元。2016年，信达生物在双特异性抗体领域继续发力：一方面，与美国Adimab公司就双特异性抗体开发扩大战略合作伙伴关系；另一方面，与中国岸迈生物(Epimab)达成合作，获得授权使用Epimab的双特异性抗体技术平台FIT-Ig。

四是构建独角兽企业孵化平台。聚焦分享经济、平台经济、智能经济，围绕全省智能制造领域上下游，构建独角兽企业的孵化平台，营造独角兽企业诞生的流量、渠道和资源整合的氛围。2016年的中国独角兽榜单上，排名前十的企业中，阿里系公司多达4家。从独角兽企业来源看，大企业围绕产业链上下游多种形式的组配是独角兽企业诞生的主要来源。从全球来看，大企业围绕产业链上下游，通过业务拆分、投资、收购等形式培育“独角兽”和潜在独角兽企业，已经是独角兽企业发展的重要趋势。平台型企业通过业务拆分孵化也是中国独角兽企业的重要来源，此次共有31家上榜独角兽企业由平台型企业业务拆分孵化，占全部“独角兽”估值的44.7%。其中，阿里巴巴、腾讯、京东、乐视、奇虎360和中国平安等6家平台型企业孵化的“独角兽”均达2家以上。以小米公司为例，创始人雷军在公开场合说，阿里巴巴上市给他的启发就是：“做一个超级大的市场，找超级靠谱的人，以及永远花不完的钱。”雷军通过自身天使投资、旗下顺为基金以及小米风投，近年来已投资 77 个企业，涉及手游、电商、新媒体、移动安全、智能家居、医疗、互联网金融、影视制作、视频网站、移动地图、车联网、移动家政、移动教育、智能家电等众多领域。2016 年 11 月，雷军披露一组数据：77 家公司中，有 30 家生态链企业向外发布了产品，40 多家的产品还在研发；77 家公司中，有 4 家估值超过 10 亿美元，变成独角兽；77 家公司中，有 16 家年收入超过 1 亿元人民币；77 家公司中，有 3 家年收入超过 10 亿元人民币。中关村正是借力独角兽和掠夺者“大企业”“优资源”构筑了一批升级版的专业孵化平台：微软创投加速器 4 年孵化 126 个高成长企业、英特尔孵化项目超 1000 家、联想创投孵化“安全认证”等核心技术领域……这些新变化、新生态正构成区域“创新磁场”、形成区域的“创新力场”。

6.3　促进技术转移转化　培育专利密集型产业

6.3.1　构建以需求为主导的技术转移转化平台

创新力场与传统的创新系统相比，更加关注的是相关主体的有效协同创新以及对技术成果的有效转化和应用。技术转移是结合科技与经济的纽带，是实现科技转化为产品，进而推动经济增长的主要方式，也是构成国家和地区自主创新体系的关键环节和重要保障，在国家创新战略中占据了重要地位和作用。加快科技成果转移转化，对于推进结构性改革尤其是供给侧结构性改革，实施创新驱动发展战略，促进大众创新、万众创业，提高发展质量和效益，具有重要意义。科技界把科研成果产业化过程简单分为三个阶段：实验室成果阶段、中间试验阶段、产品定型生产阶段。科技成果无法有效地商品化、产业化，无法实现产品定型和生产，导致科技成果与产业化发展之间出现断层，被日本科学家称之为“死亡之谷”，成果产业化不足的鸿沟在我国尤为突出。数据显示，发达国家科技成果转化率达到 40%，而我国科技成果转化率仅为 10%左右。中国科协研究全国 5100 家大专院校和科研院所的《2014—2015 年度学科发展报告》显示，高校和科研院所每年完成科研成果 3 万项，但其中能转化并批量生产的仅 20%左右，专利实施率不到

15%，形成产业规模的则仅有5%。从国内外科技成果转化和技术转移的实践来看，助力科技成果从实验室到产品，从产品到商品，实现真正意义的技术到产品的技术转移，助力创新要素的交互融合，破解创新与成果产业化之间的“死亡之谷”。建议做好如下几点：

一是进一步细化相关政策文件支持技术转移工作。由于各行为主体价值取向的不一致，技术转移存在自组织、自调节功能的“失灵”状态，需要借助政府进一步发挥好公共服务职能，充分利用政策这只有形的手强力介入技术市场的运行，促进形成良好的科技成果转化和技术转移市场经济秩序。1980年之前，美国联邦政府拥有2.8万个由政府资助而产生的专利，但成功转让的数量却仅占5%。美国1980年推出的《拜杜法案》，改变了这一局面。有评价称拜杜法案为“可能是过去半世纪美国颁布之最有创造力之法案”。该法案的核心是对涉及高校与科研机构专利的权利归属、管理责任、收益分享机制进行了调整和固化，规定经由政府经费支持而获得的发明专利，原则上归发明者所在的研究机构所有，并且给发明人奖励。《拜杜法案》同时要求：其一，高校、科研机构在获得发明成果的所有权之后，必须承担起专利申请和将专利许可权向企业界开放的义务。其二，高校、科研机构可以进行独占性许可，但应将专利许可、技术转移所得返还到教学和研究之中。其三，规定发明人应当享有专利许可收入，但对具体份额则不作统一规定。其四，联邦政府保留“介入权”，即一旦研究单位未能转化该项发明，则联邦政府有权决定该项发明由谁来实施转化。该法案出台后，美国研究型大学纷纷成立技术转移办公室，帮助高校将创新发明转化给私人公司商业化。美国大学教授的发明创造，都必须通过技术转移办公室申请专利，并由后者进行技术转让的商业操作，除非学校认为成果毫无价值，主动放弃所有权。

中国政府和各省市纷纷出台相关政策助力跨越“死亡之谷”，2014年，北京市政府对外发布《加快推进高等学校科技成果转化和科技协同创新若干意见(试行)》，这份被称为“京校十条”的文件，被首都高等教育界、科技界认为是中关村示范区最具“含金量”的新政策之一。该政策的核心可归结为开展科技成果转化体制机制改革、支持高校开展协同创新、鼓励高校科技人员和在校学生实施科技成果转化三个方面，旨在打破束缚、释放活力、注重实效。借鉴美国的成功经验,《上海市促进科技成果转化条例》旗帜鲜明地将三大权能配置给高校和科研院所:其一,成果处置自主权。科技成果完成单位对其持有的科技成果,可以自主决定采用转让、许可或者作价投资等方式实施转化。除涉及国家秘密、国家安全外,不需行政机关审批或者备案。其二,奖励实施自主权。科技成果完成单位对其取得的科技成果转化收入,可以规定或者与科技人员约定奖励和报酬的方式、数额和时限并自主实施,但国家另有规定的除外。向境外组织或者个人转化科技成果的,应当遵守国家有关规定。其三,奖励额度自主权。科技成果转化后,科技成果完成单位应当按照规定或者与科技人员的约定,对完成、转化科技成果做出重要贡献的人员给予奖励和报酬。国务院总理李克强 2016 年 2 月召开国务院常务会议,确定支持科技成果转移转化的政策措施,促进科技与经济深度融合。国务院先后专门出台《关于深化体制机制改革加快实施创新驱动发展战略的若干意见》、《实施〈中华人民共和国促进科技成果转化法〉若干规定》、《国家技术转移体系建设方案》等相关政策文件,要求激发创新主体技术转移活力,强化需求导向的科技成果供给。建设统一开放的技术市场,构建互联互通的全国技术交易网络。发展技术转移机构,加强高校、科研院所和社会化技术转移机构建设。壮大专业化技术转移人才队伍,完善多层次的技术转移人才发展机制。

二是建立和完善科技成果转化体系。搭建产业与科技的对话桥梁、建立技术经济人才队伍、构建供需对接平台、优化技术评价标准、完善技术市场体系是解决信息不对称问题,畅通技术成果供求渠道,加速科教资源向产力转化的重要途径。德国技术转移体系是建立在科研体制基础上的,最大的优势就是技术转移工作与科研紧密关联,科研机构既从事技术创新又参与技术转移和推广工作,且德国技术转移体系与中小型企业的合作广泛而深入。德国技术转移中心是德国的非盈利公共组织,分支机构遍布德国的洲,主要从事技术交易服务、咨询服务和信息服务。史太白技术转移中心属于纯私营机构,史太白网络依托大学教授、科研机构专业人员,合作机构依托大学、科研机构或者公司,在全球拥有众多的附属机构、风险投资伙伴和项目合作者,目前每年的营业收入超 1 亿欧元。马普学会创新公司作为德国技术转移中介机构的典型代表，采取了多元化技术转移模式、完善的投融资机制、有活力的利益分配制度以及融入开放的全球合作网络等策略，致力于打造功能完善、运行高效、全链条、市场化、精细化的技术转移服务体系。近几年来，公司每年收到发明报告 130 项左右，与企业签订许可协议约 80 份，许可收益保持在每年 2000 万欧元以上。除了出台相关的法案促进技术转移，美国还在高校开设创业教育与技术转化应用课程，鼓励跨学科成员组成联合创新团队、鼓励师生开展科技创业并建立了系列的创业基地，采取课堂教学与课外实践相结合的模式培养学生的技术转化和商业化能力。

三是建立多层次的技术转移投资基金。设立以风投、银行和天使投资人等构成的多元化的金融资本，发起技术成果转移转化发展基金，支持技术转移公共服务平台和服务体系等的建设、支持种子研发成果的验证、助力技术的产品化生产，推进知识产权质押融资与作价入股，推动创新链、产业链、资金链融合。稳定多元的资金投入是技术转化支撑体系的保障，美国拥有国家科学基金、促进学术界与产业网络关系专用项目资金作为先导基金支持早期创新成果的产业化。2011 年 3 月，美国总统奥巴马宣称把创建概念证明中心作为投资"i6 绿色挑战计划"的主要渠道，促进清洁能源创新和经济繁荣发展。美国商务部经济发展局(EDA)也声称，概念证明中心旨在加速绿色科技的发展以增强国家竞争力，力促美国经济复苏。同年 9 月，经济发展局投资 1200 万美元给 6 个大学下属的概念证明中心以应对挑战竞争，并在 2012 年再次给 7 个新成立的概念证明中心各拨款 100 万美元。经济发展局于 2014 年扩大了"i6 绿色挑战计划"的投资，其中包括给已有的概念证明中心各投资 50 万美元，促进商业化中心关注后期研究。据美国大学技术经理人协会(AUTM)统计，1996 年到 2010 年的 15 年间，美国大学和非营利性技术转化对美国国内生产总值的贡献是 3880 亿美元，并创造了 300 万个就业机会。

四是搭建产品定型及小批量生产验证平台。建立技术评价与产业化评估体系、推行科研成果定型校验平台建设、大力实施科技成果的验证及产品化，缩小技术与产品之间的距离，助力科技成果的转化实施。同时发挥知识产权在科技成果向生产力转化中的桥梁和纽带作用，促进研发、创新和市场各个环节的对接和融通,更大力度、更大规模地吸引、配置和集聚创新资源。

6.3.2 培育壮大专利密集型产业

当今世界,随着经济全球化和知识经济的迅速发展,知识产权日益成为区域发展的战略资源和竞争力的核心要素。美国商务部发布的《知识产权和美国经济:2016 年更新版》显示:知识产权密集型产业已成为美国经济主要的、不可或缺的且不断壮大的重要组成部分。从就业方面来看,知识产权密集型产业提供了 4550 万个工作岗位,占美国就业总数的 30%;知识产权密集型产业的工作者平均周薪 1312 美元,比非知识产权密集型产业高 46%。从国内生产总值(GDP)看,2014 年,知识产权密集型产业为美国经济贡献了 6.6 万亿美元,较 2010 年的 5.1 万亿美元增长了 29.4%,占美国 GDP 的 38.2%。从对外贸易来看,知识产权密集型产业 2014 年的商品出口总值为 8420 亿美元,占美国商品出口的比重达 52%。2013 年,欧盟发布的知识产权密集型产业调查报告显示,2010 年欧盟知识产权密集型产业创造了欧盟 39%的 GDP、35%的就业、90%的出口额;2016 年欧盟发布的《知识产权密集型产业及其在欧盟的经济表现》研究报告显示,2013 年欧盟知识产权密集型产业创造了欧盟 42%的 GDP、38%的就业、93%的出口额。美欧知识产权密集型产业数据统计显示,知识产权密集型产业是驱动创新和经济可持续发展的发动机和主力军。

国家知识产权局 2016 年 10 月发布了《中国专利密集型产业主要统计数据报告》,报告数据显示:2010—2014 年,我国专利密集型产业增加值合计为 26.7 万亿元,占国内生产总值(GDP)的比重为 11.0%,年均实际增长 16.6%,是同期 GDP 年均实际增长速度(8%)的两倍以上;从吸纳就业情况来看,专利密集型产业就业人口只占全社会的 3.4%,却创造了全国 10%以上的 GDP;从产品竞争力来看,专利密集型产业新产品销售收入占主营业务收入的比重为 20.7%,出口交货值占销售产值的比重是 19.3%,分别是同期非专利密集型产业的 2.5 倍和 2.2 倍;从创新投入力度来看,专利密集型产业研发经费投入强度(R&D 经费内部支出与主营业务收入的比重)达到 1.3%,是非专利密集型产业的 2.6 倍。从产品竞争力来看,2015 年,专利密集型产业新产品销售收入占主营业务收入比重为 23.4%,是非专利密集型产业的 2.5 倍，出口交货值占销售产值的比重为 16%，是非专利密集型产业的 2.0 倍；从创新投入力度来看，2015 年，专利密集型产业研发经费投入强度为 1.5%，所占比重进一步提高，是非专利密集型产业的 2.3 倍。总体来看，2015 年，我国专利密集型产业的经济效益、创新水平和发展活力在国民经济产业发展中持续保持领先态势。其中，2010—2014 年，我国专利密集型产业增加值合计为 26.3 万亿元，年均实际增长达到 16.6%，高于国内生产总值(GDP)的年均实际增长速度(8%)。2010—2014 年专利密集型产业增加值占当期 GDP 的比重为 10.9%，占比由 2010 年的 9.1%逐年增加至 2014 年的 12.3%，专利密集型产业对 GDP 的贡献度不断增大。我国专利密集型产业平均每年可创造 2602 万个就业机会，占全社会年平均就业人员的比重为 3.4%。2010—2014 年，专利密集型产业新产品销售收入占全部新产品销售收入的比重达到 36.75%。从新产品销售收入占主营业务收入比重看，专利密集型产业约为非专利密集型产业的 2.4 倍。

2015 年，江苏省 33 个专利密集型产业增加值为 14547.23 亿元，占当期江苏 GDP 的比重为 20.75%，从业人员数为 454.37 万人，占当期江苏全部从业人员数的比重为 9.55%。江苏省 168 个非专利密集型产业增加值为 18875.27 亿元，占当期江苏 GDP 的比重为 26.92%，从业人员数为 656.31 万人，占当期江苏全部从业人员数的比重为 13.79%。从单个产业来看，专利密集型产业平均增加值为 441 亿元，是非专利密集型产业平均增加值的 3.94 倍；专利密集型产业平均从业人员数为 13.77 万人，是非专利密集型产业平均从业人员数的 3.52 倍；专利密集型产业平均新产品销售收入为 392 亿元，是非专利密集型产业平均新产品销售收入的 5.68 倍；专利密集型产业平均出口交货值为 304 亿元，是非专利密集型产业平均出口交货值的 3.9 倍；专利密集型产业 R&D 经费内部支出占其主营业务收入的比重达到 1.34%，研发人员数占比(R&D 人员数占其从业人员数的比重)达到 7.03%，分别是非专利密集型产业的 1.72 倍和 1.87 倍。

国内外统计报告均显示，知识产权，尤其是专利密集型产业不仅是推动经济创新发展的重要引擎，也是发达国家创新成果在全球各地转化为国家财富的重要载体，知识产权密集型产业已经成为创新生态系统中产业集聚发展的催化剂，培育发展专利密集型产业已成为产业高端发展的主要方向。建议围绕以下几点大力发展专利密集型产业：

一是完善专利密集型产业培育体系。围绕构建以新材料、高端装备制造等战略性新兴产业为先导、先进制造业为主体、生产性服务业为支撑的现代产业发展新体系，引导产业向价值链高端攀升。建立适合区域产业特色的专利密集型产业发展统计监测制度和指标体系，引导专利密集型产业发展壮大。发展知识产权金融服务，推动专利成果转化运用，助推由创意创新到财富的转化。设立专利密集型产业发展基金，支持专利密集型产业公共服务平台和发展试验区建设、密集型企业培育、密集型产品应用推广，推动专利密集型产业发展。

二是培育发展专利密集型产业。实施专利导航工程，以新材料、物联网、新能源、生物技术和新医药等战略性新兴产业为重点，在南京江北新区、常州科教城和苏州工业园区等创新前沿区域建设一批产业专利战略支持中心，开展专利预警分析，把握产业发展态势，确立产业专利布局，引导专利创造和集聚，推动新兴产业加快成为专利密集型产业。支持高新区、特色产业基地等围绕本地产业发展特色建设专利导航产业发展实验区，开展专利集群管理，推动专利集成运用，努力成为专利分析与产业运行决策深度融合、专利有效运用促进产业迈向中高端的示范区域。2009年，欧盟委员会提出“关键使能技术”，将具有“知识密集化、研发强度化、创新周期短、投入资本大、技能要求高，能够协助技术领先者利用既有研究成果向其他领域扩展”等特征的纳米技术、光电技术、先进材料、工业生物技术与融合上述技术的先进制造系统纳入了关键使能技术。关键使能技术具有相互交叉融合、内嵌于多数高端创新产品核心部件，且关键使能技术具有系统相关性、对于巩固产业链（价值链）的优势地位具有战略关键性。

三是强化专利密集型产业的统筹规划，推动专利密集型园区和产业集聚区建设。坚持把专利密集型园区作为知识产权引领支撑经济转型升级的主阵地，立足区域，围绕优势产业加强顶层设计，明确园区发展定位，引导园区实施专利战略，支持创新成果（专利）、人才、资金、服务等要素向园区集聚、向产业集聚、向企业集聚，全力推进专利密集型园区建设和发展。围绕主导产业和特色优势产业建立专利密集型产业集聚区，支持江宁光电产业和智能电网产业、铜山智能矿山产业、苏州纳米和生物医药产业、无锡集成电路和新型传感器产业等专利密集型产业跨区域的统筹、整合，促进创新资源与相关资源深度融合、专利布局与产业布局高度匹配。

6.4 倾力数字经济发展 融通系统创新动能

新技术革命和产业变革正在全球掀起，云计算、大数据、物联网、人工智能等以数字技术为主导的新技术、新经济正在茁壮成长，正引领人类社会由工业经济时代进入数字经济时代，数字经济浪潮悄然而来，发展数字经济势不可挡，人类已进入数字化新时代。G20 杭州峰会将数字经济定义为：以使用数字化的知识和信息作为关键生产要素、以现代信息网络作为重要载体、以信息通信技术的有效使用作为效率提升和经济结构优化的重要推动力的系列经济活动。

数字经济正逐步成为培育经济发展新动能的核心驱动力量，是经济发展新的主导方向，是构建区域发展新优势的决定性力量，是未来区域竞争力的关键所在，更是创新生态系统中各要素发挥重要作用的酶促剂。数字经济在加速经济发展、提高现有产业劳动生产率、培育新市场和产业新增长点、实现包容性增长和可持续增长中正发挥着主导作用。发展数字经济，已经成为现代城市主动适应和引领经济发展新常态、重塑城市发展新优势、抢占竞争制高点的战略选择。数字经济的目标是智能经济，数字经济发展离不开数字经济生态系统的构建，数字经济生态系统构建应聚焦创新者的诉求，以智能化为主导方向，以人工智能为战略重点，助力不同创新主体的交互与合作。十多年来，一些国家通过制订高瞻远瞩的数字经济发展战略，包括中国、印度、阿联酋、以色列、波兰等，在数字基础设施、电子商务、网络治理等各方面取得了举世瞩目的成绩，增长速度明显超过发达国家，日益显示出巨大的潜力和活力。从全球看，数字经济从 2011 年不足 20%到 2016 年底的近 50%。中国数字经济 2016 年规模为 22.6 万亿元，同比增长 18.9%，占 GDP 比重为 30.3%，预计 2020 年数字经济占 GDP 比重 35%、2030 年占

GDP 比重将超过 50%，全面步入数字经济时代。

在数据信息和科技迅猛发展的时代，数字经济与工业制造密不可分，数字经济是创新生态系统良性循环不可或缺的酶。数字经济以发展智能制造为重点，发展智能制造本质上就是促进新一代信息技术与制造业的融合发展，就是推进数字化、网络化和智能化与制造业的紧密融合。信息化在智能制造中扮演了智慧大脑和神经网络的角色。

深化数字技术与产业融合，构建数字经济生态系统，提升创新力场，优化产业发展环境，建议做好如下工作：一是构建数字经济生态系统。致力于构建智能化的数字生态系统，智能化的数字生态系统第一层次是数字大脑，第二层次是数字基础设施，第三层次是智能产业，第四层次是数字化应用。真正的智能制造要求企业将数据作为企业的核心资产，打破过去线性流程的思维方式，依靠云计算、大数据、物联网、移动互联网等新兴信息技术，把研发、生产、物流、市场和销售环节都统一到智能数据平台上，用强大的计算力在海量的数据中挖掘价值，让来自于生产流程、内部管理和消费市场上的数据动起来、用起来，实现无边界信息流及大数据分析。数字技术的网络化使得网络和数据处理等技术提供方、芯片和硬件等通讯供应商、数据终端使用方等多方及其所在的技术行业的高端要素紧密结合，有些公司参与一个或多个环节，有些则涉足更小、更细分、更专业的领域，越来越多的参与者融入数字技术的开发中，系统的层次和复杂性将不断增加，这就离不开数字生态系统的构建，离不开创新以便于降低成本。数字经济与快速创新紧密相关，它是创新的方向和形态，也是创新的结果，是企业合作创新与发展的润滑剂、催化剂。每个企业都承担着产品或服务创新、基础设施建设和客户关系维护三种角色，尽管三种角色在企业内部相互交织，但由于不同角色的目标、结构和需求不同，三者经常发生冲突，组织需要想方设法平衡这三种角色的交互和协同以便于降低成本。约翰哈格尔的研究表明数字世界给公司结构带来的影响主要是影响企业的交易成本，数字经济使得公司以比以往更快的速度、更低的成本来进行交易、交换信息，使得行业中处于中心位置的大公司逐渐被新的可提供更快、更好、更有效的专业供应商取代。出版业是很好的例子，21 世纪之前，大多数纸质媒体都同时承担着上述三种角色，既要负责媒体内容的设计、策划和编辑，又要管理大量的印刷设备等基础设置，还需要负责纸质媒介的分配与配送。数字经济时代下的媒体都采取了全新的合作模式，大部分纸质媒体都选择了特定客户群的提供商，如专栏作家代理人、插页出版商等，媒体也多数选择了数字媒体的投送系统。利用数字经济，通过对三种核心角色分类管理，印刷商可以为更多的出版商出版刊物获得规模经济效益，出版商可以更聚焦于细分内容的策划与专业作家的管理，专栏作家可以更深入地撰写完成内容的创新。客户的垂直一体化传统经营模式的成本在数字经济影响下发生了大幅的缩减，各参与要素都是受益方。

二是出台相关政策、完善数字基础资源。建设江苏大数据资源共享平台，实现区域政务、经济、民生等数据的整合，打好数据收集基础；打造数据获取、存储、加工处理的数据技术产业链，构建技术研发、设备制造和数据存储、联合应用等大数据关联产业的协同体系。智能制造的核心在于以数据为核心的产业融合创新，工业品的精细化、智能化所对应的是更高技术含量、更精湛的制造工艺，"智造"不仅仅是制造体系、而应该是一个可靠安全的工业互联网基础网络，无论是创新还是智造，都离不开海量精准数据支撑。各地政府纷纷出台相关政策，完善数字基础资源。作为二十国集团(G20)主席国，中国2016年首次将"数字经济"列为G20创新增长蓝图中的一项重要议题，在G20杭州峰会通过的《二十国集团数字经济发展与合作倡议》是全球首个由多国领导人共同签署的数字经济政策文件，贵州、安徽和江苏等省陆续发布数字经济发展规划。浙江在数字经济发展上超前谋划和大力度推进，成立了大数据产业联盟，推动工业大数据集成应用，形成了以阿里巴巴为代表的数字经济体，打造了"6+1"产业链条，大大推动了电子商务、云计算、大数据的快速发展，强劲带动了浙江经济的发展。贵州以大数据中心为依托，注重数据采集和存储，发展数据加工分析业务，加快培育数据交易业务，强化数字终端产品制造实力，加快数字技术与第一、二产业的融合应用，大力发展智能制造、数字农业等新业态。江苏省依托无锡物联网、无锡国家超算中心、盐城大数据产业园、苏州智能制造基地，出台《大数据发展行动计划》、《省政府关于推进智慧江苏建设的实施意见》等措施大力发展数字经济。江苏省在行动计划中提出，到“十三五”末，江苏数字经济总量达5.8万亿元，到2025年，数字经济主导地位基本确立，总量达14.5万亿元。为贯彻国家数字经济战略，以大数据驱动传统产业转型升级是新时期激活数据要素、催生经济发展红利、提升城市竞争力的紧迫需要，苏州市2016年正式发布了《苏州市大数据产业发展规划(2016—2020年)》及配套政策，并授予张家港市经济技术开发区(张家港沙洲湖科创园)、常熟市虞山镇、太仓高新技术产业开发区、江苏昆山花桥经济开发区、吴江太湖新城(苏州湾科技城)、吴中经济技术开发区(苏州吴中太湖新城)、苏州高铁新城、金阊新城、苏州工业园区(国际科技园)、苏州科技城等十个地区或园区“苏州市大数据特色产业园”称号。2017年《政府工作报告》首次写入“数字经济”，提出推动“互联网+”深入发展、促进数字经济加快增长。

三是突破核心技术。鼓励省内高校、企业参与大数据标准化、共性技术和跨学科探索性研发；开发核心芯片、海量存储、减速机和伺服系统等核心应用部件。引导数字技术在工业技术领域应用。鼓励工业企业实施数字化、网络化和智能化的改造工程，鼓励汽车、医疗、电商等领域数字技术发展，促进数字技术与传统制造业的融合发展；鼓励各细分领域的开放创新、协同创新，助力创新的全球化、高效率和规模化。云计算、大数据、物联网、人工智能等为核心的数字经济能有效提升创新力场，优化生产制造过程、挖掘客户需求、创新产品、寻找并购对象。深圳信立泰药业股份有限公司借助大数据外延并购生物药研发与产业化平台，挖掘具有优质研发团队、在研产品技术领先且管线齐备的标的，收购成都金凯与苏州金盟股权、牵手四川大学及清华大学核心研发团队，实现研发与生产的快速融合，在短期内成为生物医药领先企业。数字经济与工业领域尤其是传统工业领域的企业创新相结合，促进了传统企业的转型升级，形成了企业发展的新动能，数字经济与企业的创新、与工业革命并行不悖、互为引领与促进。

6.5 构建“社会化网络”的创新服务体系

创新生态系统中参与的菌落包含了各类型企业个体(不同的技术、供应商、用户等)所形成的种群,如消费者、供应商、市场中介、金融机构和投资者等。既有如供应商、消费者、市场中介机构等的垂直关系,又有如竞争对手、其他产业企业的水平关系,还包括了政府部门、高校、科研机构等其他相关方之间的关系,这些形成了核心生态系统、扩展生态系统和完整生态系统等多层系统。随着经济全球化、信息技术和知识型社会、数字经济等的深入发展,技术创新环境和技术创新活动愈来愈复杂,技术创新的难度和风险也大大加强,创新需要不同学科、不同领域知识的交叉融合,企业技术创新过程迫切需要各种社会化服务机构的参与,从而促进形成具有异质性、协同性、动态性和利益共享性的社会化创新服务体系,实现创新资源的有效整合和共生发展,增进创新力场。

企业是创新实施的主体,政府是驱动创新的主体,围绕创新群落交互与融合所需的人才、科研资源、资本等构建"社会化"的服务网络体系,将政府和企业这两支力量紧密结合起来,会大大增强创新的驱动力。如果将市场需求和宏观环境比作区域经济发展所需要的阳光、湿度和通风等环境,那么政府作为"护林人",就要承担空间规划、树种筛选、水土保持、环境整理等任务,以提升系统的"黏度",保持系统的适宜性。政府部门应提供多方位的服务致力于增强系统"黏度"、提升创新力场的力度。在创业创新生态系统里,政府应该有所为、有所不为。政府应更加注重制度创新、政策创新、工作方式创新、自身管理创新和治理能力提升,以推动企业层面的科技创新、管理创新和商业模式创新,提升创新生态系统的"黏性"和"场效应"。政府应该致力于在不同企业群体间构建一个开放、流动、动态的网络,帮助企业实现成功所需要的连接,并连接本地以及非本地的不同群体,促进互动交流。

创新服务在创新生态系统中扮演着重要的角色。建议政府应紧紧围绕区域创新生态系统中的物质循环、能量流动和信息传递,以创新群落的整体繁荣为着眼点,以企业创新群落的发展为着力点,以多样化的中小企业的创新服务需求为落脚点,进一步完善和规范创新服务体系运转的规范性和高效性,形成创新要素活跃、创新能力突出、成果转化迅速、产业特色鲜明的创新力场,使得创新生态系统成为"创新生物分解者"和"创新进化诱导者"。

一是出台创新服务政策和搭建服务平台。政府应加大对创新主体在宏观政策方面的引导和扶持，健全科技创新的市场导向机制，推进产学研用一体的创新网络，构建不同类型企业之间的开放、流动、动态的连接网络，鼓励企业在不断试错中找准创新方向。加强对企业家的培训辅导，加快建设创新型企业家队伍，鼓励企业家创新和探索。支持行业领军企业构建高水平研发机构，培育一批在高端装备制造等支柱和战略性新兴产业领域具有国际竞争力的创新型企业，培育一大批能够成为"世界隐形冠军"的专精特优企业。政府的"主导"更多体现在政策选择上，苏州围绕创新生态系统的服务体系建设出台了"3+1"政策文件：《关于进一步推进人才优先发展的若干措施》《关于打造先进制造业基地的若干措施》《关于打造产业科技创新高地的若干措施》《苏州市贯彻国家创新驱动发展战略纲要实施方案》。每一个方案都详细列出几十条具体措施，相当于给全市的创新发展制定一份"总纲"和三个"实施大纲"，字里行间饱含着一级政府的追求和担当。其后，"全面落实创新驱动'3+1'政策文件，努力在全省创新格局中发挥引领作用"在苏州的多种场合被反复提及。苏州的实践表明，创新的发生和发展从根本上来说有赖于创新生态体系的建立，当技术、人才、规则、文化、运作模式、市场等创新要素聚合形成"场效应"，各类创新主体在这个生态体系里便会生根发芽。2016，连云港经济技术开发区创新成果不断"刷屏"，几乎每天都在演绎创新故事，这一切都依赖于开发区管委会聚力构建创新服务体系。连云港开发区通过制度设计，提供及时而恰当的政策引导，吸引人才和资本聚集，对创新者不断涌现的新理念、新行动进行激励，形成良好的创新生态环境。创新成立发展咨询委员会、企业家联谊会和医药行业协会等，形成有吸引力的人才环境。连云港开发区还整合政府、企业、科研院所资源，着力培育"栖凤梧桐"各类产业的创新平台，为各类人才提供成长舞台。建立了企业项目融资需求数据库，分类筛查、施策，目前开发区的企业科技贷款、科技创新券分别占连云港全市的1/3和1/4。创新迭起，让连云港开发区的发展质效良好、后劲强劲。

二是构建服务体系与支持创新服务机构发展。建议重点聚力于构建创新咨询与服务平台、完善人力资源培训与培养体系、完善技术转移服务体系、优化创新资本层次、创新服务方式和商业模式，完善创新相关政策，确保每一个参与方能够与另外任何一个参与方融合、交往并且存在潜在交互的可能。创新生态系统的服务体系构建过程中，美国政府主要聚力于构建完善的创新资本体系、出台法律法规实施灵活高效的人才激励措施和流动机制、鼓励专业化的分工体系。创新也需要资金，尤其是愿意冒高风险的创新资本。推动产业变革的力量始于创新、成于资本支持。美国创新生态系统活力旺盛的原因之一就是拥有多层次的创新资金。一是资本构成多元化。美国创新资本构成体系多样，市场为主导的风险投资体系助推了硅谷信息产业的腾飞以及世界级 IT 企业的不断涌现，依赖政府和社会资本共同组成创新资本体系的波士顿生物医疗等新产业蓬勃发展。二是形成完整的链条。在美国创新生态系统中，公共和私营研究机构、企业、风投资本以经济利益为基础紧密合作，形成一条独特的价值链。高校、研究机构和创新型企业是创新活动的“发球手”，风投资本则是“接球手”。美国 2015 年风险投资的金额达到 600 亿美元，其中 47%投向硅谷。三是投资方深度介入。投资方积极参与从科技创新到商业化和产业化的全过程，这既使创新活动尽快出成果、创业企业能够快速成长，也能够显著缩短创业投资回收周期。思科、特斯拉等大型企业不断收购发展前景良好的初创企业，一方面增加了尖端技术来源，另一方面扩大了管理和技术人才来源。中关村创新生态系统中主要的要素就是天使资本，经历 20 多年发展，这里不仅是全国的科技创新中心，也是全国天使投资最活跃的地区之一，据统计，中关村的天使投资人大约 1000 人，其中活跃的投资人约 500 多人。除了为数众多的自然天使投资人外，中关村天使投资也逐渐转向机构化，如徐小平的真格资本、雷军的顺为资本。中关村不断完善天使投资的相关政策，采取参股、联合投资和战略合作等方式，通过天使投资引导资金支持各类创业投资机构在中关村示范区内的天使投资活动。清华产业培育了科技产业的龙头企业同方股份、中关村科技创新一面旗帜紫光集团、全球最大的 D 核糖生产商和国内最大的 TFT 液晶材料供应商诚志股份，建设运营着世界上最大的大学科技园——清华科技园等。除了其集聚了清华的创新资源和人力资源外，不可或缺的是清华部署的母基金、PE、并购基金等全线基金资本链，这是清华孕育创新生态系统的活水清泉。以“环同济经济圈”为例，2007 年，《杨浦环同济知识经济圈总体规划纲要》发布后，杨浦区政府整合区域资源，在空间规划、环境整治、产业载体及公共服务平台建设、促进人员交流、营造产业发展氛围等方面开展了大量工作，有效增强了“环同济”产业创新生态系统的“黏度”，关系交互的深度、密度有了明显提高，推动了区域创新集群的形成和发展。深圳龙岗在对标美国硅谷时候，发现龙岗创新发展缺失社会网络化的创新服务体系，2016 年龙岗提出大力发展科技服务业，于 2016 年 6 月推出一系列扶持政策，重点引进和培育研究开发、技术转移、检验检测认证、知识产权、科技咨询、科技金融、众创空间、企业孵化等符合龙岗区产业发展需求的科技服务机构(企业)，鼓励和引导科技服务机构(企业)在龙岗区积极开展科技服务，并于 7 月 17 日举行龙岗区科技服务业招商大会，实施“科技创新券”扶持，全力引进、培育科技服务业发展。创新发展，政府是主导，企业是主体，只有在创新服务体系这个“酶”的催化下，加速双方形成良性互动，扩大其交互的范围、加速其交互的速度，才能形成创新的“场效应”。

三是实施严格的知识产权保护。建议大力推进知识产权体制改革、建立全国统一的企业维权服务平台、构建全国企业知识产权创新和保护服务体系，营造严保护、强保护的知识产权氛围，依法保护企业的创新成果。建议建立知识产权侵权黑名单，鼓励政府相关部门优先采购具有知识产权的产品，建立知识产权维权援助体系和知识产权侵权案例库。在严格知识产权保护下，一个完美的、高效的“社会网络”、共生的创新服务模型会帮助人们获得想要的专业知识、客户、合作伙伴和资金，在这个共生的创新服务模型中，服务机构扮演的是促进者和联络人的角色，而不是唯一的或者主要的去完成对接与撮合的“执行者”，从数学理论上来讲，与传统的集中服务体系相比，其潜在的交互数量将会飙升 N 倍。

6.6 营造激励宽容的创新文化

企业家是经济活动的重要主体、是市场经济中“关键少数”和特殊人才，虽然企业家的定义有多个维度，但“开拓者”、“创新者”是企业家群体的共同标签。创新文化是创新时代的产物，是有利于开展创新活动的一种氛围。区域创新文化是该区域创新发展的基础条件之一，区域创新文化提供了一个什么样的创新氛围，决定了区域以一种什么样的姿态来迎接竞争和挑战，形成该区域特有的竞争方式。创新文化对于企业创新有着更为重要的影响。创新文化不像论文、专利和法律条款那样看得见、摸得着，但是却深入大脑和骨髓，时时刻刻体现在不同地区人群的一举一动和言谈话语中。创新是高收益与高风险并存的项目，人们有可能羡慕比尔·盖茨、乔布斯这样白手起家并成为杰出企业家的案例，但是大多数创业者都以失败告终，创新产品也会最终沉寂。激励创业创新，鼓励尝试、容忍失败的社会文化对创新至关重要。

我国的创新区域如深圳、北京中关村、长三角、珠三角、温州模式等的快速发展，依赖的就是其基于本地特色形成的创新文化，离不开的就是企业家的精神，尤其是创新发展专注品质追求卓越精神。江苏只有营造鼓励创新、宽容失败的文化和社会氛围，大力培育创新文化，才能为推动科技创新、建设世界科技强国提供良好的文化氛围。从提升创新力场的角度，建议：一是构建促进协同和开放交流的氛围。优化创新活动相关的体制机制、管理制度和法律法规，促进创新资源的调节和配置，引导创新主体的价值取向。政府部门也可以通过建立培训机制、开办读书会，或设立咖啡馆、茶馆等多种宽松的形式为创新者营造创新创业的文化氛围，以非常轻松的学习交流方式让人参与进去，不断引入优质“活水”，营造追求卓越的创新文化和良好风尚。产业技术薄弱、科技资源匮乏的深圳，创新活跃度居全国前列，深圳依靠的就是其改革开放以来形成的创新文化，依赖的是艰苦奋斗、敢于担当的精神。深圳创新文化基本内核是“鼓励创新、宽容失败、脚踏实地、追求卓越”，体现在了以创新为导向、激励创新活动的价值理念、制度安排、社会评价系统和舆论环境，支撑创新文化的基本内核是革新、求异、竞争、忧患、先锋、开放、多元和宽容等八个基本要素。深圳创新文化形成了以创新型人才、人力的多样性和各类人才的发展机会、创新意志、创新型领导和有力创新的公共环境为主要构成部分的“创新文化循环”，这五个部分相互关联相互促进。创新文化铸造了深圳自主创新之魂，成为深圳自主创新的孵化器和助推器。创新文化从娃娃抓起，在龙岗不是一句空话，创新不仅仅是龙岗高等院校、科研机构、企业的专利，创新也正日益开始走进寻常老百姓的生活。硅谷的一大特点是移民众多，而且这些年轻的移民创立了一半以上的创业企业，这和我国深圳的情况有类似之处。来自世界各地的创业者们聚集在这里，不是每天待在自己的实验室或企业里，而是去参加各种各样的活动，和不同肤色、不同宗教信仰、不同学科背景但同样怀有梦想的人们积极开展交流，关系交互的广度、深度、密度都相当高，所以形成了强大的创新力场。与之相反的是，在那些更加重视家族内部活动和传统宗教仪式的地方，创新的种子就比较难以散播。

二是加强舆论引导，高扬企业家精神。技术创新的主要力量是企业和企业家，技术创新呼唤企业家精神，建议借助中共中央、国务院发布《关于营造企业家健康成长环境弘扬优秀企业家精神更好发挥企业家作用的意见》的契机，大力宣扬树立企业家精神，在全社会培育鼓励创新、发现创新、执行创新的创新文化。意见专门明确了企业家精神的作用和地位，提出加快建立依法平等保护各种所有制经济产权的长效机制，对企业家合法经营中出现的失误失败给予更多理解、宽容、帮助，意见用弘扬企业家爱国敬业遵纪守法艰苦奋斗精神、创新发展专注品质追求卓越精神、履行责任敢于担当服务社会精神 36 个字对企业家精神进行了凝练。意见还专门围绕创新及保护提出了具体要求，如探索知识产权市场价值为损害赔偿额度、研究制定商业模式和文化创意等创新成果知识产权保护等新手段以依法保护企业家创新权益，吸收企业家参与科技政策和规划的编制、引导金融机构为企业家创新提供金融支持、依法保护企业家推进产品和技术等的创新；强化企业家树立"以质取胜"的战略意识、深入开展质量提升工程、激发和保护老字号的创新。

创新文化通过其精神层面的影响来加深区域内成员的创新观念，通过制度层面的影响来规范创新的方向，通过外在的形式与载体将创新的过程和结果显示出来，国外典型的区域创新系统如硅谷、美国 128 公路，都有其独特的创新文化。韩国实行了"有启发而自由"的创新氛围，颁布了"知识产权保护”条例，促成了社会对创新的重视和关注，同时又保障创新环境的公平性和自由性，使得以三星为代表的高科技企业发展迅速，创新实力不断增强，在国际上的竞争优势显著。硅谷创新持续领先的主要支撑之一就是硅谷的创新文化和企业家精神长盛不衰，硅谷创新文化主要体现在如下几个特征：一是崇尚近乎疯狂的“个人英雄主义”。创新者心中大多会有一个看似遥不可及的梦想，而他们始终愿意为这样的梦想而燃烧自己的青春。硅谷一个流行的说法是：预测未来的最好方法是去实现它。这种创新精神的培养是从娃娃抓起的。波士顿每年都会举办“剑桥科技节”，吸引孩子们接触科技，理解神奇的科技是如何改变生活的。就连著名科学家的实验室，也会向幼稚的孩子们开放，并设计出让孩子们能够理解的演示装置，让他们从小怀有梦想并相信自己能够做到。二是挑战权威的叛逆精神。在美国的教育中，学生们也被要求尊重师长，但是尊重的是他们的辛勤工作，而不是一定要同意老师的观点。相反，老师们会鼓励学生提出问题，甚至是质疑。在大学里尤其如此，一些功成名就的老师被问得满头大汗的情况并不罕见。今天硅谷的创新龙头企业仍然会时时刻刻检查自己的公司是否已经被自上而下地“科层化”了，是否压抑了广大员工的创新精神，这是使企业永葆青春的关键秘诀之一。

三是建立允许试错、宽容失败的容错机制。一直以来，“胜者为王”思想的干扰，对科技创新型人才的创新失败还不够包容。创新文化中的包容文化会产生良好的示范效应，更有利于科技创新型人才自信、投入、专心地继续创新研究，有利于创新知识的分享和扩散，有利于创新氛围的构建。容忍失败的社会文化对于创业创新企业有着深远的影响。硅谷文化是美国创新文化的一个重要体现。硅谷企业家文化最重要的一点就是对失败的包容。硅谷孕育了无数企业，其中包括惠普、英特尔、苹果、思科等巨头公司，然而这些企业并不都能成为独角兽，大多数创业公司都会最终失败。但是硅谷的文化不断鼓励年轻人去创业，并且容忍他们的失败。美国3M公司的首席执行官曾说，“我想让我的雇员知道失败没什么了不起的，而且我鼓励你失败。”

四是多元化而且积极互动的文化氛围。江苏正形成肥沃的创业创新土壤，厚植敢于冒险、宽容失败的创业创新文化，促进各类创新要素集聚耦合、裂变反应，让“大众创业、万众创新”的活力竞相迸发。苏州工业园区培育有益于创新的苏南创新文化，园区作为全国首个开放创新综合试验区，历史积淀的“勇于实践、开放创新”的文化理念是其创新生态系统的核心要素。国际纳米技术产业博览会、中国创博会、创业长廊年度盛典等一系列会议、论坛或展览的常态化举办，增强了众创文化的渗透力，加速文化与科技的融合，推动园区在创业中创新，在创新中创业。中关村文化的精髓可以大致概括为“以创新为核心，鼓励冒险，容忍失败，崇尚成功，敢于标新立异。常州科教城着力构建人人参与、人人尽力、人人享有，同时又让大家成为主体与客体协调发展的自觉践行者的众人参与的创新文化，通过调动和激发来自于大众最广泛最持久最深沉的积极性主动性创造性，汇众智，集众力，一起来解决园区高科技有没有、产业化能不能的问题。同时，科教城还创立“三杯茶”品牌活动，定期组织开展金融“天使下午茶”、营销“安琪下午茶”、服务“半月下午茶”，加强人才、公司、平台同资本、市场、政府的有效对接、撮合、联姻，通过系列活动营造创新氛围，打造科教城的创新文化，让科教城的生态系统葆有创新力和竞争力。通过一系列动作积极营造人人参与、敢为人先、宽容失败的创新文化，树立崇尚创新、创业致富的价值导向，大力培育企业家精神和创客文化，将奇思妙想、创新创意转化为实实在在的创业活动。

五是完善相关规章制度，给予科技创新型人才更多的物质回报和精神鼓励。推动科技体制和知识产权管理体制改革，鼓励各类企业通过股权、期权、分红等激励方式，调动科研人员创新积极性。对高等学校和科研院所等事业单位以科技成果作价入股企业，放宽股权奖励、股权出售对企业设立年限和盈利水平的限制。改进科研人员薪酬和岗位管理制度，破除人才流动的体制机制障碍，促进科研人员在事业单位和企业间合理流动。鼓励符合条件科研院所的科研人员，带着科研项目和成果、保留基本待遇到企业开展创新工作或创办企业。创新是中关村文化的核心，强大凝聚力是中关村文化的又一具体体现。这种冒险精神不仅使得中关村人能忍受创业时的艰难困苦，更有助于提升其勇于冒险的精神以及喜欢标新立异的个性。这种逐渐形成、强化的创新精神已经深深植入每一个中关村人的心中。这一点与硅谷的"失败者不受责备，有时公司也给失败者授奖"的传统极为相似。中关村文化的本质应该归结为：在博大精深的中华民族文化的土壤中，由发端于市场中的创业文化和科技创新文化的结合与互动而形成的创新文化。中关村浓厚的创新创业氛围激发了众多优秀人才的创新创业热情，离开大公司投身创新创业活动成为一种潮流，连续创新创业成为一种工作方式。中关村创新文化起源于丰富的校园文化。中关村是高等学校集中的地区。这里有北大、清华、人大等国内外著名大学 39 所，还有相当数量的中小学。他们不仅拥有学识渊博、资历深厚的专家学者，也拥有朝气蓬勃、奋发向上的莘莘学子。因此，校园文化既有学校的历史文化积淀，又有在校师生的文化素养与创造。中关村能有今天的发展，从文化方面说，校园文化起了至关重要的作用。中关村文化也是不断创新的科学技术文化。一所高等学校就是个庞大的科学研究系统。中关村除了高等院校之外，还有 231 家科学研究院所，仅中国科学院的研究机构就有 40 多个。这样为数众多的科学研究机构密集在中关村，在国内是独一无二的。科学技术是知识的结晶，是文化的主要组成部分，是人类文化发展最灿烂的明珠。科学技术文化永远是在继承、创新的循环往复中前进的。它实事求是，奋发创新，始终在崎岖、艰苦的道路上探索科学的奥秘，在激烈竞争中寻求技术进步。龙岗借鉴硅谷的经验，2016 年推出《"众创龙岗"行动方案》，通过"政府引导、市场推动、社会参与"的方式，围绕着创玩、创意、创新、创造、创业主题，结合龙岗城市规划和产业布局，在园区、校区、社区"三区"中建设一批低成本、便利化、全要素、开放式的众创空间，用 3 年时间逐步建成一批能够满足大众创新创业需求的众创空间，营造"大众创业、万众创新"的社会氛围，积淀创新创业的城市文化，使龙岗创新发展的环境更加优越，创新场不断优化。

参考文献

[1] 赵志耘，杨朝峰. 创新范式的转变：从独立创新到共生创新[J]. 中国软科学，2015(11).

[2] 马丁·克里纳. 跨界与融合：互联网时代企业合作模式与商业新机遇[M]. 赵晓囡，徐俊杰，译. 北京：人民邮电出版社，2015.

[3] 陈劲. 企业创新生态系统论[M]. 北京：科学出版社，2017.

[4] 上海市科学学研究所. 促进上海创新生态系统发展的研究[M]. 上海：上海科学技术出版社，2015.

[5] 托马斯·保尔汉森，米夏埃尔·腾·洪佩尔，布里吉特·福格尔一霍尔泽. 实施工业4.0——智能工厂的生产·自动化·物流及其关键技术、应用迁移和实战案例[M]. 工业和信息化部电子科学技术情报研究所，译. 北京：电子工业出版社，2015.

[6] 凯文·凯利. 新经济，新规则[M]. 刘仲涛，译. 北京：电子工业出版社，2014.

[7] 凯文·凯利. 失控：全人类的最终命运和结局[M]. 张行舟，陈新武，王钦，等，译. 北京：电子工业出版社，2016.

[8] 凯文·凯利. 必然[M]. 周峰，董理，金阳，译. 北京：电子工业出版社，2016.

[9] 维克多·黄，格雷格·霍洛维茨. 硅谷生态圈：创新的雨林法则[M]. 诸葛越，许斌，林翔，等，译. 北京：机械工业出版社，2015.

[10] 达科斯塔. 重构物联网的未来：探索智联万物新模式[M]. 周毅，译. 北京：中国人民大学出版社，2016.

[11] 通用电气公司. 工业互联网:打破智慧与机器的边界[M]. 北京:机械工业出版社,2015.

[12] 钱志新. 数据大金矿[M]. 南京:南京大学出版社,2013.

[13] 朱克力,张孝荣. 分享经济[M]. 北京:中信出版社,2016.

[14] 彼得・蒂尔,布莱克・马斯特斯. 从 0 到 1:开启商业与未来的秘密[M]. 高玉芳,译. 北京:中信出版社,2015.

[15] 罗宾・蔡斯. 共享经济:重构未来商业新模式[M]. 王芮,译. 杭州:浙江人民出版社,2015.

[16] 奥拓・布劳克曼. 智能制造:未来工业模式和业态的颠覆与重构[M]. 张潇,郁汲,译. 北京:机械工业出版社,2015.

[17] 杨毅刚. 企业技术创新的系统方略:集成产品开发模式(IPD)应用实施[M]. 北京:人民邮电出版社,2015.

[18] 梅纳德・韦布,卡莉・阿德勒. 用互联网思维工作[M]. 冯艳,译. 北京:中信出版社,2014.

[19] 李杰. 工业大数据:工业 4.0 时代的工业转型与价值创造[M]. 邱伯华,译. 北京:机械工业出版社,2015.

[20] 许正. 工业互联网:互联网+时代的产业转型[M]. 北京:机械工业出版社,2015.

[21] 李钟文,威廉・米勒,玛格丽特・韩柯克,等. 硅谷优势:创新与创业精神的栖息地[M]. 北京:人民出版社,2002.

[22] 安纳利・萨克森宁. 地区优势:硅谷和 128 号公路的文化和竞争[M]. 上海:上海远东出版社,2000.

[23] 杜德斌. 全球科技创新中心:动力与模式[M]. 上海:上海人民出版社,2015.

[24] 安格斯・麦迪森. 中国经济的长期表现:公元 960—2030 年[M]. 伍晓鹰,马德斌,译. 上海:上海人民出版社,2011.

[25] RonAdner, RahulKapoor. Value creation in innovation ecosystems: how the structure of technological interdependence affects firm performance in new technology generations[J]. Strat. Mgmt. J. 2010(3).

[26] 郎咸平. 拯救中国制造业:产业链理论实践案例[M]. 北京:东方出版社,2015.

[27] 王坚. 在线[M]. 北京:中信出版社,2016.

[28] 胡虎,赵敏,宁振波. 三体智能革命[M]. 北京:机械工业出版社,2017.

[29] 周鸿祎. 智能主义:未来商业与社会的新生态[M]. 北京:中信出版社,2016.

[30] Joseph Schumpeter. Theory of Economic Development. the United States: Harvard University Press. 1934.

[31] 杨虎涛. 演化经济学讲义——方法论与思想史[M]. 北京:科学出版社,2011.

[32] 李万,常静,王敏杰,朱学彦,金爱民. 创新 3.0 与创新生态系统[J]. 科学学研究,2014,(12):1761 - 1770.

[33] 赵广凤,马志强. 高校创新生态系统构建及运行机制[J]. 中国科技论坛,2017(1):40 - 46.

[34] 陈文婕,曾德明. 丰田低碳汽车技术合作创新网络图谱分析[J]. 科研管理,2015(2):1 - 10.

[35] Li S, Ragu-Nathan T S. Rao, S. The impact of supply chain management practices on competitive advantage and organizational performance. Omega 2006. 34,107 - 124.

[36] 陈劲,李飞. 基于生态系统理论的我国国家技术创新体系构建与评估分析[J]. 自然辩证法通讯,2011,33(1):61 - 66.

[37] Wibe M, Narula R. Interactive learning and non-globalisation: knowledge creation by Norwegian software firms[J]. International Journal of Entrepreneurship and Innovation Management, 2002, (2): 224 - 245.

[38] Leoncini Riccardo R, Solow M. Technical change and the aggregate production function[J]. Review of Economics and Statistics,1998,39(3):312 - 320.

[39] 曾国屏,苟尤钊. 从“创新系统”到“创新生态系统”[J]. 科学学研究,

2013,31(1):4-12.

[40] 威廉·米勒.硅谷优势[M].北京:人民出版社,2002.

[41] 朱迪·埃斯特琳.美国创新在衰退?[M].北京:机械工业出版社,2010.

[42] Adner R. Match your innovation strategy to your Innovation Ecosystem[J]. Harvard Business Review,2006,84(4):98-107.

[43] 张运生,邹思明.高科技企业创新生态系统治理机制研究[J].科学学研究,2010,28(5):785-792.

[44] 张利飞.高科技企业创新生态系统运行机制研究[J].中国科技论坛,2009(4):57-61.

[45] Cho, Y. S., Hwang, J. & Lee, D. Identification of effective opinon leaders in the diffusion of technological innovation: A social network approach[J]. Technological Forecasting & Social Change, 2012(79): 97-106.

[46] 谢永平,郑倩林.技术创新网络核心企业领导力影响因素研究[J].科技进步与对策,2016(24):72-61.

[47] 刘友金,易秋平.区域技术创新生态经济系统失调及其实现平衡的途径[J].系统工程,2005,23(10):97-101.

[48] 蒋石梅,吕平.企业创新生态系统研究综述——基于核心企业的视角[J].技术经济,2015(7):18-23.

[49] David Doloreux, Saeed Parto. Regional innovation systems: Current discourse and unresolved issues[J]. Technology in Society,2005, 27: 133-153.

[50] 郝斌,任浩.企业间领导力:一种理解联盟企业行为与战略的新视角[J].中国工业经济,2011(3):109-118.

[51] Perks, H., Moxey, S., Market-facing Innovation Networks: How Lead Firms Partition Tasks, Share Resource and Develop Capabilities, Industrial Marketing Management, 2011,40(8):1224-1237.

[52] 王伟光,冯荣凯,尹博.产业创新网络中核心企业控制力能够促进知识

溢出吗？[J]. 管理世界，2015(6)：99－109.

[53] 徐碧琳，李涛. 网络组织核心企业领导力与网络组织效率关系研究[J]. 经济与管理研究，2011，(1)：108－116.

[54] Metcalfe，Stan & Ramlogan，Ronnie，2008. Innovation systems and the competitive process in developing economies，The Quarterly Review of Economics and Finance，2008. 48(2)：433－446.

[55] 李湘桔，詹勇飞. 创新生态系统——创新管理的新思路[J]. 电子科技大学学报(社科版)，2008(01)：45－48.

[56] 陈斯琴. 企业技术创新生态系统研究[D]. 北京：北京工业大学博士学位论文，2008.

[57] 栾永玉. 高科技企业跨国创新生态系统：结构、形成、特征[J]. 财经理论与实践，2007，28(149)：113－116.

[58] 刘巧绒，王礼力，杨冬民. 基于循环经济的生态化技术创新实现机制[J]. 中国科技论坛，2010(2)：32－36.

[59] Birol Mercan，Deniz G. ktas. Components of Innovation Ecosystems：A Cross-Country Study[J]. International Research Journal of Finance and Economics，2011，76：102－112.

[60] 王娜，王毅. 产业创新生态系统组成要素及内部一致模型研究[J]. 中国科技论坛，2013(5)：24－29.

[61] 宁钟. 创新集群与知识溢出集中化问题分析[J]. 科研管理，2005(2)：25－27.

[62] 张运生，邹思明. 高科技企业创新生态系统治理机制研究[J]. 科学学研究，2010，28(5)：785－792.

[63] Adner R，Kapoor R. Value Creation in Innovation Ecosystem：How the Structure of Technological Interdependence Affects Firm Performance in New Technology Generations[J]. Strategic Management Journal，2009，31(3)：306－333.

[64] 李勇，屠梅曾，史占中. 企业集群创新网络动态演化模型[J]. 系统工程理论方法应用，2006，15(2)：180－184.

[65] 李金玉,阮平南.核心企业在战略网络演化中的影响[J].北京工业大学学报,2010(1):29-33.

[66] 王国红,陈大鹏,刘颖.有核集群产业集成化过程的演化博弈分析[J].科学学与科学技术管理,2010(9):92-96.

[67] 胡京波,欧阳桃花,谭振亚,周宁,曾德麟.以SF民机转包生产商为核心企业的复杂产品创新生态系统演化研究[J].管理学报,2014(8):1116-1125.

[68] 李恒毅,宋娟.新技术创新生态系统资源整合及其演化关系的案例研究[J].中国软科学,2014(6):129-141.

[69] 高良谋,韵江,马文甲.开放式创新下的组织网络能力构架[J].经济管理,2010(12):71-78.

[70] Carayannis E. G., D. F. J. Campbell. Mode 3 and quadruplehelix: toward a 21st century fractal innovation ecosystem[J]. International Journal of Technology Management,2009,46(3/4):201-234.

[71] 武学超.五重螺旋创新生态系统要素构成及运行机理[J].自然辩证法研究,2015,(06):50-53.

[72] Jackson D J. What is an Innovation Ecosystem? [EB/OL]. http://www.erc-assoc.org/docs/innovation ecosystem. Pdf,2012.

[73] 赵放,曾国屏.多重视角下的创新生态系统[J].科学学研究,2014,(12):1781-1788+1796.

[74] 黄鲁成.区域技术创新生态系统的特征[J].中国科技论坛,2003,1,(1):23-26.

[75] 黄鲁成.区域技术创新系统研究:生态学的思考[J].科学学研究,2003,4,(2):215-219.

[76] 张利飞.高科技产业创新生态系统耦合理论综评[J].研究与发展管理,2009,(03):70-75.

[77] 张仁开.上海创新生态系统演化研究——基于要素、关系、功能的三维视阈[D].华东师范大学博士学位论文,2016.

[78] 赵进.产业集群生态系统的协同演化机理研究[D].北京交通大

学,2011.

[79] 张爱平,孔化威.创新生态——让企业相互“吃”起来[M].上海:上海科学技术文献出版社,2010.8.

[80] 薛军,张宇,汤琦.城市创新生态系统的评价研究[R].上海市科学学研究所内部报告,2013.10.

[81] 张贵,刘雪芹.创新生态系统作用机理及演化研究——基于生态场视角的解释[J].软科学,2016,(12):16-19+42.

[82] 黄鲁成.论区域技术创新生态系统的生存机制[J].科学管理研究,2003,(02):47-51.

[83] 陈衍泰,孟媛媛,张露嘉,等.产业创新生态系统的价值创造和获取机制分析——基于中国电动汽车的跨案例分析[J].科研管理,2015(S1):68-75.

[84] 周青,陈畴镛.中国区域技术创新生态系统适宜度的实证研究[J].科学学研究,2008,(S1):242-246+223.

[85] 张慧.基于产业生态理论的区域产业技术创新系统研究[D].青岛科技大学,2012.

[86] 薛军,张宇,汤琦.城市创新生态系统评价指标探索[J].中国科技资源导刊,2015(1):42-48.

[87] 凡勃伦.科学在现代文明中的地位[M].张林译.北京:商务印书馆,2008:61.

[88] 吴金希.创新生态体系论[M].北京:清华大学出版社,2015年,66-76.

[89] 陈劲,贾根良.理解熊彼特—创新与经济发展的再思考[M].北京:清华大学出版社,2013年,68-70.

[90] 苗东升.钱学森与系统工程[J].中国工程科学,2002,4(3):16-20.

[91] 钱学森的系统思想.中国社会科学网,http://www.cssn.cn/glx/glx_glll/201405/t20140513_1157431.shtml,2014年5月13日.

[92] 谢娟娟.基于复杂系统理论的工业园区集群化研究[D].南昌:江西财经大学博士学位论文,2013.

[93] 孙冰,林婷婷.关于技术创新的系统论研究综述[J].科学管理研究,

2011,29(2):16－20.

[94] 王程韡. 反思创新型城市:以印度硅谷班加罗尔为例[J]. 科学学研究,2011,04:634－640+618.

[95] 朱学彦,吴颖颖. 创新生态系统:动因、内涵与演化机制[A]. 中国科学学与科技政策研究会. 第十届中国科技政策与管理学术年会论文集——分4:创新与创业(Ⅰ)[C]. 中国科学学与科技政策研究会,2014:8.

[96] 曾国屏,苟尤钊,刘磊. 从"创新系统"到"创新生态系统"[J]. 科学学研究,2013,(01):4－12.

[97] 中国科学技术发展战略研究院. 国家创新指数报告 2015[M]. 北京:科学技术文献出版社,2016.

后 记

成为国际水平的创新活跃区域，具有创新力量，成为创新高地，是新时代江苏创新发展的现实要求，也是本人近年来不断思考的问题。本书的完成得益于自己在综合经济部门、知识产权部门、基层政府、社团组织的工作经历和理论思考，得益于江苏省政府决策咨询研究重点课题(JSZY201701)、国家自然科学基金项目(70973088)、国家知识产权局软科学项目(SS16－B－06)、江苏省科技公益项目(BM2015014)等诸多课题的研究。本书以创新力场这一新概念引领江苏创新生态系统的构建和演变，是理论上的一个创新，对江苏创新实践有所启示。由于个人理论水平和实践能力的局限，书中有不少不足之处，敬请各界人士多多指教。

感谢研究团队成员的努力和奉献，本书是在卢锐、王亚利、徐建荣、龚跃鹏、刘宏伟等人的大力协同下共同完成的，任琳豆、刘谦、李明坤、周桐、施丽娟等做了一些基础工作，对他们的辛勤付出，在此一并表示衷心感谢。

感谢江苏人民出版社徐海社长和卞清波编辑，他们的指点使得本书得以列入智库系列出版。

丁荣余

2018 年 3 月

凤凰文库·智库系列

已出图书

《经营智库:成熟组织的实务指南》 [美]雷蒙德·J. 斯特鲁伊克 著 李刚 等译 陆扬 校
《日本经济:演进与超越》 [日]谷内满 著 杨林生 王婷 译
《新加坡发展的经验与教训》 [新加坡]严崇涛 著
《灾难 2.0:新媒体与现代应急管理》 [美]丹尼斯·S. 米勒提 著
《双重国籍问题与海外侨胞权益保护》 李安山 等著
《儿童保护:美国经验及其启示》 杨敏 著
《刑法最新立法争议问题研究》 赵秉志 袁彬 著
《国企改革十大难题》 江苏省国资委课题组 编著
《智库是怎样炼成的?——国家智库国际化案例研究》 柯银斌 吕晓莉 主编
《破解国企领导人双重身份决策难题》 葛晓健 著
《创新力场:江苏创新生态系统的提升之道》 丁荣余 等著

待出图书

《韩国经济:60 年腾飞之路》 [韩]司空一 高永善 主编
《德意志联邦共和国:一个成功的例子》 [德]乌拉福利德·魏塞尔 著
《共同现代化》 柯银斌 著
《西藏社会稳定与中国国家安全》 宋德星 著
《县域治理实践智慧》 尹卫东 著
《军事胁迫之道》 [荷兰]罗布·德·维克 著
《为影响力而战:俄罗斯在中亚》 [俄]阿列克赛·马拉申科 著
《大贯通:从一带一路到世界大陆桥》 [美]黑尔佳·策普-拉鲁什 威廉·琼斯 主编
《亚投行:世界经济新格局》 [美]黑尔佳·策普-拉鲁什 威廉·琼斯 主编
《中东的宗教与政治》 [美]罗伯特·D. 李 著
《中国智库研究》 杜骏飞 著
《全球智库指南》 杜骏飞 编著
《中国智库管理指南》 李刚 编著